영혼이 변화하는
제자도 시리즈
Renovaré Apprentice Series
3

선하고 아름다운 공동체

The Good and Beautiful Community

제임스 브라이언 스미스 지음 | 전병철 옮김

생명의말씀사

THE GOOD AND BEAUTIFUL COMMUNITY
by James Bryan Smith

Originally published by InterVarsity Press as The Good and Beautiful Community
by James Bryan Smith
2010 by James Bryan Smith.
Translated and printed by permission of InterVarsity Press,
P.O. Box 1400, Downers Grove, IL 60515, USA.
All rights reserved.

Korean Edition published by Word of Life Press, Seoul 2011
Printed in Korea.

선하고 아름다운 공동체

ⓒ 생명의말씀사 2011

2011년 6월 20일 1판 1쇄 발행
2023년 4월 25일   5쇄 발행

펴낸이 l 김창영
펴낸곳 l 생명의말씀사

등록 l 1962. 1. 10. No.300-1962-1
주소 l 서울시 종로구 경희궁1길 6 (03176)
전화 l 02)738-6555(본사) · 02)3159-7979(영업)
팩스 l 02)739-3824(본사) · 080-022-8585(영업)

기획편집 l 박미현
디자인 l 오수지
인쇄 l 영진문원
제본 l 보경문화사

ISBN 978-89-04-15951-2 (04230)
ISBN 978-89-04-00148-4 (세트)

저작권자의 허락없이 이 책의 일부 또는 전체를
무단 복제, 전재, 발췌하면 저작권법에 의해 처벌을 받습니다.

나의 선하고 아름다운 공동체를 위하여
: 메간 스미스, 매트 존슨, 캐서린 존슨, 재닌 셸, 패트릭 셸,
로라 폭스, C.J. 폭스, 지미 테일러, 그리고 앤드류 타쉬

마음을 같이하여 함께해 준 친구들을 위하여(사무엘상 14:7)

* 이 책의 원서에 나오는 성경구절들은 New Revised Standard Version에서 인용했고,
한글번역은 〈개역개정〉을 사용했다.

• CONTENTS

들어가는 말 …6

이 책을 최대한 활용하는 법 …26

chapter 1 하나님의 공동체는 독특하다 …30
영혼의 훈련 '둘 넷' 훈련 …54

chapter 2 하나님의 공동체는 소망이 넘친다 …62
영혼의 훈련 믿음을 나누기 …87

chapter 3 하나님의 공동체는 섬긴다 …94
영혼의 훈련 우리의 보물을 소중하게 여기기 …115

chapter 4 하나님의 공동체는 그리스도 중심이다 …118
영혼의 훈련 우리와 의견이 다른 사람들을 사랑하기 …147

chapter 5 하나님의 공동체는 서로 화목하다 …150
영혼의 훈련 화해를 경험하기 …175

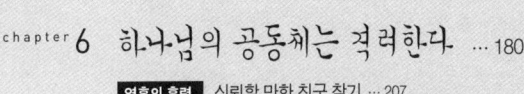

chapter 6 　하나님의 공동체는 격려한다 … 180
영혼의 훈련　신뢰할 만한 친구 찾기 … 207

chapter 7 　하나님의 공동체는 넉넉하게 나눈다 … 210
영혼의 훈련　청지기 의식 훈련 … 238

chapter 8 　하나님의 공동체는 함께 예배한다 … 242
영혼의 훈련　준비된 예배를 드리기 … 267

chapter 9 　함께 변화하기 위한 훈련 계획 세우기 … 270

부록 : 소그룹 토의를 위한 인도자 지침 … 290

Note … 330

들어가는 말 :

날마다의 삶 속에서 사랑을 나누며 더불어 사는 법

이 책자도 시리즈는 그리스도를 닮으려고 애쓰는 사람들의 영적 훈련을 돕기 위해 쓰기 시작했다. 이 시리즈는 정신적 측면(이야기의 변화), 신체적 측면(영적인 훈련의 실천), 공동체적 측면(앞의 두 가지를 공동체적 상황에서 실천함), 영적 측면(성령의 역사) 모두를 포함한 변화하기 위한 기초 원칙을 다루는 책이다. 진정한 변화는 반드시 인간이 살아가는 모든 영역을 포함하는 전인적 변화여야 한다고 믿는다.

지난 5년 동안 사역현장에서 이 책의 내용을 가지고 실험해본 결과, 우리의 삶 속에 변화는 어떻게 일어나는지, 또한 변화와 성장을 방해하는 것은 무엇인지를 알게 되었다. 성령님의 인도에 따를 때, 이 세 가지 측면을 훈련하는 것은 가능할 뿐 아니라 삶의 변화를 가져온다. 이 영성훈련과정을 적용해본 사람이라면 남녀노소를 불문하고 한결같이 눈에 띄는 변화를 분명히 경험했다. 그들과 가장 가까이에 있던 배우자와 친구들이 그들 삶의 변화를 제일 먼저 알아챘고, 자신들도 그러한 변화를 경험해보고 싶어서 이 훈련에 곧장 참여했다.

이 시리즈의 두 권의 책에 관하여

이 제자도 시리즈의 세 권의 책들은 논리의 흐름을 따라 쓰여졌다. 첫 번째 책,『선하고 아름다운 하나님』에서는 우리가 하나님에 대해 평소 가지고 있던 생각을 다루었다. 하나님에 대한 우리의 생각이 예수님이 가졌던 하나님에 대한 생각에 조율되어야 한다는 것을 전했다. 그렇지 않을 때 우리는 잘못된 방향으로 빠지기 시작하고, 하나님과 동행해야 할 우리의 삶은 부정적 영향을 받게 될 것이다. 심지어는 심각한 지경에까지 이를 수 있다. 예수님이 아셨던 하나님과 사랑에 빠지기만 하면, 사람들은 영혼의 거울 속을 들여다보며 자신의 영혼을 점검할 준비를 하게 된다. 이것이 두 번째 책,『선하고 아름다운 삶』이 목표하는 바였다. 이 책에서는 근본적으로 성품과 덕을 다루었다. 예수님의 산상설교의 가르침을 따라 인생을 살아가면서 흔히 겪게 되는 문제들, 즉 분노, 음욕, 거짓, 염려, 정죄와 같은 문제를 다루었다.

제자도 시리즈 책은 다음처럼 구성되었다. 우선 실제 생활에서 벌어졌던 이야기를 통해 독자들은 우리 삶의 장애가 되는 거짓된 생각과 편견을 점검하게 한다. 그러고 나서 그 거짓 대신에 예수님이 가르쳐 주시고 성경에서 말씀하시는 진실이 자리하도록 한다. 또한 각 장 마지막에는 거짓된 생각을 대신해 배운 진실이 우리 삶에 습관화될 수 있도록 '영혼의 훈련'을 준비했다. 단순히 책을 읽기만 해도 유익을 얻을 수 있겠지만, 각 장을 읽고 훈련해 나아간다면 조금 더 많은 유익을 경험할 수 있게 될 것이다. 가장 좋은 방법은 각 장을 깊이 있게 읽고, 영혼의 훈련을 전심으로 실천해보며, 영적 여정의 동행자들과 함께 자신의 경험과 통찰력을 나누는 것이다. 이 마지막 방법이 가장 효과적이었다.

마음, 은혜, 실천

이야기, 연습, 공동체, 성령의 역사와 같은 변화의 기본 공식에 덧붙여서, 세 권으로 이루어진 이 시리즈는 기독교 영성개발에 있어서 아주 중요한 몇 가지 기본 원칙을 담고 있다. 앞서 두 권의 책들은 이러한 요소들이 중요하게 여겨졌고, 세 번째 책에서도 물론 여전히 중요하게 다루어진다. 하나님을 향한 우리의 사랑(첫 번째 책) 또는 우리의 영혼을 치유하는 부분(두 번째 책)과 함께 『선하고 아름다운 공동체』라는 제목의 이번 책에서는 대사명의 두 번째 부분, "네 이웃을 네 몸과 같이 사랑하라"는 가르침에 대해 살펴보려고 한다.

새로운 영역으로 관심을 옮기면 진짜 중요한 것(마음)은 잃어버리고, 덜 중요할 뿐 아니라 잘못된 것(행위)에 치우치기 쉽다. 바울은 그것을 아주 잘 알고 있었던 까닭에 고린도 교인들에게 다음과 같은 편지를 보냈다.

내가 내게 있는 모든 것으로 구제하고 또 내 몸을 불사르게 내줄지라도 사랑이 없으면 내게 아무 유익이 없느니라(고전 13:3).

우리는 가장 헌신적인 섬김과 희생을 실천할 수는 있다. 하지만 그것을 사랑의 정신으로 하지 않는다면 아무런 소용이 없다. 사회 정의를 다룰 때, 자비나 다른 사람들을 섬기는 마음이 행위에 가려서 드러나지 않을 때가 종종 있다. 자기만의 껍질 속에 숨으려고 하고 사람들로부터 고립되려고 하는 자기도취적 세상에서는 다른 사람들을 섬기는 일을 찾아보기가 좀처럼 어렵고, 만일 그런 일이 있다면 매우 감동적인 일로 여겨진다. 다른 사람들을 위해 자신의 시간이나 물질을 헌신하는 사람들을 보면 자연스럽게 관심을 끌게 되어 있다. 그런 현상이 잘못되었다는 말이 아니다. 우리는 빛을 감추어서도 안되고, 감출 수도 없다. 하지만 우리가 반드시 알아야 할 것도 있다. (두 번째 책에서 언급했듯이) 우리의 선행이 자칫하면 과시하려고 하거나 자만해지기 쉽다는 것이다. 우리의 선행을 통해 하늘에 계신 하나님 아버지께 영광을 돌리는 대신 이땅에 살아가고 있는 우리 자신들이 그 영광을 가로챌 수 있다는 것을 기억해야 한다.

우리 개개인의 경건생활 또한 마찬가지이다. 기도하는 것이나 성경 읽는 것을 하나님 앞이나 다른 사람들 앞에서 인정받으려는 목적으로 할 수도 있다. 예수님은 바리새인들이 기도하는 행위나, 금식과 구제 자체를 꾸짖으신 것이 아니다. 다른 사람들에게 '보이려고' 그런 것들을 실천하는 태도에 대해 꾸짖으신 것이다(마 6:5). 내가 자주 사용하는 경구가 있다. "일을 할 때 가장 중요한 것은 마음가짐이다(The heart of the matter is the matter of the heart)."

이 말이 혹시 문제가 될 수도 있겠지만, 나는 사실 그것이 본질적인 문제가 아니라고 분명히 말하고 싶다. 오히려 기독교인으로서 우리가 가진 심각한 문제는 믿음에 비해 실천이 없고, 선행을 많이 베풀지 못한다는 것이다. 나를 포함한 많은 사람들이 우리가 행위가 아닌 믿음으로 구원 받는다고 배웠기 때문에, 마치 행함은 불필요한 것으로 여기는 경향이 있다. 에베소서 2장 8-9절이 바로 그 점을 강조한다. 행함이 우리를 구원할 수도 없고 구원하지도 못하지만, 우리가 선을 행하기 위해 지음을 받았다는 것도 사실이다. 그러나 10절을 읽어보면 균형을 찾을 수 있다. 세 구절을 한 번에 살펴보자.

> 너희는 그 은혜에 의하여 믿음으로 말미암아 구원을 받았으니 이것은 너희에게서 난 것이 아니요 하나님의 선물이라 행위에서 난 것이 아니니 이는 누구든지 자랑하지 못하게 함이라 우리는 그가 만드신 바라 그리스도 예수 안에서 선한 일을 위해 지으심을 받은 자니 이 일은 하나님이 전에 예비하사 우리로 그 가운데서 행하게 하심이니라(엡 2:8-10).

은혜(우리 삶 가운데 역사하시는 하나님의 역사)는 믿음(신뢰와 확신)을 통해 경험하게 되며, 사랑의 관계에 들어가게 된다. 우리는 하나님이 먼저 우리를 사랑하셨고, 그렇기 때문에 우리가 하나님을 사랑할 수 있게 되었다(요일 4:10).

그러나 이것은 끝이 아니라, 새로운 삶의 방식의 시작이다. 그 사랑은 우리의 손과 발을 통해 다른 사람들을 향한 사랑의 모습으로 다시 표현될 수 있으며, 또한 반드시 그렇게 되어야만 한다. 우리는 특별한 목적을 위해 지으심을 받았다. 우리의 생명이 다해서 천국에 갈 때까지 마냥 기다리도록 구원 받은 것이 아니라, "그리스도 예수 안에서 선한 일"을 하도록 지음 받은 것이다. 행함과 믿음은 반대의 개념이 아니다. 믿음은 반드시 행함으로 드러나야하며, 그런 까닭에 행함은 믿음이 있다면 겉으로 드러나는 자연스러운 것이다.

> 내 형제들아 만일 사람이 믿음이 있노라 하고 행함이 없으면 무슨 유익이 있으리요 그 믿음이 능히 자기를 구원하겠느냐 만일 형제나 자매가 헐벗고 일용할 양식이 없는데 너희 중에 누구든지 그에게 이르되 평안히 가라, 덥게 하라, 배부르게 하라 하며 그 몸에 쓸 것을 주지 아니하면 무슨 유익이 있으리요 이와 같이 행함이 없는 믿음은 그 자체가 죽은 것이라(약 2:14-17).

야고보 사도가 말하는 믿음이란 어떤 종류의 믿음인가?

개인의 경건과 사회참여

믿음에는 두 종류가 있다. 죽은 믿음과 산 믿음이다. 죽은 믿음은 개인주의적 경건이나 교리적 통설 같은 것이다. 물론, 개인의 실천이나 신조에도 믿음이 있을 수 있다. 하지만 이는 죽은 믿음으로 생명을 살리지 못한다. 마치 바깥으로 아무것도 흘러보내지 않기 때문에 그 안에서는 어떤 생물도 살지 못하는 사해(dead sea)와 같다. 살아 있는 믿음은 사랑을 통해 역사한다. 바울은 이렇게 말한다. "사랑으로써 역사하는 믿음뿐이니라"(갈 5:6). 산 믿음이란 하나님 안에 있는 확신과 신뢰가 서로의 관계와 만남 속에서 사랑을 통해 표현되는 것이다. 지금까지 나는 두 가지 흔한 실수에 대해 언급했다. 행위 자체에만 집중하는 실수와 개인의 믿음에만 집중하는 실수 말이다. 전자는 사회참여를 중요하게 여기는 사람들에게서 흔히 찾아볼 수 있는 실수이다. 후자는 개인의 경건이나 믿음을 강조하는 사람들에게서 찾아볼 수 있다. 나는 이 두 가지의 특성이 마치 이혼한 부부처럼 서로 완벽하게 등을 돌리고 있다는 사실을 알게 되었다. 사회정의를 강조하는 사람들은 개인의 경건에 거의 관심을 갖지 않고, 개인의 경건을 강조하는 사람들은 사회정의에 지속적 관심을 갖지 않는다는 것이다. 이 책에서는 예수님의 제자로서 갖춰야 하는 이 두 덕목을 결혼시키려고 한다.

개인의 경건훈련 없는 사회참여는 쉽게 자기의에 빠지거나 다른 사람들의 필요에 무감각해지기 쉽고, 때로는 영적 침체에 빠지게 한다. 반면 사회참여 없는 개인의 경건훈련 또한 스스로를 너무 의롭게 여기고, 무감각해지며, 영적 침체로 이끌기도 한다. 아이러니하게도, 양극단에 치우침으로써 발생하는 문제는 같다. 둘 다 자신들의 행위(섬김이나 기도)를 하나님과 다른 사람들의 관심을 끌어내는 수단으로 보려는 경향이 많다는 것이다. 둘 다 모두 다른 사람들의 필요에 무감각해진다. 그래서 실천가들은 아직 준비되지 않은 다른 사람들에게 자신들의 친절을 강요하기도 하고, 경건주의자들은 다른 사람들의 필요에 둔감하다. 그들 모두 성령님의 인도하심을 받는 것이 아니기 때문에 곧 영적 침체에 빠진다.

이 책의 목적은 묵상과 실천, 경건과 자비, 개인의 경건과 사회참여 사이의 행복한 결혼관계를 만들어내는 것이다. 물론 쉬운 일은 아니지만 가능한 일이다. 기독교 역사 가운데 있었던 수많은 운동을 보면 실현된 사례도 있다. 성 프란시스(Saint Francis)는 수많은 시간을 관상기도에 집중했지만, 동시에 가난한 사람들과 병든 자들과 소외된 사람들을 돌보았다. 요한 웨슬레(John Wesley)는 감리교도들에게 '경건의 훈련과 자비의 실천'은 동전의 양면과 같다고 말했다. 초기 감리교도들은 그들의 개인적 성결뿐 아니라, 사회성결을 추구한 것으로도 잘 알려져 있다. 웨슬레는 어느 한쪽도 무시되는 것을 허락하지 않았다.

진정한 사회운동가

한 번은 달라스 윌라드(Dallas Willard)와 사회정의와 공동체의 역할에 대해 이야기를 나눈 적이 있다. 달라스 윌라드 교수가 내게 물었다.

"짐(Jim), 진정한 사회운동가가 있다면 누구라고 생각하나?"

나는 캘커타의 빈민가에서 자신을 희생하며 섬겼던 테레사 수녀나 사랑으로 불의와 싸웠던 마틴 루터 킹 목사 등이 그런 류의 사람들이라고 생각했다. 하지만 확신이 없어서 간단히 대답했다.

"잘 모르겠는데요. 누가 있을까요?"

그의 대답은 의외였다.

"진정한 사회운동가는 지극히 평범한 관계 속에서도 예수 그리스도 제자의 삶을 살아가는 사람이라네."

윌라드는 사회운동은 '행함'이 아니라 '존재의 방식'이라고 말했다. 우리는 섬기는 일, 시위하고, 타협을 거부하는 등의 행위 자체에 집중하려는 경향이 있다. 하지만 우리가 관심을 가져야 하는 것은 마음이나 성품이다. 달라스 윌라드는 모든 관계와 모든 행동이 우리의 제자도에서 흘러나와야 한다고 설명했다. 우리가 여기저기에서 선행을 하는 것이 중요한 것이 아니라, 우리의 삶 자체가 선해야 한다는 말이다. 우리 안에 스며 있던 그리스도의 성품이 우리가 만나는 모든 관계 안에서 자연스럽게 드러나야 한다. 진실을 말하는 제자도는 직장에서도 영향력을 미칠 수 있다. 예수님의 제자가 두려움이나 욕심에 지배받지 않는다는 사실은 개인이 속한 가정에서나 공동체에도 영향을 미칠 수 있다. 나는 행위에서 마음으로, 외면에서 내면으로 중심을 옮기는 달라스 윌라드 교수의 방법이 좋았다. 대개의 경우, 사람들은 사회참여의 실천을 노숙자들에게 밥을 퍼주는 일이나 단기선교를 가는 것처럼 어딘가를 방문하는 일쯤으로 여긴다. 그리고 자신들이 섬김의 영역에서 더 많은 나눔을 실천했다고 느낀다.

물론 그러한 일들도 선하기는 하지만, 만일 사람들의 행동이 그리스도의 성품에서 비롯된 것이 아니라면, 그것은 단지 일시적으로 친절한 행위에 불과하다. 예수님의 제자들은 파트타임으로 선행을 하는 사람들이 아니다. 예수님의 제자들은 하나님의 나라와 끊임없이 접속되어 있는 사람들이며, 그들 내면 속에 계속해서 그리스도가 머무는 사람들이다. 그들은 가끔 진리를 말하거나, 가끔 희생적인 삶을 살고, 어쩌다 한 번 용서를 실천하는 사람들이 아니다. 바로 그런 까닭에 이 책이 다른 사람들과 관계를 맺는 여러가지 방법들에 대해 검증하려는 것이며, 하나님 나라에서 그리스도와 더불어 사는 것의 의미가 무엇인지를 살펴보려는 것이다.

그리스도가 거하시는 사람

처음 두 권의 책과 마찬가지로, 제자의 가장 중요한 핵심 사상은 정체성과 지위와 관련이 있다. 그리스도를 따르는 우리 모두는 내면에 그리스도를 모신 사람들이다. 이것이 우리의 가장 기본적 정체성이다. 이것은 마음먹는다고 얻어지는 것이 아니다. 정체성이란 우리의 행위가 어떠하건 상관없이 결코 변하지 않는 것이다. 핵심은 우리의 정체성이 행동을 결정한다는 것이다. 하지만 우리는 지금 거꾸로 된 세상에 살고 있다. 행동이 정체성을 결정하는 세상에 살고 있는 것이다. 하지만 우리는 이 세상에 속하지 않았다. 이 세상은 우리의 본향이 아니다. 우리의 마음과 뜻은 이 세상이 아닌 하나님 나라에 고정되어 있다(골 3:1-2).

최근에 나는 우리의 정체성에 대해 잘 묘사해놓은 아름다운 문장을 읽고 정신이 번쩍 들었다. 유진 피터슨이 했던 말인데, 우리는 "엄청나고, 절대로 복제될 수 없는 은혜의 이야기"라는 것이다. 우리는 그리스도가 내면에 거하는 사람인 동시에, 엄청난 은혜의 이야기의 주인공이다. 우리는 하나님을 위해 거룩하게 구별되었으며, 특별하며, 예수님을 죽음에서 일으키신 능력과 동일한 능력으로 힘입은 존재라는 것이다.

그리스도 안에 있는 사람은 빛 안에 있는 사람이고, 은혜의 엄청난 이야기이다. 나는 하나님께 구별된 거룩한 자이며, 특별하고, 예수 그리스도를 죽음에서 살리신 것과 똑같은 능력으로 권한을 부여받은 자이다(롬 6:3-4). 나는 거룩하고, 강하고, 또한 내게 능력 주시는 자 안에서 무엇이든 할 수 있는 존재다(빌 4:13). 내 안에 계신 이가 세상보다 더 크시다(요일 4:4). 예수님과 그분의 가치관을 거절하는 세상 속에서 예수님의 제자로 살기를 원하는 사람들에게는 이 사실을 아는 것은 핵심이다. 비록 타락하고 깨어진 세상에 살고 있지만, 동시에 하나님 나라의 보호와 능력과 공급 아래 살고 있다는 사실이다. 내가 지금 발을 딛고 있는 이 땅에서 그렇게 살 수 있다는 것이다.

그것이 우리가 공동체에서 어떻게 살아야 하는지와 무슨 상관이 있는가? 또한 다른 사람들을 사랑하고 용서하고 섬기는 능력에 어떠한 영향을 주는가? 그렇다. 이것은 모든 영역에 영향을 준다. 우리 자신이 누구이고 어디에 살고 있는가를 알고 있을 때 우리는 비로소 서로를 사랑하고, 용서하고, 섬기고, 축복하며, 나누며, 용기를 주고, 격려하며, 연합하고, 인내할 수 있게 된다. 우리가 이러한 일들을 할 수 있는 까닭은 메시아이신 예수님께서 친히 그 일들을 하셨기 때문이다. 주님이 친히 보여주신 모범 때문만이 아니라, 그분의 삶과 능력 덕분에 우리 또한 그렇게 살 수 있는 능력을 얻었기 때문이다. 우리가 주님을 닮아가기 위해 그분과 함께하는 법을 배우기 때문에, 주님이 하신 일을 우리도 할 수 있다. 그분이 공급하시는 능력에 힘입어서 말이다. 신약성경 속에서 우리 안에 계신 그리스도가 이 세상을 어떻게 변화시키는지를 알려주는 수많은 말씀 중에서 몇몇 구절을 뽑아보았다.

서로 친절하게 하며 불쌍히 여기며 서로 용서하기를 하나님이 그리스도 안에서 너희를 용서하심과 같이 하라(엡 4:32).

누가 누구에게 불만이 있거든 서로 용납하여 피차 용서하되 주께서 너희를 용서하신 것 같이 너희도 그리하고(골 3:13).

그러므로 그리스도께서 우리를 받아 하나님께 영광을 돌리심과 같이 너희도 서로 받으라(롬 15:7).

남편들아 아내 사랑하기를 그리스도께서 교회를 사랑하시고 그 교회를 위해 자신을 주심 같이 하라(엡 5:25).

예수님은 자비의 모범이시며 길이시다. 예수님께서 먼저 나를 위해 그렇게 해주셨기 때문에 내가 다른 사람들을 사랑하고 섬기고 용납하며 살아갈 수 있는 것이다. 내가 갖지 않은 것은 나누어줄 수 없다. 자신이 가진 것만 나누어줄 수 있다.

이것은 영성개발과 공동체를 섬기는 데 있어 아주 중요한 핵심이다. 경건과 실천이 하나가 되는 법이다. 홀로 있음, 거룩한 독서, 기도와 속도를 늦추는 것 등의 영적 훈련을 통해 내 안에 있는 그리스도의 성품이 가꾸어진다. 하지만 동시에 내 안에 있는 그리스도의 성품 때문에 나는 다른 사람들을 사랑하고 용납할 뿐만 아니라 나 자신을 희생할 수도 있게 된다. 이 책을 읽어가면서 이 점이 더욱 명확해질것이다. 만일 그렇지 않다면, 우리 섬김의 행위가 자기중심적이고, 궁극적으로는 자기 자신의 의를 드러내는 외식으로 그치고 말 것이다. 하나님께서 먼저 우리를 사랑해주셨고 섬기시고 용서하시며 돌봐주셨기 때문에, 우리가 다른 사람들을 사랑하고 섬기며 용서하고 돌볼 수 있다. 하나님과 함께하는 삶이 우리가 만나는 모든 이에게 각인되는 것이다.

저자이며 강사인 토니 캠폴로(Tony Campolo)가 자신이 왜 가난한 사람들을 위해 헌신하게 되었는지를 얘기해준 적이 있다. 그는 매일 자신의 마음을 예수님께 초점을 맞춤으로써 그리스도께서 자신과 함께하시며, 자신 안에 계시다는 사실을 깨닫게 된다고 말했다(갈 2:20; 골 1:27).

> 내 안에 거하시며 나를 통해 일하시는 예수님과 나 자신의 관계를 깨닫는 것은 도움이 필요한 사람들을 돌볼 수 있도록 해준다. 나는 어려움에 처한 사람들 안에 거하시는 예수님을 본다. 만일 이러한 바탕이 없었다면, 어려운 사람들을 돌보는 일은 아무런 의미가 없다. 단지 동정에 불과하며, 아무도 이러한 동정을 원하지 않는다. 그들 안에 거하시는 그리스도를 보고 나는 그들을 사랑하게 된다. 바로 그것이 내가 하는 일들을 하는 이유이다.

그는 왜 우리가 긍휼을 베푸는지, 또한 우리가 잘못된 동기로 긍휼을 베풀지 않으려면 어떻게 해야 하는지를 잘 보여주는 개인의 경건과 사회참여의 관계에 대해 탁월한 설명을 해주고 있다.

다른 사람들 속에서 살아가기

보통 나의 일과는 이렇다. 나는 아침에 일어나자마자 아내와 아들에게 아침인사를 하고, 딸아이의 등교준비를 도와주고, 맥도날드에서 아침식사를 주문한다. (나는 아침식사 준비까지 직접하는 완벽한 아빠는 아니다. 게다가 아내는 해뜨기 전부터 출근 준비를 하기 때문에 식사를 준비해 줄 형편이 아니다. 이런 상황이니 나를 너무 나무라지 않으면 좋겠다). 운전하고 가면서 다른 사람들을 만나기도 하고, 학교 앞에서 다른 학부모들에게 손을 흔들며 인사도 한다. 출근해서 직장 동료들에게 인사하고, 강의실에서 강의하고, 점심에 친구들과 식사하고, 동료들이나 상사들과 회의를 하기도 하고, 행정담당 직원들에게 일을 지시하기도 한다. 또 오십 명이 넘는 사람들과 함께 체육관에서 운동을 한다. 집으로 돌아와 가족들 때로는 친구들과 저녁식사를 하며, 아이들의 숙제를 도와주고, 글을 좀 쓰고, 아내와 가족들에게 잘 자라고 키스를 해주고, 잠자리에 든다.

이튿날이 되면 조금 차이는 있겠지만, 거의 비슷한 일과가 되풀이된다. 보통 일상에서 백 명도 넘는 다른 사람들의 영역과 만난다. 어떤 사람들과는 깊이 만나기도 하고 또 어떤 사람들과는 그다지 깊이 없이 만날 수도 있다. 내 아내와 자녀들과의 관계에 있어서는 서로 아주 깊은 관계성을 갖고 있다. 그래서 가족이라고 불린다. 맥도날드 매장에서 일하는 여직원의 이름을 나는 모른다. 또한 그 여직원도 내 이름을 알지 못한다. 하지만 우리는 여전히 대화한다. 그 여직원의 세계와 내 세계가 (서로 나누는 대화를 통해) 잠시나마 만날 뿐이다. 앞에서 예를 들었던 사람들(직장동료, 학생들, 열심히 일하는 사람들과 운전하면서 만나는 사람들) 모두 마찬가지이다. 내가 그 사람들을 모두 아주 잘 아는 것은 아니지만, 여전히 그들과 더불어 살고 있다. 예수님의 제자로서 내가 갖게 되는 질문은 이것이다.

'하나님 나라에 속한, 그리고 그리스도가 거하시는 사람으로서 나는 다른 사람들과 어떻게 더불어 살아야 할 것인가?'

예수님의 제자에게도 다른 사람들과 더불어 살아가는 가장 기본적 단위 조직이 바로 가족이다. 가족이 함께 생활하는 가정이라는 곳은 사실은 제일 힘든 장소이기도 하다. 그것은 바로 가족이라는 조직이 갖는 관계의 깊이와 무게가 크기 때문이다. 가정은 하나님 나라를 살아가는 우리에게 가장 중요한 장소이다.

그 다음으로 많은 시간을 보내는 곳이 바로 직장이다. 하루 평균 7.6시간을 직장에서 보내는데, 이것은 한 장소에서 보내는 가장 많은 시간이다. 그렇기 때문에 우리가 직장에서 보내는 시간이야말로 우리의 제자도를 드러낼 수 있는 최고의 기회이기도 하다.

또 다른 사람들과 많이 교류하는 클럽이나 모임도 우리가 많은 시간을 보내는 곳이다. 이를테면, 학부모 모임, 교인들과의 모임, 에어로빅 강습 같은 것들이 바로 그런 모임이다. 공공장소에서 다른 사람들과 만나고 그들과 교류하는 것도 결코 무시할 수 없다. 백화점에서, 슈퍼마켓에서, 영화관에서, 우체국 같은 곳에서 만나는 사람들과의 관계가 바로 그렇다. 이러한 공공장소들에서는 우리의 행동과 다른 사람들의 행동이 마구 섞이는 곳이기도 하기 때문에 행동거지가 매우 중요하다.

충돌이냐 연결이냐

이 사람들의 배경은 모두 다양하지만, 한 가지 공통점이 있다. 바로 그들의 세상이 내 세상과 잠시 만났다는 것이다. 때로는 충돌하기도 하고("자동차 접촉사고와 같은 유쾌하지 않은 만남"), 때로는 아주 부드러운 접속이 되기도 한다("제 이름은 로드니입니다. 오늘 이 테이블을 담당하게 되었습니다. 음료부터 주문 받아드릴까요?"). 때로는 만남을 무너뜨리기도 하고("더 이상 너랑 친구하지 않을 거야."), 때로는 세우기도 한다("사랑해."). 이러한 서로 다른 세상들의 만남은 인생의 아주 중요한 부분이다. 때로는 상처를 주기도 하고, 때로는 도움이 되기도 한다. 저주가 되기도 하고, 축복이 되기도 한다.

다른 사람들과의 인간관계의 성공 여부는 우리의 내면세계의 상태와 아주 밀접한 관계가 있다. 바로 그런 까닭에 공동체에 관한 내용을 시리즈의 첫 번째 책이 아닌 마지막 책에서 다루게 된 것이다. 만일 우리가 예수님을 통해 드러나고, 또 친히 예수님께서 드러내셨던 바로 '그' 하나님과의 친밀감이 깊어지면, 우리의 삶은 최상을 향해 변화하기 시작한다(『선하고 아름다운 하나님』의 내용 참조). 만일 위선, 분노, 염려와 같은 것들에 대한 우리의 씨름에 진전이 있다면, 다른 사람들과 좋은 관계를 맺을 수 있는 우리의 능력 또한 발전하게 된다. 그 반대의 경우들도 마찬가지이다. 만일 우리의 삶이 분노를 극복하지 못하고 감정에 휘둘리게 된다면, 다른 사람들을 사랑하고 섬기고 용서하는 법을 제대로 배우지 못하게 된다. 앞의 두 권의 책을 읽지 않은 사람은 이 세 번째 시리즈를 읽어봐야 소용없다는 말을 하려는 것이 아니다. 때로는 사랑함으로써 사랑하는 법을 배우고, 실제 용서함을 통해 용서하는 법을 배우고, 섬김을 통해 섬기는 방법을 배운다. 하지만 나는 예수님께서 말씀하셨던 진리의 핵심을 말하고자 한다. 좋은 나무가 좋은 열매를 맺고, 내면에 있는 것이 겉으로 드러나게 된다는 것이다(마 7:16-20).

우리가 날마다 다른 사람들과 만나며 맺는 관계가 하나님께서 성육신하시는 영역이다. 대부분의 사람은 이 영역에서 도움을 좀 필요로 한다. 적어도 나는 도움이 필요하다. 바로 내가 이 책을 쓰는 이유다. 왜냐하면 누군가 인도해주어야 할 필요가 있기 때문이다. 내가 인간관계의 전문가라서 이 책을 쓰는 것이 결코 아니다. 이 책은 다른 사람들과 맺는 수많은 관계 속에서 예수님의 제자로서 어떻게 살아가야 하는가에 관해 자신의 역경과 통찰을 적어 내려간 기록에 지나지 않는다. 다행스럽게도 내게는 이 중요한 영역에 대해 가르침을 나누어주었던 위대한 사람들이 주변에 많이 있었다. 이전에 썼던 두 권의 책들과 마찬가지로, 이 책은 다른 사람들의 체험이 모여 값으로 따질 수 없는 가치의 배움을 제공하는 공동체 속에서 쓰여졌다.

예수님을 따르는 제자로서 나는 특별해야 한다는 사실을 잊지 않으려고 한다. 예수님의 가르침을 따르지 않은 사람들이 보기에도 우리는 특별할 뿐 아니라 독특해야 한다는 것이다. 내 삶은 영원하고 강력한 하나님 나라에 뿌리를 내리고 있다. 자기중심적으로 살지 않으며, 미래지향적이고, 다양함 가운데 하나됨을 소원하고, 용서하기 어려울 때 용서하며, 기준을 높게 잡으며, 너그러운 삶을 살며, 주님의 집에서 예배하기를 열망하며, 죽어가는 세상을 향해 새로운 생명을 전하는 증인의 삶을 살기를 갈망할 수 있게 하는…. 내 삶의 뿌리가 바로 내게 이러한 힘을 공급해주는 안전한 곳에 뿌리를 내리고 있다는 것이다. 이 사실을 항상 잊지 않도록 상기시켜주며, 내가 누구인지, 내가 누구의 소유인지, 또한 그러한 사실들이 내 인생에서 어떠한 의미를 갖는지를 기억하도록 격려해줄 공동체가 필요하다.

이 책은 우리가 주변의 세상에 축복의 통로가 되는 방법들을 제시하려고 한다. 그렇게 하기 위해, 먼저 우리는 왜 매일 만나는 사람들과 건강한 관계를 맺지 못하는지, 또는 무엇 때문에 건강한 관계를 맺는 것이 어려운지 살펴봐야 한다. 이 시리즈의 처음 두 권의 책에서도 언급했듯이, 이러한 영역들에서 실패하는 이유는 우리가 가지고 있는 잘못된 생각과 오해와 편견들 때문이다. 앞의 두 권의 책에서와 마찬가지로, 먼저 성경의 가르침을 통해 이전에 갖고 있던 잘못된 생각들을 바로잡고, 새롭게 배운 바른 생각들이 우리 삶 속에 스며들어 몸과 마음을 다스리도록 돕는 영혼의 훈련법들을 제시할 것이다.

내성적이고 묵상중심적인 사람의 고백

나는 이 책이 개인의 영성개발과 공동체의 사회참여 사이의 균형을 잡는 일에 조금이라도 이바지할 수 있으면 좋겠다. 나는 원래 천성이 내성적이고 조용한 것을 좋아하는 터라, 사실 공동체와 섬김에 대한 책을 쓸 자격이 없는 사람이다. 물론 쉬운 일은 아니지만, 하나님의 인도하심을 따라 내가 연약한 영역들에 있어 영적인 진보를 위해 오랫동안 애써왔다. 공동체와 섬김에 대해 전문가인 내 친구이자 동료 매트 존슨(Matt Jonhson)이 내게 이렇게 말했다.

"짐, 나는 자네만큼 이 주제를 완벽하게 다룰수 있는 사람이 없다고 생각해. 자네는 전문가가 아니라 함께 배우는 입장이니까. 공동체에 소속되는 것과 섬김의 삶을 쉽게 여기고 다른 사람들의 고통을 잘 이해하지 못하는 사람들과는 달리, 자네는 그런 일들이 얼마나 어려운지도 잘 알고 있잖아? 게다가 지난 세월 동안 자네 스스로가 수년 동안 조금씩 그 일들에 직접 참여하고, 성장을 위해 노력해왔지. 그렇기 때문에 사회참여에 대해 많은 책을 쓰지만 실제 삶은 그런 모습과 전혀 동떨어진 사람들보다는 자네가 훨씬 더 많은 사람들에게 공감을 줄 수 있다고 생각해."

어떻게 들으면, "자네는 전문가도 아니고 사실 실력도 형편없지만, 사실 그게 꼭 나쁜 단점만은 아닐 수도 있어!"라는 말을 친절하게 돌려서 한 말이라고 생각할 수도 있다. 하지만 나는 그의 말을 칭찬이며 확인이라고 여기기로 했다. 이 책에서 더 높은 수준의 희생으로 초대하는 성자로서의 부르심은 발견하지 못할 수도 있다. 물론 그런 부르심을 느끼는 책을 읽을 수도 있고, 지금 나의 수준이 바로 그러한 책을 읽어야 할 수준일 수도 있다. 다른 한 편으로는 이 책에서 빛을 향해 비틀거리며 걸어가는 낙오자의 넋두리를 읽게 될지도 모른다. 그러함에도 우리의 이웃을 사랑하려고 애쓰는 과정 가운데 경험했던 내 자신의 실패담, 그리고 어쩌다 가끔 일어난 성공담이 위로와 격려가 되면 좋겠다. 우리를 진리로 이끄시고, 우리가 가야 할 길에서 벗어나면 바로 잡아주시고, 우리 앞의 경주를 치를 수 있도록 힘과 용기를 불어넣어 주시는 성령 하나님이 우리를 친히 가르치실 것이다(히 12:1-2). 선하고 아름다운 삶을 살고, 선하고 아름다운 공동체를 꿈꾸며 애쓰는 우리들 모두에게 성부 하나님과, 성자 예수님, 그리고 성령 하나님의 축복이 함께하시기를 기도한다.

★ 이 책을 최대한 활용하는 법

이 책은 공동체에서
활용하도록 기획되었다. 소그룹, 주일학교 성경공부, 또는 가정이나 커피숍에서 몇몇 친구들과 함께하는 모임 등 어떠한 공동체적 상황에서라도 사용하기 좋게 만들었다. 이 책은 다른 사람들과 함께 공부할 때 그 효과가 더욱 극대화된다.

그러나 만일 이 책을 혼자서 읽는다면, 아래에 소개한 처음 4가지를 기억할 때 더 많은 도움이 될 것이다. 어떤 상황에서 이 책을 활용하든지, 하나님께서 당신 안에 시작하신 선한 일을 이루실 것을 확신한다.

1. 준비하라. 영혼의 글쓰기를 위한 노트나 일기장을 준비하라.

일기장은 각 장의 질문에 답을 쓰거나, 장 끝부분에 있는 영혼 훈련 연습과정을 묵상한 내용을 적는 데 사용할 것이다.

2. 읽어라. 각 장을 주의 깊게 그리고 철저하게 읽어라.

서둘러 읽지 않도록 하라. 그리고 몰아서 한꺼번에 읽지 않도록 하라. 시간을 잘 분배하여 내용을 충분히 소화할 수 있도록 모임 전에 미리 읽어라.

3. 실천하라. 매주 각 장 뒷부분에 있는 영혼 훈련을 실천하라.

각 장의 내용과 관련된 영혼 훈련을 직접 해나갈 때 당신의 영혼이 치유되고 새롭게 형성되어갈 것이다. 어떤 훈련들은 다른 훈련보다 시간이 조금 더 걸릴 수도 있다. 그러므로 소그룹 모임 전에 훈련을 실천할 충분한 시간을 확보할 수 있도록 노력하라. 영혼의 훈련을 직접 해보기 위한 시간뿐만 아니라, 글쓰기를 위한 시간도 반드시 확보하라.

4. 묵상하라. 시간을 내어 반드시 묵상한 내용을 기록하라.

각 장 마지막 부분에 주어진 묵상 질문들을 읽고 묵상한 후 기록하라. 그렇게 하면, 생각이 정리되고 하나님께서 가르치시고자 하는 것들이 더욱 명확해질 것이다. 또한 소그룹 토론을 위한 준비에 많은 도움이 될 것이다.

5. 나누라. 다른 사람들의 경험을 경청하고 자신의 체험을 나누라.

소그룹은 다른 사람들의 경험과 통찰력을 들을 수 있는 아주 좋은 기회를 제공한다. 만일 모든 참석자가 묵상한 내용을 미리 써 온다면, 소그룹 나눔이 더욱 효과적이고 풍성해질 것이다. 사람들은 다른 사람들 앞에서 나눌 때 자신의 머릿속에서 잘 정리된 생각만 나누려는 경향이 있다. 그렇기 때문에 소그룹 모임이 더욱 가치 있다.

중요한 것은 말하는 것보다 두 배 이상 다른 사람의 말에 귀 기울여 들어야 한다는 것이다. 또한 자신의 이야기를 나눌 수 있도록 반드시 준비해야 한다. 소그룹의 다른 지체들이 당신의 생각과 경험에서 배울 수 있기 때문이다.

6. 격려하라. 소그룹 시간 이외에도 소모임 구성원들과 교제하라.

기계문명이 우리에게 허락한 큰 축복 가운데 하나는 서로 교제하고 연락하기가 이전보다 훨씬 더 편리해졌다는 것이다. 소그룹 모임 전에 최소한 두 사람의 멤버들에게 격려의 이메일을 보내는 것도 좋다. 내가 그들을 기억하고 있다는 사실과, 그들을 위해 기도하고 있다는 것을 알려주라. 이것은 서로 관계를 강화해주고, 전체적 체험들을 더욱 깊게 도와줄 것이다. 강한 인간관계를 형성하는 것이 성공적 영적 체험을 위한 열쇠다.

chapter

1
하나님의 공동체는
독특하다

영혼의 훈련 : '둘 넷' 훈련

| The Peculiar Community |

내가
어렸을 때 우리 가족은 아주 진지하고 냉정하고 순서가 꽉 짜인 감리 교회에 출석했다. 담임 목사님은 그 교회에서 25년 간 사역을 하셨는데, 그 동안 교회 분위기는 목사님의 성격과 똑같이 닮아갔다. 그 분은 설교를 아주 잘하시는 학자풍의 목회자이면서, 유머감각은 전혀 없는 분이셨다. 특별히 형식과 규정을 아주 좋아하셨다. 나는 오랫동안 예배 시간에 목사님이 앉아 계시는 나무 의자 옆에 왜 올리브 색깔의 전화기가 놓여 있을까 궁금했다. 그러던 어느 날, 예배 중 조용한 침묵기도 순서였는데, 어떤 어린아이가 갑자기 짜증을 내며 울기 시작했다. 살짝 눈을 뜨고 보니 목사님이 전화기를 들고 계셨다. 그랬더니 금세 예배 안내위원이 아이가 울고 있는 곳으로 가서, 그 아이와 아이의 엄마를 데리고 예배당 밖으로 나갔다. 그때 중요한 사실을 깨달았다. 아이들은 눈에 띄어야 하지만, 소리가 들려서는 안 된다는

것이었다. 이 사건은 어린 내게 아주 깊은 인상을 남겼다. 그 사건을 통해 교회는 침울하고 엄숙한 곳이어야 한다는 사실이 내 머릿속 깊이 각인되었다.

예배 중에는 그 누구도 서로에게 말을 건네지 않았다. 종종 사람들이 "쉿!" 하고 다른 사람들에게 주의를 주던 일이 기억난다. 사람들은 예배를 다 마친 뒤에 친교시간이 되어서야 서로 교제했다. 부모님들은 찬송가를 부르고, 성가대의 합창을 듣고, 좋은 말씀 몇마디 들으려고 교회에 다니셨다. 하지만 어린 나는 아무것에도 관심이 없었다. 나는 찬송가를 싫어했다. 성경을 읽어도 이해할 수 없었고, 설교는 더더욱 이해하기 힘들었다. 교회의 긴 의자는 아주 불편했고, 모두 꼼짝도 못하고 조용히 앉아 있어야만 했는데, 내게는 그런 것들이 자연스럽지 못했다.(절대 할 수 없었던 것은 아니었지만, 그다지 즐거운 일도 아니었다.) 내가 유일하게 좋아하던 것은 일 년에 네 번 정도 있었던 성찬예식이다. 비록 크기는 작았지만 네모난 빵과 아주 작은 컵에 담긴 포도주스를 먹을 수 있었기 때문이었다.

내가 점점 커가면서 우리 가족이 교회에 가는 횟수는 줄어들었고(사실 난 감사했다!), 점차 시간이 지나면서 성탄절과 부활절을 제외하고는 교회에 가지 않게 되었다. 그때는 내가 하나님에 대한 이해와 공동체 삶에 대한 신학을 정립하고 있으리라고는 상상도 못했지만, 사실 나름대로의 신학을 정립하고 있었다. 그 어린 시절의 경험들이 내가 평소에 갖게 된 하나님에 대한 생각을 형성한 것이다. 하나님은 잘 짜인 형식과 어리숙하고 슬픈 사람들과 일하신다는 생각이 들었다. 내 머릿속에는 단지 넥타이 풀고 집으로 가서 친구들과 야구하고 싶은 생각밖에 없었다. (우습겠지만) 그 다음 주일에 무슨 일이 벌어져서 제발 교회에 가지 않아도 되게 해달라고 기도하곤 했다. 적어도 아직 어린 내게는 하나님의 사람들이 함께 모인다는 것은 끔찍한 일이라는 생각이 들었다. 물론 내가 어려서 잘 몰랐을 수도 있지만, 그 모임에는 특별한 것이 아무것도 없어 보였다. 교회 다니는 사람들은 일주일에 한 번 모여 특별한 일을 하는 보통사람들이라고 생각했다.

내가 18살이 되면서부터 사정이 달라지기 시작했다. 내 영혼이 지쳐 있었고, 의미를 찾아 헤메고 있었는데, 그 방황 속에서 예수님을 찾게 되었다. 그리고 예수님이 내 삶을 변화시키기 시작하셨다. 몇 달이 지나지 않아 날마다 성경을 읽기 시작했고, 기도도 열심히 했다. 또 두 명의 기독교인 형제들과 가깝게 교제하기 시작했다. 대학에 들어가서는 나 혼자서 믿음을 지키는 것이 어려울 것이라는 걸 알았기 때문에 나는 주님께 영적 후원을 위해 기도했고, 학교에 입학하는 첫주에 그 기도의 응답을 경험했다. 고등학교 때 우리 학교의 상대팀에서 뛰었던 선수가 내 목에 걸린 '물고기' 목걸이를 보고 내가 예수 믿는 사람인지를 물었다. 그러고는 나를 성경공부 모임에 초대했다.

그날은 내가 결코 잊을 수 없는 어느 수요일이었다. 학교 기숙사의 어느 방으로 들어갔는데, 몇 가지 낯선 광경이 벌어지고 있었다. 첫째로, 그 방은 학생들로 가득차 있었다. 내가 다니던 교회의 고등부는 아주 작았기 때문에 내게는 신기했다. 둘째로, 거기 모였던 학생들이 모두 기쁨에 들떠 있었다. 나는 그때까지 한 번도 교회에서 그처럼 기쁨에 차 있는 사람을 본 적이 없었다. (그런 교회를 교회라고 부를 수 있을까?) 셋째로, 거기 모인 사람들은 모두가 하나같이 특색이 있었다. 운동을 좋아하는 사람들이 있었고, 공부만 하게 생긴 사람들, 남자와 여자, 흑인 학생들과 백인 학생들, 아주 예쁜 여학생들과 잘생긴 남학생들도 있었고, 별로 예쁘지 못한 여학생들과 그다지 잘생기지 못한 남학생들도 있었다. 내가 자랐던 교회는 모두가 백인 중산층, 40대에서 60대의 교인들로 구성되어 있었는데 말이다. 마지막으로 넷째, 가장 인상깊었던 것은 여러 명의 장애우들도 그곳에 함께 모여 있었다는 사실이었다. 대부분은 휠체어를 탄 장애우들이었는데, 그중에는 지적 장애를 가진 사람들도 끼어 있었다. '도대체 어떻게 된 거야?' 라는 생각이 들었다.

몇 분 뒤에 리더 학생이 일어나서 참석자들을 환영할 때 그 방 안은 아주 따뜻하고 서로 환영하는 분위기로 가득 넘쳤다. 그 방 안에는 가장 좋은 것들로만 가득했다. 그러고 나서 남자 한 명과 여자 한 명이 기타와 목소리로만 찬양과 경배를 인도했다. 그것은 내가 한 번도 본 적이 없는 장면이었다. 50여 명의 사람들이 크고 기쁜 목소리로 찬양을 했고, 어떤 사람들은 손을 들고 찬양했고, 어떤 사람들은 위로 아래로 뛰기도 했으며 어떤 사람들은 손뼉을 쳤다. 그 방 안에 있었던 모두는 좋은 뜻으로 황홀경에 빠진 것처럼 보였다. 20분 정도 찬양이 끝난 다음, 4학년 리더가 성경공부를 인도했다.

자신의 삶과 어려움들을 나누는 데 아주 솔직했으며, 또한 아주 말씀을 잘 가르치는 은사가 있었다. 성경을 이해하기 쉽게 가르쳤으며, 평소에 이해할 수 없었던 문제들에 대한 해답을 내 삶에 적용하기 쉽게 연결해주었다. 모임을 마치고 나서 나를 초대해주었던 친구에게 고마움을 전했다. 그 친구는 내게 다음 모임에도 올 수 있느냐고 물었고, 나는 망설이지 않고 그러겠노라고 했다.

그때는 왜 그랬는지 딱 꼬집어 말할 수 없었지만, 나중에 생각해보니 그날 내 영혼이 경험해야만 하는 특별한 그 무언가를 경험했다는 것을 깨달았다. 그것은 바로 선하고 아름다운 공동체였다! 그 모임은 완벽하지는 않았다. (노래를 그럭저럭 잘하기는 했지만, 그렇다고 썩 잘하지는 않았다). 그 모임에 왔던 모든 사람들과 갑자기 제일 친한 친구 사이가 될 수 있었던 것도 아니었다. (내 옆에 있었던 사람은 정말이지 샤워 좀 하고 다녔으면 좋겠다는 생각이 들었다). 그 모임이 매력적이었던 것은 완벽함, 고상함, 재능과 탁월한 연주가 아니라 교제와 나눔, 다양성 속의 하나됨에 끌렸던 것이다. 그곳의 사람들은 아주 독특한 사람들이었다. 그리고 나는 그것을 좋아했다.

- 기독교 공동체란 어때야 한다는 인상을 심어준 교회나 공동체가 있었는가?

잘못된 생각 : 그리스도인들도 별로 다를 바 없다

대부분 잘못된 편견들이 그렇듯이 이것도 부분적으로는 진리다. 내가 살펴본 대부분의 설문이나 여론조사에 의하면, 기독교인이나 비기독교인이나 행동양식에 있어서 큰 차이가 없었다. 적어도 미국에서는 그렇다는 말이다. 예를 들면, 기독교인이나 비기독교인이나 이혼률에 있어서 큰 차이가 없다. 기독교인들과 비기독교인 사이의 가장 큰 차이를 보인 것이 십대 청소년들의 혼전 성관계에 대한 설문조사였는데, 그나마도 5% 정도밖에 차이가 나질 않는다. 그렇다. 어떤 면에서 보면 그리스도를 따른다고 자처하는 사람들도 그렇지 않은 사람들과 행동에 있어서 별로 다를 것이 없다. 그리고 아주 잘 알려진 기독교 지도자들의 타락상을 더한다면, 기독교인들이라고 해서 별다른 게 없는 정도가 아니라, 오히려 더 심각하다는 생각이 들기 시작한다.

그 부분을 잠시 살펴보자. 만일 기업의 회장이나 재정담당 이사가 혼외정사를 가졌다가 발각이 된다고 해도, 사실 큰 뉴스거리는 되지 못한다. 하지만 목회자가 불륜을 저지르거나, 헌금을 횡령하다가 들키면, 정말 심각한 뉴스거리가 된다. 어떤 사람들은 왜 그러냐고 물을지도 모르겠다. 기독교인이 도덕적 죄를 지으면, 왜 그처럼 뉴스거리가 되는 걸까? 왜냐하면 그들만큼은 그래서는 안되기 때문이다. 다른 말로 표현하면, 그들만큼은 달라야 한다는 기대감을 갖고 있기 때문이다. 왜 그럴까? 왜냐하면, 그들이 스스로 다르다고 말하고 있고, 대부분의 영역에서 다르게 살아가려는 의지가 있기 때문이다.

그리고 대부분의 경우 실제로 그들은 뭔가 다르다. 내가 사는 지역에는 병원이 세 곳이 있다. 모두 기독교인들이 설립하여 운영하고 있다. 환자의 종교나 교단 배경이 어떻든 만일 신장이식수술이 필요하다면 성 프란시스 병원, 성 조셉 병원, 웨슬리 병원 셋 중에 한 곳에서 수술을 받을 수 있다. 노숙자에게 밥을 먹이는 곳들도 많고, 노숙자 보호소도 있고, 매맞는 여인들을 위한 숙소들도 많다. 이런 사역을 운영하는 사람들 대부분은 기독교인이다. 오랜시간 동안, 기독교인들은 어려움에 처한 사람들을 돌보고 섬기는 일에 앞장서왔다.

제대로 된 사실은 이것이다. 기독교인들이 항상 다르게 사는 것만은 아니다. 하지만 다르게 살아야 하며, 또한 대부분의 경우 다르게 살아가고 있다. 이번 장에서는 정말 세상을 다르게 살아가는 기독교인들에 대한 이야기를 접하게 될 것이다. 다음에는 그러한 다름은 어디에서 비롯된 것인지, 어떻게 우리의 마음을 변화시켜 세상과 구별된 사람들이 될 수 있는지에 대해 다룰 것이다. 이렇게 되면 세상은 우리를 '참 독특한(peculiar) 사람들'이라고 여기게 될 것이다.

올바른 생각 : 기독교인들은 독특한 사람들이다

하나님의 소유된 사람들은 '독특한 사람들'이라는 아이디어를 맨처음 접하게 된 것은 흠정역성경에서였다. "그러나 너희는 택하신 족속이요 왕 같은 제사장들이요 거룩한 나라요 **그의 소유가 된 백성이니**(흠정역의 영어버전 KJV에는 peculiar people 이라고 번역되어 있음-역자주) 이는 너희를 어두운 데서 불러 내어 그의 기이한 빛에 들어가게 하신 이의 아름다운 덕을 선포하게 하려 하심이라"(벧전 2:9)

나는 '독특한'이라는 단어를 좋아한다. 사전적인 의미는 '특별한' 또는 '탁월한', '이상한', '낯선' 또는 '기묘한'이라는 뜻이다. 한마디로 말하면 다르다는 뜻이다. 평범한 것과 다르고, 다른 보통 사람들과 다르다는 의미를 갖고 있다. 기독교인들은 다른 사람들과 뭔가 다른 독특한 사람이다. 하지만 예수님의 제자들은 과연 정말 그렇게 다른가? 나는 정말 다르다고 생각하고, 달라야 한다고 생각한다.

예를 들면, 만일 내가 (성령님의 능력으로 인해) 내 자신의 삶에 대해 사실대로 이야기하기 시작하면, 나는 이상한 사람으로 여겨질 것이다. 만일 내가 느리게 사는 법을 배울 수 있고, 어떤 상황에서도 분노하지 않고, 오히려 나를 화나게 하는 사람들을 위해 기도해줄 수 있다면 사람들은 나를 이상한 사람이라고 생각할 것이다. 왜냐하면 이 세상에서 그런 사람을 찾아보기가 쉽지 않기 때문이다. 오직 하나님 나라에 뼛속까지 물든 사람들만 그런 삶의 방식으로 살 수 있을 것이다. 그런 사람을 찾아보기란 결코 쉽지 않다.

확실한 것은 항상 진실만을 말하고, 화내지 않고 살며, 자신에게 해를 끼친 사람에게 친절을 베풀 수 있는 사람은 없다. 그러한 도덕적 덕목들은 그리스도를 따르는 사람들에게만 당연하게 주어지는 권리도 아니다. 차이가 있다면, 어떻게, 그리고 왜 그렇게 살아가느냐 하는 것이다. 우리가 그렇게 할 수 있는 이유는 우리의 선생이신 예수님의 모범을 따르며, 우리의 능력과 위로가 되시는 성령님의 이끄심을 받기 때문이다. 우리가 이미 강력하고 지속적인 하나님의 나라에 살고 있기 때문이다. 우리는 아주 처음부터 그렇게 살아왔다.

- 독특하다는 표현을 들으면 어떤 생각이 드는가?

기독교인들은 어떻게 다른가?

디오게네투스(Diognetus)에게 쓴 편지라고 알려진 초대교회의 문서를 보면, 저자는 당시 로마제국에 널리 퍼져 있던 어떤 사상에 대해 반응하는 내용을 기록한 것이다. 사람들은 기독교인들에 대해 거짓 소문을 퍼뜨렸는데, 그것은 기독교인들이 위험한 존재들이며, 괴팍한 행동들로 가득찬 이상한 비밀 조직이라는 것이다. 사람들은 기독교인들에 대해 말도 안되는 험담들을 늘 어놓았는데, 예를 들면 기독교인들이 인육을 먹는다는 이야기 같은 것이다. 왜냐하면 성찬식을 거행하면서 "예수님의 피와 살"을 먹었기 때문이다. 그 편지는 아테나고라스(Athenagoras)라는 사람이 썼다고 알려지고 있다. 편지의 한 중요한 부분에서 저자는 기독교인들의 어떤 부분이 일반 사람들과 비슷하고, 또 어떤 부분이 다른가에 대해 묘사한다.

> 기독교인들과 비기독교인들의 차이는 국적의 문제도 아니고, 언어나 문화의 차이도 아니다. 기독교인들이라고 해서 자신들만의 도시를 건설해서 그곳에서 따로 사는 것도 아니고, 특별한 자신들만의 방언으로 말하는 것도 아니며, 그렇다고 아주 괴팍한 삶의 방식을 고수하는 것도 아니다. 그들은 그곳이 그리스이건 이방 땅이건 자신들이 사는 곳의 생활방식을 그대로 따르고 있다. 또한 의복문화와 먹는 것과 그밖의 다른 습관들을 지키며 살고 있다. 그런데도 그들의 공동체는 아주 주목할 만하고 몇 가지 놀라운 특성을 보인다. 예를 들면, 그들은 자신의 나라인 고향에 살고 있으면서도, 행동을 지켜보면 나그네처럼 행동하는 것을 알 수 있다. 여기 육신을 입고 살아가는 운명이지만, 육신을 좇아 살지 않는 사람들이다. 이땅에서 살아가면서도 시민권은 하늘에 두고 사는 사람들이다. 주어진 법을 준수하지만, 법을 초월하는 자신들만의 삶의 방식을 가지고 있다. 모든 사람들에게 사랑을 보여주지만, 오히려 사람들은 그들을 핍박한다. 그들은 종종 오해를 받는다. 정죄를 당한다. 하지만 그러한 죽음과도 같은 고난 때문에 삶에 더욱 활력

이 넘쳐난다. 자신들은 가난하지만, 수많은 사람들을 부요케 하며, 부족한 상황에서도 모든 것에 풍성함을 누릴 줄 안다. 자신들을 향한 저주를 축복으로 갚으며, 핍박을 친절로 되갚는다. 선행을 베풀었는데도 악인으로 몰려 채찍질을 당한다.

정말 마음에 드는 설명이다. 아테나고라스는 기독교인들이 다른 모든 사람들과 어떤 점에서 같은지, 또한 어떤 면에서 독특한지를 잘 설명하고 있다. 겉으로 보기에는 로마제국에서 살고 있는 그 사람들과 별로 다른 것이 없었다. 같은 집에 살았고, 같은 옷을 입었고, 로마의 보통 시민들과 마찬가지로 같은 음식을 먹었다. 그들은 법을 준수했다. 아무도 그들을 도둑이라고 여기지 않았으며, 탈세하지도 않았고, 다른 사람들에게 해를 입히지도 않았다. 아테나고라스는 말하기를 "우리도 당신과 같은 사람이다." 라고 했다. 하지만 동시에 그들은 뭔가 달랐다. 그들은 이 땅의 법을 지켰지만, 더 높은 법을 따르며 살았다. "너희가 살인하지 말라고 들었으나, 나는 너희에게 이르노니…"(마 5:21-22). 그들은 로마제국의 일원이었지만, 이 세상은 그들의 본향이 아니었다. 그들의 시민권은 하늘에 있었다(골 3:1-2; 빌 3:20). 그들은 자신들의 선생이 가르친대로, 또한 친히 몸소 보여주신 대로 고난을 견뎌냈고, 심지어는 자신들을 박해하던 사람들을 축복했다. 내가 가장 좋아하는 부분은 아테나고라스가 "자신들이 베푼 선행"이라고 적은 부분이다. 이 중요한 것은 쉽게 잊혀지고는 한다. 선을 행하는 것은 결코 작은 일이 아니다. 특히 그토록 많은 악행이 벌어지는 세상속에서는 더욱 그렇다. 어쩌면 당신은 그들이 선행을 행했기 때문에 곤란에 처하게 되었다고 생각할 수도 있다. 어떤 목적이 없이 선행을 베푸는 것은 독특한 것이다. 사람들은 의심한다. 잘못된 핍박과 박해를 받았음에도 기독교는 겨우 살아남았을뿐 아니라, 오히려 더욱 번성했다. 로드니 스타크(Rodney Stark)라는 역사학자에 의하면, 기독교는 탄생 순간부터 기하급수적으로 성장했다고 한다. 10년에 40%씩 성장했다는 것이다.

- 오늘날의 교회들은 디오게네스가 묘사한 공동체의 모습과 다르다고 생각하는가 아니면 비슷하다고 생각하는가? 그 이유는 무엇인가?

아래의 표는 그 엄청난 속도로 기독교가 성장했음을 잘 보여준다.

〈세계인구 대비 기독교인의 비율〉

년도	기독교인의 수	인구 대 비율
주후 40년	1,000	0.0017
주후 100년	7,530	0.0126
주후 200년	217,195	0.36
주후 250년	1,171,356	1.9
주후 300년	6,299,832	10.5
주후 350년	33,882,008	56.5

무엇이 이처럼 눈에 띌 만큼 커다란 성장률을 기록하게 했을까? 특히 그리

스도를 따르는 것이 무척 위험하던 시절에 어떻게 그것이 가능했을까? 이에 대해 많은 설명을 들어봤지만, 가장 설득력이 있는 것은 기독교인들의 삶이 너무도 매력적이어서 그것을 지켜본 다른 사람들도 그들처럼 되고 싶어했다는 것이다. 오늘날에도 마찬가지이다. 몇 년 전에 내가 교수로 있는 프렌즈 대학교(Friends University)의 테니스부에서 여자 선수 한 명을 선발했다. 그 선수의 아버지가 내게 전화를 걸었다. "당신네 학교가 성경으로 학생들 머리를 내리친다는 그곳인가요? 우리는 딸아이를 종교적으로 기르지 않았기 때문에 그게 좀 걱정이 되네요." 그래서 나는 그분에게 퀘이커교도들이나 우리나 절대로 사람을 때리는 집단이 아니라고 설명했다. 하지만 우리 학교에서 선수생활을 하면 아주 훌륭한 기독교인들과 만나게 될 것이라고 말해주었다. 그 학생의 아버지는 그건 문제가 되지 않는다고 말했다. 대신 자신의 딸이 선택의 자유가 있었으면 좋겠다고 말했고, 나는 물론 학생에게 선택의 자유가 있을 것이라고 안심시켜주었다.

그 학생이 몇 달 동안 학교에서 지내는 동안 캠퍼스의 수많은 생기넘치는 학생들이 예수님을 믿는 사람들이었지만, 자신에게 믿음을 강요하지 않는다는 사실을 발견했다. 나는 그 학생과의 대화 중에 단 한 번도 하나님이나 예수님이나 성경에 대해 말한 적이 없었지만, 그 학생은 캠퍼스의 성경공부 모임에 스스로 찾아왔다. 성탄절을 맞아 집에 다녀와서는 내게 이렇게 말했다. "교수님, 지난 방학 동안 제가 예수님께 제 삶을 드리기로 결심했다는 사실을 말씀드리고 싶었어요." 나는 무척 기뻐하면서 이렇게 물었다. "어떤 계기로 예수님을 영접하기로 한 거니?" 그 학생이 대답했다. "학교에서 평강과 기쁨과 사랑에 가득한 사람들을 보면서, 나도 저 사람들처럼 되면 좋겠다고 생각했거든요."

2천 년이 지났건만 달라진 것은 별로 없다.

하나님이 독특하시다

기독교인들은 왜 독특한 것일까? (아니 왜 독특해야만 하는 것일까?) 그 이유는 우리 하나님이 독특한 하나님이기 때문이다. 우리가 사랑하고 섬기는 하나님은 사람들이 만들어낸 다른 신들과는 비교할 수 없을 정도로 다르다. 그리스 사람들이나 로마 사람들이 자신들의 신을 위한 신전을 만들어내는 것을 보면 지극히 인간적인 것을 볼 수 있다. 종종 최악의 모습들에 있어서는 인간과 닮아 있는 것을 알 수 있다. 그들의 신들은 거짓말하고, 속이고, 사람들을 죽인다. 성적인 범죄를 저지르고, 분노와 질투로 서로가 서로를 저주하고 벌을 내린다. 신화 속의 신에 대한 이야기들을 읽으면 아주 재미있다. 많은 흥미거리가 있다.

예수님이 드러내신 하나님은 아주 독특하시다. 이 하나님은 사람들을 너무 사랑하셔서 친히 인간의 몸을 입고, 그들을 위해 죽으셨다. 이 하나님은 용서받을 수 없는 사람들을 용서하셨다. 이 하나님은 너그러우신 분이고, 절대로 복수심에 불타시는 하나님이 아니었다. 만일 하나님이 진노를 발하셨다면, 그것은 하나님의 선하심과 사랑 때문이며, 당신의 사랑하는 자녀들을 해치는 죄에 대해 진노하신 것이다. 아무도 이 하나님에 대한 이야기를 지어낼 수 없다. 모든 종교문학을 들여다봐도 이런 하나님에 대한 이야기는 찾아볼 수 없다. 그 이유는 다른 모든 종교들에는 예수님께서 드러내셨던 그런 하나님을 찾아볼 수 없기 때문이다. 하나님의 방법은 우리의 방법과 다르다. 그리고 하나님의 생각은 우리의 생각과 같지 않다(사 55:8). 하나님의 가치는 다르다. 하나님은 마치 폐륜아 아들 때문에 마음 아파하시고, 그 아들이 집으로 돌아오기를 기다리시는 아버지와 같다(눅 15:11-31). 바로 이것이 예수님의 말씀을 들었던 사람들에게 비쳐진 독특한 면이다. 하나님은 한 시간밖에 일하지 않은 일꾼에게도 하루 품삯을 다 주시는 분이다(마 20:1-16). 예수님은 그 비유로 사람들을 충격에 빠뜨리셨다. 사람들은 "도대체 무슨 하나님이 이런 가?"라고 불평하며 중얼거렸을 것이다. 예수님은 세상이 전혀 들어본 적이 없는 그런 하나님을 보여주셨다. 이 하나님은 정말 독특한 하나님이시다.

그러므로 하나님의 백성들이 독특하다는 사실은 그리 놀랄 만한 것이 못 된다. 내가 좋아하는 성경말씀 중 하나가 요한일서이다. 기독교인이 왜 특별할 수밖에 없는지 잘 설명되어 있다.

> 사랑하는 자들아 우리가 서로 사랑하자 사랑은 하나님께 속한 것이니 사랑하는 자마다 하나님으로부터 나서 하나님을 알고 사랑하지 아니하는 자는 하나님을 알지 못하나니 이는 하나님은 사랑이심이라 하나님의 사랑이 우리에게 이렇게 나타난 바 되었으니 하나님이 자기의 독생자를 세상에 보내심은 그로 말미암아 우리를 살리려 하심이라 사랑은 여기 있으니 우리가 하나님을 사랑한 것이 아니요 하나님이 우리를 사랑하사 우리 죄를 속하기 위해 화목 제물

로 그 아들을 보내셨음이라 사랑하는 자들아 하나님이 이같이 우리를 사랑하셨은즉 우리도 서로 사랑하는 것이 마땅하도다 어느 때나 하나님을 본 사람이 없으되 만일 우리가 서로 사랑하면 하나님이 우리 안에 거하시고 그의 사랑이 우리 안에 온전히 이루어지느니라(요일 4:7-12).

원리는 단순하다. 하나님이 그런 분이시라면, 그분의 백성들도 그래야 한다는 것이다. 만일 우리가 사랑하지 않는다면, 그것은 하나님을 모른다는 것이다. 그 이유는 "하나님의 사랑이 그로 말미암아 우리가 살 수 있도록" 자기의 독생자를 보내심으로 사랑을 나타내셨기 때문이다. 예수님이 우리 안에 계시고 우리를 통해 사시기 때문에 우리가 하는 일을 할 수 있게 되는 것이다. 하나님이 먼저 사랑하지도 않고, 섬기지도 않았던 존재인 우리를 먼저 사랑하셨다는 점을 요한이 강조하고 있다는 사실에 주목하라. 요한이 말하려는 것은 우리가 다른 사람에게 주어야만 하는 사랑은 바로 이런 종류의 사랑이라는 것이다. 마지막 구절이 한 번 더 중요한 것을 강조한다. 우리가 서로 사랑하면 하나님이 우리 안에 거하시고, 그분의 사랑이 우리 안에서 온전하게 이루어진다는 것이다. 따라서 우리의 독특한 하나님께서 우리를 우리의 사랑에 상대방이 사랑해주지 않을 때조차도 서로 사랑할 수 있는 독특한 하나님의 사람들로 변화시키신다.

역사를 보면, 독특한 사람들이 참 많이 있었다. 순교자들이 죽어가면서도 찬송을 불렀다. 일찍이 들어본 적이 없는 일이다. 아시시의 프란시스(Francis of Assisi)는 자신의 부를 다 버리고 벌거벗고 마을을 빠져나와 거지의 옷을 입고 한센병 환자들에게 입맞추었다. 참으로 기이하다. 기노아의 캐서린(Catherine of Genoa, 1447-1510)과 그녀의 부자 남편은 공허함을 느끼게 하던 삶의 방식을 버리고, 작고 검소한 집으로 이사를 가서, 병들고 고통받는 사람들을 돌보는 일에 헌신하기로 결단한다. 그녀는 하루에 대여섯 시간씩 기도하는 중 마음 속에서 타오르는 하나님의 임재의 불꽃을 느끼고, 어려움에 있는 사람들을 돌보는 데 두 배의 시간을 들이고, 묵상과 실천의 훌륭한 리듬을 살아냈다. 기이하다. 조금 현대로 와서는 윌리암 그래함(William Graham)은 너무나도 설교가 하고 싶어서 다니던 성경학교를 중퇴했다. 그렇게 신학대학원 진학을 포기하고 시카고의 작은 교회를 섬겼다. 그는 나중에 청소년 사역단체에 들어가서 청소년 사역에 헌신했다. 그는 도덕과 평화와 정의에 대해 설교하기 시작했다. 하지만 주로 사람들을 그리스도께 인도했다. 수백만의 사람들을 주님께 인도한 것이다. 대부분의 사람들은 그를 "빌리(Billy)"로 기억한다. 그가 바로 빌리 그래함 목사다. 세상에게 그는 참 독특한 사람일 것이다.

내 누님이 다니는 교회에서 동성연애자였던 한 남자의 장례식이 있었는데, 주변의 다른 교회 교인들이 장례식장에 몰려와 "하나님은 호모를 미워하신다."라고 쓴 피켓을 들고 시위를 했다. 그날은 춥고 비내리는 아침이었다. 우리 누님 교회의 성도들은 예수를 따른다고 자처하는 그 시위대들의 분노에 충격을 받았다. 비록 그들은 누님 교회의 성도들에게 저주를 퍼부었지만, 성도들은 오히려 그 시위대를 축복하기로 했다. 그래서 그 교회의 성도들이 뜨거운 코코아가 담긴 쟁반을 가지고 나와서 그 시위대들에게 제공했다. 이 얼마나 독특한 광경인가? 18세기에 미국에 살았던 퀘이커 교도들은 노예제도의 부당함을 혐오했다. 그들은 성령과 존 울만(John Woolman)이라는 사람의 리더십 아래 뉴저지에서 회의를 열었다. 장시간 동안 침묵 가운데 기도했다. 그리고 자신들의 집에 있는 노예들을 모두 해방시키기로 했다. 그뿐 아니었다. 그들이 노예생활 동안의 노동의 댓가를 계산해서 노예들에게 돈을 지불하기로 결정했던 것이다. 그것은 매우 극단적인 아이디어였고, 어떤 사람들은 그것으로 인해 파산할 수도 있다고 생각했다. 하지만 놀랍게도 파산하지 않았다. 모든 일이 당시의 문화적 세태와는 반대였는데, 거의 모두가 믿을 수 없는 일이 벌어졌다. 한마디로 미쳤다.

쉐인 클레이본(Shane Claiborne)은 일부러 필라델비아의 빈민촌으로 들어가 살면서 그곳의 가난한 사람들의 삶의 수준을 높일 수 있도록 도우려고 애쓴다. 세상 사람들이 외면하는 사람들을 사랑하는 것이다. 내가 앞서 말했던 캠퍼스에서 다른 학생들의 삶 때문에 예수를 믿기로 한 그 여학생은 지금 결혼해서 남편과 또 다른 두 커플들과 가난한 지역의 공동체에서 함께 살고 있다. 그들은 자신의 시간과 물질을 사람들과 함께하기 위해 사용한다. 그들이 함께 사는 지역의 이웃들은 그 사람들이 독특한 사람들이라고 생각하지만, 그 독특함 때문에 그들을 사랑한다. 그들이 주관하는 거리행사는 희망과 기쁨을 알지 못하는 사람들에게 희망과 기쁨을 준다. 정말 특별하지 않은가?

어쩌면 이러한 사람들은 부적응자들이라고 부를 수도 있다. 만일 그렇게 부른다면, 그것은 오히려 칭찬이다. 왜냐하면 그들은 이 세상의 방법에 적응하지 못하는 것이기 때문이다. 물론 모든 기독교인들이 이처럼 부적응자들은 아니다. 하지만 난 우리가 어떤 면에서 세상의 방법에 부적응자가 되어야 한다고 생각한다. 코넬 웨스트(Cornel West) 교수는 그것을 다음과 같이 표현한다. "욕심에 순응하지 않고, 두려움에 순응하지 않고, 허영에 순응하지 않는 기독교인들은 항상 있어왔다."

모든 기독교인들이 그렇지는 않지만, 모든 기독교인들은 반드시 불의, 욕심, 물질만능주의, 인종차별과 같은 것들에 타협하지 않는 부적응자가 되어야만 한다. 하지만 우리는 너무도 자주 그러한 것들에 아주 잘 적응하며 살아간다. 적어도 나는 그랬다. 우리가 살아가고 있는 다른 사람들 위에 군림하기 위해 증오와 폭력을 이용하고, 개인의 이익을 위해 사람들을 비인간화하고, 비도덕적인 것들을 보고도 못본 척하는 현대 문화에 잘 적응하고 살아가기란 참 쉽다.

웨스트 박사는 또 이렇게 말한다. "'어떻게 우리는 불의에 이처럼 잘 적응하며 사는 지경까지 이르게 되었을까?'라고 질문하려면 용기가 필요하다. 불의와 타협하지 않고 저항하려면 용기가 필요하다. 자기만족의 함정에 빠지지 않고 깨어 있으려면 용기가 필요하다. 편안함과 비겁함을 깨뜨리려면 용기가 필요하다." 나도 전적으로 동감한다. 독특한 하나님처럼 살아가고 사랑스럽지 않은 사람을 사랑하고 용서받지 못할 사람을 용서하려면 용기가 필요하다. 이러한 용기를 찾을 수 있는 유일한 방법이 있다면, 이곳이 아닌 또 다른 세상에 뿌리를 깊이 내리고 살아가는 사람들의 공동체의 일원이라는 사실을 깨닫는 것이다. 그것은 다음 장에서 다루게 될 것이다.

• 주변에서 또는 교회사에서 독특한 사람 중 기억에 남는 사람이 있다면 누구인가?

- A.W. 토저가 말했듯이, 우리는 이 세상을 너무 편안하게 여긴다는 말의 의미가 무엇인지 묵상해보자. 그 말을 듣고 어떤 생각이 드는가?

성령님의 이끄심을 의지하라

내가 아주 좋아하는 예화가 하나 있는데, 그 적용 부분이 특별히 이 책에서 거듭해서 강조될 것이다. 퀘이커의 지도자였던 조지 폭스(George Fox)와 윌리엄 펜(William Penn)에 관한 일화이다. 조지 폭스(1624-1691)는 17세기 영국에서 비롯된 기독교 운동의 한 줄기인 퀘이커의 창시자이다. 퀘이커 교파의 지대한 공헌 중에 대표적인 두 가지는 평화(비폭력주의)와 평등(차별 없는 사회)에 대한 가르침이다. 윌리엄 펜(1644-1718)은 상류층에서 자랐고, 당시 최고의 교육의 혜택도 받았다. 펜은 스물세 살에 퀘이커 교도가 되었다. 그리고 얼마 지나지 않아 모든 게 변하기 시작했다. 펜이 살던 시대에는 칼을 차고 다니는 것이 누구를 해치기 위함이 아니라 자신이 상류층에 속한 것을 나타내는 신분 표시였기 때문에 일반적인 일이었다. 퀘이커의 일원이 되고 나서, 펜은 자신이 계속해서 칼을 차고 다니는 것이 옳은 일인지에 대해 고민하기 시작했다. 그럴 수밖에 없었던 것이, 칼을 차는 것은 전쟁의 상징과 신분차별에 대한 상징이었는데, 그 두 가지 모두 퀘이커 교파에서 반대하는 것들이었기 때문이다.

그래서 펜은 자신의 멘토인 폭스에게 찾아가서 그 일에 대한 조언을 구했다. "제가 계속 이 칼을 차고 다니는 게 옳을까요?" 펜이 폭스에게 물었다.

사실 나는 폭스가 이렇게 대답할 줄 알았다. "아닐세, 칼을 버려야만 하네. 칼을 쳐서 보습을 만들고, 다시는 그런 것을 몸에 지니고 다니지 말게." 하지만 그 대신, 조지 폭스는 기독교인의 삶에 있어서 시금석으로 삼을 만한 기막힌 답을 했다. "칼을 차고 다닐 수 있을 때까지는 차고 다니게, 윌리엄. 차고 싶을 때까지 차고 다니란 말일세." 폭스는 기독교인의 삶 속에서 중요한 원칙을 제시한다. 우리의 삶의 구체적 행동에 있어서, 어떤 규정이나 법칙을 만들려고 해서는 안되고, 성령님의 인도하심을 따라야 한다는 것이다. 폭스는 "절대로 칼을 차고 다니면 안되네."라고 금하지도 않았고, 그렇다고 "칼을 차고 다녀도 상관없네."라고 허락하지도 않았다. 다만 폭스는 펜이 언젠가 때가 되면 스스로 옳은 결정을 내릴 수 있을 것이라 믿었던 것이다.

만일 펜에게 어떻게 하라고 구체적으로 명령했더라면, 펜이 성령님의 음성에 직접 귀기울일 수 있는 기회를 빼앗는 것이 되었을 것이며, 융통성 없는 기준을 제시함으로써 나중에 또 다른 문제를 일으키게 되었을 것이다.

율법주의도 아니고 방종도 아닌 균형

어떻게 살아야 할 것인가를 다루는 책은 항상 어떤 규정을 제시하게 되는 위험요소가 있다. 앞으로 우리는 넉넉하게 베푸는 사람들이 주는 감동, 놀라운 용서를 베풀고, 믿지 않는 사람들에게도 감동을 주는 사람들이나 교회들의 실례를 살펴볼 것이다.

하지만 그러한 사례들은 우리에게 격려를 주기 위해서이지, '예수님의 제자로 살아가는 유일한 또는 최선의 방식은 이것뿐이다.'라는 식으로 그들의 방식들을 절대화하지 않도록 주의해야 한다. 다른 두 커플들과 함께 큰 집에서 살고 있는 내 친구들 매트와 캐서린에 대해 앞에서 말했는데, 그들의 검소함과 이웃들을 향한 사랑은 매우 감동적이다. 하지만 만일 그들의 삶이야말로 진정한 기독교인들의 삶이라고 결론을 내린다면, 내가 잘못 판단하는 것이다. 개인적으로 성령님의 인도하심을 받았던 실천의 방법들을 율법으로 만들려고 하는 것이다.

그래서 이 책에서 나는 '폭스의 원칙'을 자주 적용하려고 한다. 우리의 부를 어떻게 사용해야 하는지, 시간을 어떻게 사용해야 하는지, 삶에서 하나님을 더 많이 경험하려면 어떻게 해야 하는지, 어떤 훈련들이 하나님과 관계를 유지하는 데 도움이 되는지 등의 문제들을 다룰 때, 조지 폭스의 지혜를 기억해야 한다. 예를 들면, 이 책을 읽는 사람들 중 재산이 많은 사람들은 이런 질문을 하게 될지도 모른다. "이런 차를 몰거나, 이런 종류의 집에 사는 건 괜찮은가요?" 그런 질문에는 단호하고 빠른 해답을 주어서는 안 된다. (예를 들어, "기독교인들은 1억 원 이상의 가치가 넘는 집에 살면 안 된다." 거나, "2천만 원 이상 가격의 자동차를 소유해서는 안 된다."와 같은 대답) 대신에, 이렇게 대답할 수 있어야 한다. "마음이 편안하고, 영혼에 불편함이 느껴지지 않는다면 살고 싶은 만큼 살고, 타고 싶은 만큼 타도 좋다."고.

어떤 사람들은 그런 대답을 책임회피라고 여길 수도 있다. 물론, 어떤 법들은 지켜지지 않으면 다른 사람들을 해칠 수밖에 없는 것들도 있다. (이를테면 십계명이 그렇다.) 나는 불륜을 저지르는 남자에게, "마음에 편안함이 있는한 계속해서 불륜관계를 지속하세요."라고 말하지 않을 것이다. 하지만 우리가 직면하는 수많은 삶의 방식에 대한 질문들, 무엇을 먹고 무엇을 마실지에 대해서는 우리는 성령님의 속삭임을 들을 수 있는 귀를 가지고 현명하게 생각해야 한다. 하나님의 나라는 규칙과 규범으로 이루어지지 않고, 성령님의 이끄심에 우리를 맡길 때 발견하게 되는 선함과 확신과 유쾌함으로 이루어진다.

나도 조지 폭스와 사도 바울과 같은 입장을 취하려고 한다. 나는 당신이 다른 사람들이 반드시 따라야 하는 규범을 제시하거나, 당신의 방법과 다른 방법으로 사는 사람들을 정죄하지 않고, 성령님의 인도하심을 받아 자신만의 고유한 결론에 도달하라고 권면할 것이다. 기독교인들이 보석으로 치장하는 것은 괜찮은가? 또는 텔레비전을 보는 것은 괜찮은가? 또는 기독교인이 극장에 가는 것이 괜찮은가? 주일날에 운동을 해도 괜찮은가? 제대로 믿는 사람들 중에서 이러한 질문들에 "아니오"라고 대답하는 사람이 있는가 하면, 좋은 기독교인들 중에서도 같은 질문들에 "예"라고 대답하는 사람도 있다. 어떤 질문에 정답이 없다고 해서, 그 질문이 나쁜 것은 아니다. 사실 개인의 삶의 방식에 있어서, 질문하는 과정과 성령님의 음성에 귀를 기울이는 것 둘 다 필요하다고 생각한다. 우리는 흑백논리에 익숙하다. 하지만 그 까닭은 우리가 게으르고, 또한 어떤 중요한 일에 대해 분별하는 일을 귀찮아하기 때문이다.

당신은 분명 윌리엄 펜이 칼을 차고 다니는 것을 포기했을 것이라고 생각할 것이다. 하지만 바로 포기하지는 않았을 것이다. 그 또한 너무 극단적인 것이다. 우리의 생각이 바뀌고, 행동이 바뀌면, 우리 삶 속의 다른 것들도 변화하기 시작한다. 하지만 변화는 하룻밤에 일어나는 것이 아니다. 나는 펜이 그날밤 폭스에게서 자신의 인생을 살아가면서 여러 차례 적용할 만한 아주 가치 있는 교훈을 배웠을 것이라고 생각한다. 그리고 그의 삶은 정말 놀라운 삶이었다. 펜은 훗날 미국으로 건너가 퀘이커 공동체를 설립했고, 나중에 노예제도에 맞서는 싸움을 주도하게 되었다. 윌리엄 펜은 여러 측면에서 볼 때 기독교인으로 보나(『십자가없는 영광은 없다No Cross, No Crown』는 책은 정말 깊은 감동을 준다) 정치인으로 보나 놀라운 삶을 살았던 사람이다.

지나친 율법주의나 방종에 빠지지 않고 균형을 찾을 수 있는 좋은 방법이 바로 영혼의 훈련을 연습하는 것이다. 이 책에서 소개되는 영혼의 훈련방법들은 우리를 얽매는 반드시 해야만 하는 율법이 아니다. 하지만 만일 우리가 하나님과 이웃과 더불어 함께 걷는 성숙한 인생을 살기를 원한다면, 일방적으로 무시하고 건너뛸 만한 것들도 아니다. 영혼의 훈련들은 우리가 예측할 수 있는 결과들을 끄집어내는 공식이나 비법으로 전락하지 않으면서 우리를 일깨워주고 확장시켜서 성령님께로 인도해주는 좋은 도구들이다.

영혼의 훈련

'둘 넷' 훈련 (two-by-four)

이 장에서는 두 가지의 핵심적인 주제를 다뤘다. 첫 번째는 기독교인들은 독특한 사람들이라는 것이다. 두 번째는 그들의 독특함은 독특한 하나님을 따르는 데서 비롯된다는 것이다. 다른 말로 하면, 독특한 하나님과 시간을 보내면, 우리들은 점점 더 특별해질 것이라는 사실이다. 하지만 이 일은 노력하지 않으면 일어날 수 없다. 그런 까닭에 이번 주에는 두 가지 훈련을 권하고 싶다. 첫째로 하나님과 시간 보내기, 그리고 둘째로 뭔가 독특한 일을 하는 것. 기억할 것은 독특하다는 것이 꼭 나쁜 의미는 아니라는 것이다. 이 세상이 당연하게 여기는 것들과 다르다는 의미일 뿐이다.

이번 주 영혼의 훈련을 통해 묵상과 실천, 개인의 영성과 사회참여 사이의 균형을 잡는 훈련을 해보면 좋겠다. 우리는 하나님과 보내는 시간과 다른 사람들을 돌보는 시간 사이에 균형을 잡을 필요가 있다. 한쪽에 치우치기 쉬운데, 사실 이것은 아주 치명적인 실수가 된다는 것을 기억하길 바란다. 균형을 유지하는 방법으로, 두 가지를 해보면 좋겠다. 두 시간 동안을 하나님께만 집중하는 시간을 보내는 것과, 네 시간 동안 다른 사람들을 위해 독특한 일들을 실천해보는 것이다. 나는 그것을 "둘 넷" 훈련이라고 부르고 싶다. 두 시간 동안 하나님과 보내고, 네 시간 동안 다른 이들을 향해 친절을 베푸는 것이다. 어떻게 두 시간을 하나님과 보낼지에 대해서 가이드를 제공할 것이다. 또한 다른 사람들을 돕기 위해 할 수 있는 실천사항 몇 가지도 제시하려고 한다.

하나님과 함께 보낸 두 시간

어떤 사람들은 하나님과 두 시간을 보내는 것에 대해 부담스러워 할 수도 있고, 또 어떤 사람들은 "겨우 두 시간?"이라고 반문할 수도 있다. 나는 많은 사람의 의견을 수렴하고 신중한 검토를 통해 두 시간 정도가 딱 알맞은 분량이라는 결론을 내렸다. 너무 많지도 너무 적지도 않은 적당한 시간이다. 물론 두 시간은 어디까지나 제안사항이지 꼭 그렇게 두 시간을 지켜야 한다는 것은 아니다. 이 훈련의 목적은 훈련의 분량을 채웠다고 해서 뿌듯해하거나, 시간을 다 채우지 못했다고 죄책감을 느끼게 하려는 것이 아니다. 내가 왜 두 시간이 적당한 시간이라고 생각하는지 설명해보겠다. 그리고 어떻게 그 두 시간을 하나님과 보낼 수 있을지에 대한 구체적인 제안도 하려고 한다.

두 시간을 어떻게 사용할까?

첫째로, 한꺼번에 두 시간을 하나님과 보내려고 억지로 노력하지 않아도 된다. 내 생각에는 30분씩 네 번에 걸쳐 하는 것도 좋을 것 같다. 때에 따라서는 15분씩 여덟 번에 걸쳐서 시간을 보내도 좋다. 다른 사람들은 한 시간씩 두 번에 걸쳐서 하나님과 보내는 시간을 가지고 싶어할 수도 있다.

둘째로, 공동체에서 드리는 예배 (공예배, 교회에 가는 것)도 역시 하나님과의 시간으로 계산될 수 있다. 하지만 교회에 가는 시간이 하나님과의 만남을 위한 것이라는 전제하에 그렇다는 말이다. 예배의 중심이 하나님일 경우에만 예배하는 시간도 두 시간에 포함해도 좋다는 의미이다. 우리는 너무 자주 교회에서 예배 시간에 하나님 말고 딴 생각을 하는 데 시간을 허비한다. 교회에 가서 보내는 시간을 효율적으로 영혼의 훈련 시간으로 활용할 수 있는 몇 가지를 제안해본다.

- 교회에 일찍 도착하라!
- 예배가 시작하기 전에 하나님의 임재에 집중하는 시간을 가지라!
- 하나님이 중심이라고 스스로에게 거듭해서 강조하라!
- 잡념이 생기면, 다시 하나님께 집중하는 생각을 붙잡으라!

이렇게 교회에서 모든 관심을 하나님께만 두었다면, 해당하는 시간만큼 계획했던 시간에서 빼면 된다.

하나님과 시간을 보내는 방법

나의 두 번째 책, 『선하고 아름다운 삶』에 소개 된 맨 마지막 영혼의 훈련 연습은 잔느 귀용(Madame Guyon)의 방법을 인용해 하루를 어떻게 경건하게 사는가에 관한 구체적 방법을 제시했었다. 거기에 덧붙여 하나님과 시간을 보내는 몇 가지 다른 방법들을 제시하고자 한다.

1. 홀로 시간을 보낼 수 있는 조용하고 아늑한 공간을 찾아라. 편안하고 방해가 없을 만한 조용한 장소를 찾아야 한다.

2. 숨쉬기. 우리가 있는 곳의 분위기에 적응하려면 시간이 걸린다. 그때 간단

하게 할 수 있는 것이 숨쉬기이다. 자신의 호흡을 주의깊게 조절해보는 것이다. 자신을 추스리고 집중하는 데 도움이 된다. 내 자신의 숨쉬는 횟수를 세다보니, 한 사십까지 세었을 때 아주 편안하고 집중이 잘되는 것을 느낄수 있었다.

3. 기도하라. 내 경우에는 주님이 가르쳐주신 기도를 하거나 송영을 부른다. 어찌됐든 중요한 것은 하나님의 임재 안에 있다는 사실을 기억하는 것이다.

4. 찬양하라. 나는 '찬양 가운데 거하시는 하나님'이라는 표현을 좋아한다. 시간을 내어 자신이 받은 축복의 목록을 한번 작성해보라. (『선하고 아름다운 하나님』에서 이 훈련을 해봤을 것이다.) 그 축복의 목록에 나온 것들을 보며 하나님께 감사하라. 영혼이 약간 북돋아지는 것을 느낄수 있을 것이다.

5. 묵상하며 읽으라. 성경을 펼쳐서 짧은 단락을 읽어보라. 네다섯 구절을 넘지 않는 분량이면 좋겠다. 시편이나 복음서가 좋다. 날마다 묵상할 수 있도록 제작된 묵상집을 읽는 것도 좋다. 나 같은 경우에는 토마스 아켐피스가 쓴 『그리스도를 본받아』에 소개된 짧은 글들이 좋았다.

6. 깊은 묵상. 방금 읽은 것을 깊게 생각하는 시간을 가져보라. 자신에게 특별하게 다가오는 메시지가 있는가? 하나님께서 당신이 읽은 것을 통해 무엇을 말씀하시고자 하는가?

7. 질문하고 들으라. 하나님과 직접 대화하는 것을 두려워하지 말라. 어떤 질문이건 궁금하다면 하나님께 직접 물으라. 하지만 하나님이 당신 귀에 대고 직접 말씀하실 것이라는 기대는 하지 마라. 고요함 가운데 하나님의 작은 음성에 귀기울이고 분별하는 것은 배울 수 있다. 하지만 그것을 배우기 위해

서는 시간과 훈련이 필요하다. 어떤 때는 하나님께서 조용한 내면의 소리로 말씀하신다. 또 어떤 때는 하나님께서 마음속에 떠오르는 일련의 생각들을 통해 말씀하시기도 한다. 핵심은 하나님께 자신의 마음을 열어 드리는 것이다. 자신의 감정이 어떠한지를 하나님께 아뢰라. 바로 이런 까닭에 시편을 읽는 것이 아주 탁월한 방법이라고 생각한다. 시편 기자는 분노나 답답함, 찬양이나 감사의 감정들을 하나님께 아뢰는 것을 두려워하지 않았다.

8. 일기 쓰기. 하나님과 조용한 시간을 보내는 동안 떠오르는 자신의 생각이나 느낌을 적는 것도 많은 도움이 된다. 일기장에 자신의 생각이나 질문들을 적어보라. 자신이 배우는 것들을 정리하는 데 도움이 되고, 필요할 때 나중에 꺼내어 읽어보면, 가치 있는 많은 것들을 제공해줄 수 있다. 여기까지는 시간을 어떻게 보내야 하는지에 대해 기본적인 몇 가지를 소개했는데 도움이 되었기를 바란다. 위에서 언급한 8가지 단계는 대략 20분에서 30분이면 할 수 있으며, 길어봐야 40분에서 50분 정도 걸린다. 이 만큼만 투자하면 된다.

네 가지의 독특한 행동

몇 년 전에 날마다 하루에 한 가지씩 남을 위해 예측할 수 없는 친절한 선행을 베푸는 연습을 계속해서 30일 동안 실시하는 훈련 프로그램에 참여한 적이 있었다. 나는 그 연습을 아주 많이 좋아했다. 다른 사람들을 위해 내가 무엇을 할 수 있을까 고민하게 만들었으며, 생각했던 것들을 실제로 행동으로 옮길 수 있도록 용기도 북돋워주었다. 소소한 일이지만 다른 사람들을 위한 선행을 많이 실천하고 있는 내 자신의 모습을 발견할 수 있었고(식당에서 다른 사람의 빈 쟁반 들어주기 등), 때에 따라서는 큰 일(친구의 이사를 돕는 것)도 실천했다. 또한 그 훈련을 받으면서 나는 창의성을 발휘하지 않으면 안 되는 상황에 처하게 되었다. 왜냐하면 믿기지 않겠지만, 예기치 못하고 이타적인 친절을 하루도 빠짐없이 매일 베푼다는 것은 생각보다 훨씬 어려웠다. 다행스럽게도, 그 훈련을 고안해낸 사람이 쉽지 않을 것이라고 미리 알려주었기 때문에 우리는 그다지 당황하지 않고 훈련을 치러냈다.

한 가지 내가 곤혹스러웠던 것은 내가 베푸는 친절이 받아들여지지 않는 때와 장소에서도 억지로 선행을 베풀어야 한다는 것이었다. 그래서 때로는 억지스러운 선행도 해야 했다. (낯선 사람에게 손을 흔드는 것도 예기치 못한 친절의 행위로 여겨야 할까?) 몇 년이 지나서야 나는 실행할 수 있을 만큼의 분량이면서 동시에 삶이 변화하는 방법을 생각해봤다. 하루에 하나씩 선행을 베푸는 것보다 일주일을 통틀어 4개씩 선행을 베푸는 것으로 바꾸어본 것이다. 이 방법은 정말 도움이 되었다. 왜냐하면 때로는 아무런 할 일이 없다가, 어떤 날에는 갑자기 한꺼번에 서너 개씩 아이디어가 생각나기 때문이다.

그 다음으로 내가 깨달은 또 하나의 실천사항은 내가 이 세상이 당연하게 여기는 일들 중 어떤 일에 순응하지 않고 맞서고 있는지를 파악하는 것이다. 예를 들면, 내게 꼭 필요한 것이 아니면 사지 않아야겠다고 결심하는 것은, 더 이상 욕심과 물질만능주의에 순응하지 않고 이 세상의 가치를 초월하겠다는 의지였다. 만일 상대방의 사회적 위치를 신경쓰지 않고 동등하게 사람들을 대하기로 결심했다면(대개 복장을 보고 상대방의 사회적 위치를 판단한다), 이 세상이 본향이 아니며 하나님 나라에 속해 있다는 것을 의미한다. 빠르게 밀어부치던 것을 멈추고 느리고 천천히 살기로 결정한다는 것은, 지금 살고 있는 세상문화의 특징인 빨리빨리 문화에 적응하지 않겠다는 뜻이다.

영혼의 훈련에 이러한 것들을 포함시키기로 한 이후부터는 재미있어졌다. 평상시 같으면 하지 않았을 일들을 일부러 하기 시작했고, 마치 내가 다른 세상에서 온 사람처럼 그 일들을 실천하게 되었다. 친절과 넉넉한 나눔은 확실히 독특한 삶의 최고봉이다. 특별히 이번 주만큼은 집중해서 독특한 삶을 살아가기 위해 이타적인 네 가지 친절을 베풀거나, 세상의 가치를 따르지 않는 거룩한 '부적응'의 태도로 네 가지 실천계획을 수립해보라.

내가 개인적으로 좋아하는 몇 가지 사례들을 소개한다.

1. 다른 사람의 자동차키를 받아서 세차장에 가든지, 아니면 직접 손으로 하든지 깨끗하게 세차해서 돌려줘보라.
2. 집주변의 낙엽들을 치우든지, 집 앞의 도로주변을 청소해보라.
3. 의도적으로 깊이 있는 대화의 자리를 마련해서, 상대방의 이야기에 귀를 기울여주라. (경청이야 말로 귀한 은사다.)
4. 누가 시키지 않아도 살고 있는 집이나 아파트를 청소해보라. (당신이 공동체 생활을 하고 있다는 가정 하에 제안하는 것이다. 만일 혼자 살고 있다면, 자기 자신에게 베푸는 친절이 될 수 있다!)
5. 패스트푸드점 같은 데서 자신의 뒷사람이 주문한 것까지 함께 계산해보라.
6. 우리 동네에서 장사가 잘 안 된다는 소문이 난 업소에 일부러 찾아가서 물건을 구입

해보라.

7. 줄서 있을 때 다른 사람에게 양보해보라.

8. 다른 사람들에게 "요즘 어떻게 지내세요?"라고 먼저 인사를 건네보라. 그리고 그냥 지나치지 말고, 상대방이 무슨 대답을 하는지 기다리고 들어주라.

chapter

2

하나님의 공동체는 소망이 넘친다

영혼의 훈련 : 믿음을 나누기

| The Hopeful Community |

내 아내는
아주 사교적인 사람이다. 사람들과 어울리는 것을 좋아하고, 함께 저녁을 먹고, 특별한 날에 함께 축하해주는 것을 즐기고, 또한 특별한 일 없어도 그저 친구들과 어울리는 것을 좋아한다. 아내는 초등학교 교사인데, 그래서 사람들과 보내는 시간이 많고 새로운 사람들도 많이 만나는 편이다. 그런 내 아내가 종교학 교수이면서 목사의 아내라는 사실을 알게 되면, 사람들은 종종 아내에게 하나님과 신앙에 대해 질문을 하는 모양이다. 때로는 토론이 깊어져서 "선하신 하나님이 어떻게 악한 일이 벌어지게 내버려두는가?" 또는 "왜 그토록 많은 종교가 존재하는가? 그 많은 종교 중에서 기독교만 유일하게 옳은 종교라는걸 어떻게 아는가?" 하는 심각한 질문으로 발전되기도 한다. 때로는 사람들이 순수하게 해답을 찾거나 하나님을 찾기도 한다. 그러한 토론이 있을 때마다 아내는 집에 돌아와서 내게 이렇게 말한다. "당신이

거기 있었으면 좋았을 뻔했어요."

아내는 내가 거기 있었으면 그 질문들에 대답할 수 있었을 것이라고 생각하는 모양이다. 아내가 그렇게 말할 때마다 나는 이렇게 대답한다. "내가 거기 있었어도 크게 다르지 않았을 거야. 그 질문들 중 대부분은 진짜 핵심이 아니거든. 대부분 겉으로는 연기를 피워놓고 속에 뭔가 감춰놓고 있는 셈이지. 그 사람들이 진짜 알고 싶어하는 건, '그게 사실인가' 인데, 그 답은 지식적인 것이 아니라 변화된 삶으로만 대신할 수 있지. 그게 당신이 그 사람들에게 보여줄 수 있는 대답이야. 우리 삶이 증거란 말이지. 뭔가 실제적이고, 우리 깊은 곳에서 진심이라고 여기는 그 무엇이 우리 모습을 만든 거지. 그런 삶은 증명하려고 애쓰면서 뭔가 보여줄 필요도 없고, 노력한다고 해서 감출수 있는 것도 아니야. 그 사람들이 알고 싶은 건 우리가 가지고 있는 소망의 이유인거야." 하지만 여전히 내 아내는 그런 질문을 받을 때마다 자신의 믿음을 말로 좀더 잘 표현할 수 있었으면 하는 아쉬움이 있다고 했다. 그리고는 이렇게 결론짓는다. "전도는 내 은사가 아닌 것 같아요." 하지만 그것은 분명 아내의 은사 중에 하나다.

어떤 사람들은 전도나 나눔, 자신의 신앙을 나누는 타고난 은사를 갖고 있기도 하지만, 모든 예수님의 제자들은 자신이 알고 있든 모르고 있든 어떤 모양으로든 자신의 신앙을 다른 사람들과 나눈다. 다른 이들과 우리의 신앙을 나누는 데는 두 가지 방법이 있다. 한 가지는 우리의 '삶'으로 나누는 것이고, 다른 하나는 '말'로 나누는 것이다. 우리의 삶은 하나님과 우리의 관계를 설명하는 가장 중요한 증거다. 대부분의 경우 우리는 행동을 통해 전도한다. 하지만 가끔은 우리가 다른 사람들에게 우리가 믿고 있는 것을 왜 믿는지에 대해 말로 설명할 기회가 주어진다. 이 장에서는 우리의 믿음을 나누는 두 가지 방법을 살펴보겠다. 첫째로는 우리가 어떻게 우리의 삶으로 믿음을 더욱 잘 전달할 수 있겠는가 하는 것이고, 둘째로는 "우리 속에 있는 소망에 관한 이유를 묻는 자에게는 대답할 것을 항상 준비"하는 방법에 대한 것이다.(벧전 3:15)

- 어떻게 하면 영적인 은사들 중 하나가 당신 속에 있는 소망에 관한 이유를 더 잘 대답할 수 있게 해주는가?

잘못된 생각 : 특정한 사람들만 자신의 믿음을 잘 나눌 수 있다

믿지 않는 사람들에게 복음을 특별히 잘 전하는 사람이 있다는 말도 틀린 말은 아니다. 그 사람들은 대개 진리를 거부하는 사람들에게 말을 걸 수 있는 망설임 없는 확신이 있고, 흔들림 없는 용기를 가진 사람들이다. 대개 그런 사람들은 말을 잘하는 은사가 있다. 하지만 특정한 사람들만 전도의 은사를 가지고 있다는 잘못된 생각이 은사 없는 사람은 전도하지 않아도 된다는 핑계거리를 제공해온 건 아닐까. 솔직히 말하면, 우리의 믿음을 나누는 일이 자신 없을 수도 있다. 다음에 소개하는 것들은 많은 기독교인들의 입에서 나온 말들이다.

- 난 잘 못해요. 시도해봤는데, 말만 더듬다가 결국 말문이 막혀버렸어요.
- 많은 사람들이 전도하는 걸 지켜봤는데, 나는 부끄러움을 많이 타서 못하겠어요.
- 전도하다가 상대방을 불쾌하게 하지는 않을까 두려워요.
- 내가 전도하면 위선자라고 말하지 않을까 두려워요. 나는 완벽한 기독교인은 아니거든요.
- 내가 믿음에 관한 얘기를 꺼내면 그 사람들이 나를 거부하지 않을까 두려워요.
- 교육을 제대로 받지 못해서 다른 사람들에게 내 신앙 얘기를 꺼낼 수 없을 것 같아요.

매우 실제적인 고민들이다. 우리의 신앙을 나누는 것이 창피한 일일 수도 있다. 그리고 때로는 상대방을 불쾌하게 만들기도 한다. 우리 중 그 누구도 완벽하지 않다. 그런 까닭에 우리가 위선자라고 비난받을지도 모른다. 그리고 거절받을 가능성은 항상 있다.

하지만 이러한 장애물들이 꼭 옳은 말들은 아니다. 우리가 설령 전도는 잘하지 못해도, 발전 가능성은 있다. 창피할 수도 있겠지만, 꼭 그럴 필요도 없다. 상대방에게 불쾌감을 줄 수도 있겠지만, 방법을 개선하면 꼭 그렇지만도 않다. 우리는 완벽하지 않다. 하지만 우리가 전하고자 하는 것은 우리가 완벽하다는 사실이 아니라, '완벽하신 하나님'이다. 복음을 전하다가 항상 거절받을 위험은 있다. 하지만 우리가 복음을 나누는 사람의 삶이 변화해서 생명을 얻는 것을 생각한다면 얼마든지 거절당할 두려움을 이기고 시도해볼 만한 가치가 있다. 비록 창피하다는 생각이 들지 몰라도, 우리는 이미 우리의 믿음을 날마다 나누고 있다. 그리고 분명 더 나은 방법으로 발전할 가능성이 많다. 비밀은 우리가 새로운 기술을 배우거나 설득의 특별한 기술을 익히거나, 또는 우리의 삶이 갑자기 너무 완벽해져서 사람들이 "내가 어떻게 하면 당신처럼 될 수 있나요?"라는 질문을 하게 하는 것이 아니다. 그들이 찾는 궁극적인 답은 우리의 이야기 속에서 찾을 수 있어야 한다. 이야기가 우리를 빚어가고 행동을 결정하기 때문이다. 우리가 그 이야기를 아주 잘 알고 있을 때, 비로소 그것을 말로도 다른 사람들에게 전할 수 있게 되는 것이다.

- 당신에게 삶으로 본을 보여 복음을 전해준 사람을 생각해보라. 그 사람의 삶의 어떤 부분이 당신의 마음을 열게 해주었는가?

옳은 생각 : 모든 기독교인은 자신의 믿음을 나눈다

내가 처음 예수를 믿게 되었을 때, 이런 표현을 들은 적이 있다. "어떤 사람들에게는 당신의 삶이 그들이 읽을 수 있는 유일한 성경책일 수도 있다." 맞는 말이라고 생각했지만, 동시에 겁도 나고 부담스러운 말이기도 했다. 내가 그 경지에까지 이르렀다고 생각하지 않았기 때문이다. "짐, 아무개에게는 자네가 유일한 소망일세. 그들은 성경을 읽지도 않을 테고, 아니 성경을 갖고 있지도 않을 거야. 그래서 우리는 자네만 믿네." 그 숨은 뜻은 내 삶이 이 사람에게 있어서는 예수님을 전할 유일한 전도 방법이라는 말인데, 나는 내 믿음이 그 정도 수준이 못 된다는 것을 잘 알고 있었다. 하지만 여전히 우리의 삶이 세상 사람들에게 읽혀지는 유일한 성경책일 수 있다는 말은 진리이다. 아직도 예수님을 알지 못하는 사람이 셀 수 없이 많다. 그리고 우리는 날마다 그들을 만난다. 한 번도 성경을 펼쳐본 적이 없는 사람들, 그들에게 믿음이라는 것에 대한 유일한 접촉점이 있다면 그것은 바로 우리의 삶이다. 도전이 되는 사실이기는 하지만, 두려워할 필요는 없다. 분명 해답이 있기 때문이다.

우리 삶의 모든 영역에서 항상 개선의 여지가 있으며, 언어를 배우는 것부터 시작해서 악기를 배우거나 새로운 일을 시작하기까지 언제나 발전 가능성은 있다. 지난 몇 년 동안 내 아내 메간(Meghan)은 가르치는 능력을 향상시키기 위해 부단히 노력해왔다. 많은 수업들, 서적들과 세미나들, 새로운 교수법들을 통해 아내는 점점 더 나은 교사가 되어가고 있다. 내 아들 제이콥(Jacob)은 야구선수다. 탁월한 코치들에게서 배우면서 동시에 체력단련과 연습으로 자신을 훈련해서 해가 지날수록 점점 더 좋은 투수가 되어가고 있다. 어떤 코치가 내 아들에게 공을 잡는 새로운 방법을 가르쳐주었는데, 그 덕분에 아들의 투구가 월등하게 좋아졌다. 내 딸아이 호프(Hope)는 나이에 비해 미술에 탁월한 재능이 있는데, 그 사실을 알게 된 것은 방과후 미술프로그램에 등록하고 나서였다. 탁월한 가르침과 인도를 받으며 딸아이의 솜씨는 빠르게 좋아졌다. 그 코스를 마치고 난 다음 딸아이의 그림들은 눈에 띄게 발전해 있었다.

이 이야기들은 우리 인생의 중요한 사실을 설명해 준다. 바로 우리가 하는 것을 발전시킬 방법들이 있다는 것이다. 하지만 우리의 믿음생활에 관해서는, 어쩌면 '수수께끼의 베일에 감추어진 신비' 처럼 여기는 경향이 있다. 가끔 이렇게 말하는 사람들을 만난다. "나는 누구처럼 기도를 잘하지도 못한답니다." 마치 기도를 어떤 특정한 사람들에게만 주어진 타고난 재능처럼 여기는 것이다. 기도는 얼마든지 훈련을 통해 배워나갈 수 있다. 우리의 믿음을 나누는 것도 마찬가지이다. 비록 항상 잘하고 있지는 못할지라도, 우리는 모두 이미 우리의 믿음을 나누고 있다. 그런 까닭에 더 잘할 수 있도록 개선할 수 있는 방법도 찾을 수 있다. 하지만 우리의 믿음을 나누는 말과 행동이라는 두 가지 방법을 살펴보기 전에, 먼저 그 방법 밑에 무엇이 깔려 있는지 우리의 관심을 잠시 돌려보고 싶다. 그것은 바로 이야기이다. 그 이야기를 이해하면 할수록, 더욱 우리 자신의 이야기가 된다. 더욱 우리 자신의 이야기가 되어갈수록, 그것은 더더욱 우리의 말과 행동을 통해 자연스럽게 흘러나오게 된다.

소망을 불러일으키는 이야기

성경을 읽을 때 가끔 우리는 어떤 단어들에 대해서는 자꾸 설명하게 된다. 특별히 우리가 자주 듣게 되는 믿음, 소망 그리고 사랑 같은 단어는 더욱 그렇다. 바로 그런 일이 내게도 생겼다. 골로새서 1장 5절을 암송하고 있을 때였다. "너희를 위하여 하늘에 쌓아 둔 소망으로 말미암음이니 곧 너희가 전에 복음 진리의 말씀을 들은 것이라." 이 구절을 깊이 이해하기 위해서는 그 앞의 구절과 뒷 구절을 함께 연결해서 읽어야 했다. 바울은 이렇게 기록했다.

> 우리가 너희를 위하여 기도할 때마다 하나님 곧 우리 주 예수 그리스도의 아버지께 감사하노라 이는 그리스도 예수 안에 너희의 믿음과 모든 성도에 대한 사랑을 들었음이요 너희를 위하여 하늘에 쌓아 둔 **소망으로 말미암음이니** 곧 너희가 전에 복음 진리의 말씀을 들은 것이라 이 복음이 이미 너희에게 이르매 너희가 듣고 참으로 하나님의 은혜를 깨달은 날부터 너희 중에서와 같이 또한 온 천하에서도 열매를 맺어 자라는도다(골 1:3-6, 강조체 첨가).

핵심은 이것이다. 믿음과 사랑은 소망에서 비롯된 것이다. 소망이 믿음과 사랑의 원천이라고 생각해본 적은 거의 없었다. 하지만 바울이 지금 그것을 말하고 있는 것이다. N.T. 라이트라고 하는 성경학자는 이렇게 설명한다. "기독교인들의 미래의 소망에 대한 확고한 사실은 현재의 지속적 믿음과 큰 대가를 치르는 사랑의 강력한 동기이다." 확고한 사실이라는 표현에 주목해 보라. 그것이 열쇠이다.

소망의 정의는 '좋은 미래에 대한 확신'이다. 믿음은 진공상태에 존재하지 않는다. 분명 믿음에 대한 근거가 있다. 우리는 그 "무엇"에 대한 믿음을 갖는다. 바로 그것이 바울이 "우리가 그리스도 예수 안에 너희의 믿음에 대해 들었으며… 소망으로 말미암아…"라고 말한 까닭이다. 우리의 소망은 그리스도께서 하나님 우편에 앉아 계신 그 하늘에 있다.

골로새서에서 바울이 "너희" 또는 "너희의"라고 쓸 때마다, 2인칭 복수대명사를 사용하고 있다. "너희를 위하여 하늘에 쌓아둔 소망"은 공동체가 함께 공유하는 소망이다. 소망은 내 개인의 소유가 아니다. 예수님의 제자들은 그 동일한 소망을 공유하는 것이다. 바로 그것이 우리를 하나로 묶으며, 서로를 향한 사랑이 커지게 만든다. 그것은 개인의 소망이 아니라 공동체의 소망인 것이다.

존 D. 지지울라스(John D. Zizioulas)는 기독교 공동체를 "뿌리는 미래에 내리고, 가지들은 현재에" 둔 공동체라고 표현했다. 예수님의 에클레시아(교회, 공동체)는 미래에서 그 근본을 찾는다. 그리고 그 미래는 예수님과 그분이 성취하신 일 때문에 밝고 확실하고 흔들림이 없다. 소망은 미래와 현재를 잇는 다리이다. 그리고 믿음과 사랑을 연결하는 나뭇가지이기도 하다.

N.T. 라이트는 이렇게 말했다. "사명이 이끄는 교회는 그 사명이 소망에 근거를 두고 있어야 한다. 예수님의 부활에 뿌리를 둔 그 순수한 기독교 소망은 하나님께서 만물을 새롭게 하실 것이라는 소망이며, 부정부패와 죽음을 극복하실 것이라는 소망이며, 온 우주를 주님의 사랑과 은혜, 능력과 영광으로 가득 채우실 것이라는 소망이다." 미래에 둔 뿌리, 부활에 내린 뿌리, 예수님의 영원한 승리에 박힌 뿌리, 영원한 생명에 깊게 박힌 뿌리, 줄기와 가지에 양분을 공급하는 뿌리, 그리고 궁극적으로 다른 사람들의 관심을 그 이야기로 끌어들이는 열매를 생산하는 뿌리. 라이트는 이렇게 결론을 내린다. "이런 종류의 사명을 정말로 효과적으로 이루기 위해서는 반드시 하나님의 새롭게 하심 가운데 순전하고 즐거운 마음으로 뿌리를 내려야 한다." 우

리에게는 힘을 내야 할 진정한 이유가 있다. 그 이야기를 알면 알수록 우리는 더욱 기뻐할 수 있다.

소망의 이야기 네 가지 요소

바울은 골로새교회 교인들에게 그들의 소망이 "그들에게 전해진 복음 진리의 말씀"(골 1:5-6)에 담겨 있다고 말했다. 그들이 들었다는 복음은 정확하게 무엇일까? 골로새서의 나머지 부분을 잘 공부해보면 복음은 이야기 형식으로 잘 전해진다는 사실을 알 수 있다. 복음은 이야기 중의 이야기, 변화의 능력이 있는 이야기이다. 기독교 이야기의 진수인 복음은 네 가지 기본적인 요소를 가지고 있다. 죽음과 부활과 승천과 재림. 그것은 예수님에 관한 이야기이며, 동시에 우리 모두의 이야기이다.

우리는 예수님의 이야기에 접붙혀졌다. 또한 우리는 그 이야기로 하나가 되었다. 나는 그 이야기의 네 가지 요소들을 하나씩 풀어서 어떻게 하나 하나의 요소가 더 큰 이야기 속으로 우리들을 끌어들이는지를 설명해보려고 한다. 골로새서의 네 구절들이 각각 예수님과 그분이 하신 일뿐만 아니라 어떻게 우리를 그 이야기 속에 포함시키고 계신지를 주목해서 보라.

1. 죽음 "너희가 죽었고 너희 생명이 그리스도와 함께 하나님 안에 감추어졌음이라"(골 3:3).

예수님이 십자가에서 죽으셨다. 우리가 다 아는 사실이다. 하지만 바울이 편지에서 여러 번 언급했는데도, 우리가 믿음으로 예수님과 함께 죽었다는 사실은 잘 가르치지 않는다. 바울은 골로새 교인들에게 그들이 죽었고, 그리스도 안에 감추어져 있다는 사실을 상기시키고 있다. 골로새 교인들은 실제로 십자가에 예수님과 함께 달리지는 않았지만, 주님이 그들을 대신해서 죽으셨으므로 그들도 죽음에 동참한 것이다. 다시 말하면, 십자가에서 그들도 죽었다. 삶의 옛 방식은 끝났다. 한때 그들을 조종했던 이 세상의 중심적인 "힘이 곧 진리다." "돈이 기쁨을 가져다준다." "섹스가 만족을 주는 길이다."라고 가르쳐주던 옛 생각과 사고방식도 죽었다. 옛 우상들은 그리스도의 이야기로 파괴되고, 이제 우리가 그 이야기 속으로 들어간다.

내가 하나님과 살아 있는 사랑과 신뢰의 관계를 맺기 전에는, 자신만을 위해 살았고, 이 세상의 원칙과 힘의 논리를 따랐다. 내 삶을 예수님께 드렸을 때 '옛날의 제임스'는 죽었다. 하지만 새로운 제임스가 태어났고, 그 새로운 생명은 '하나님 안에 그리스도와 함께 감추어졌기' 때문에 내게는 보이지 않는다. 이제는 내가 믿음으로 살 뿐만 아니라 예수님의 이야기에 사로잡혀 살고 있다. 예수님은 우리를 죽음으로 부르신다. 십자가에서의 죽음이 아닌 자신에 대해서 죽을 것을 초대하시는 것이다(눅 9:23). 옛 삶의 방식, 경쟁과 허영 위에 세워진 삶의 방식이 예수님과 함께 죽는다. 새로 태어나는 것은 새 생명이다. 우리에게 보이지는 않지만, 분명하고 확실하며, 안전해서 의심할 여지가 없다. 그것이 우리의 진정한 자아다.

2. 부활 "너희가 세례로 그리스도와 함께 장사되고 또 죽은 자들 가운데서 그를 일

으키신 하나님의 역사를 믿음으로 말미암아 그 안에서 함께 일으키심을 받았느니라"(골 2:12).

많은 기독교인들이 자신들의 예수님과 함께 부활에 참여했다는 사실을 모르고 있다. 예수님을 죽음에서 다시 살리신 그 능력이 우리 안에도 있다. 당신과 나의 옛 자아는 죽었다. 하지만 새로운 모습으로 부활했다. 바울은 또 다른 편지에서 이렇게 적었다. "그런즉 누구든지 그리스도 안에 있으면 새로운 피조물이라 이전 것은 지나갔으니 보라 새것이 되었도다"(고후 5:17). 우리는 그리스도가 그 안에 머무시는 새로운 사람들이다. 이 사실을 아는 것은 내 개인에게 힘을 줄 뿐 아니라, 그리스도를 따르는 다른 사람들과 내가 하나가 되게 해준다. 브라질에서 언어와 문화의 차이 때문에 낯설게 느껴진 적이 있다. 하지만 교회에 가서 노래하기 시작했을 때 마치 우리 집에 와 있는 느낌이 들었다. 내가 그럴 수 있었던 것은 그리스도와 함께 죽었고, 함께 살리심을 받은 내 형제와 자매들과 함께했기 때문이었다.

그리스도로 인하여 새로운 나, 새로운 자아가 생겼다. 지속적으로 새로워지는 새사람을 입은 것이다(골 3:10). 나는 새로운 정체성을 가졌다. 그리스도가 거하시며 기뻐하시는 존재가 된 것이다. 내 능력에 의해서가 아니다. 무덤에서 예수님을 일으키신 바로 그 하나님의 능력이다. 나는 그리스도와 함께 죽었으나 다시 살아난 존재로서 매일 그 능력으로 살아간다. 예수님의 부활은 나의 부활이다. 그것이 바로 나의 새로운 이야기이다.

3. 승천 "그러므로 너희가 그리스도와 함께 다시 살리심을 받았으면 위의 것을 찾으

라 거기는 그리스도께서 하나님 우편에 앉아 계시느니라"(골 3:1).

예수님은 죽으시고 다시 살아나셨다. 그리고 승천하셨다. 어떤 사람들은 승천이 예수님이 갑자기 하늘로 사라져 다시는 보이시지 않게 된 날이라고 생각한다. 우리가 지금 전하려는 이야기의 중요한 부분이 바로 예수님의 승천에 대한 것이다. 예수님은 만주의 주로서 지금 보좌에 앉아 계신다. 예수님은 지금 다스리고 계신다. 언젠가 모두 그분 앞에 무릎꿇고 모든 사람이 예수님이 주님이심을 고백할 것이다. 바울은 골로새 교인들에게 그 마음을 위의 것, 즉 "그리스도께서 하나님 우편에 앉아 계신" 분께 집중하라고 말한다. 예수님이 "앉아 계신다"는 표현에 주목하라. 사명을 다 마치셨기 때문에 앉아 계신 것이다. 우리의 마음과 생각을 "위의 것"에 맞추라는 말의 의미는 우리의 소망과 능력의 원천, 즉 예수님이 마치신 일에 집중하라는 것이다. 우리는 그 공통의 비전에서 하나됨을 발견한다.

우리의 마음을 예수님이 이루어놓으신 승리에 집중하라는 부르심을 받았다. 월터 부르그만(Walter Brueggemann)은 이 승리가 우리의 새 생명처럼 우리에게서 감추어져 있기 때문에 우리 속에서 그것을 찾기 위해 애써야 한다고 말했다.

> 지독한 우상숭배에 빠진 이 시대에 하나님의 승리는 하나님의 결정적인 승리가 우리에게서 감추어진 것과 마찬가지로 우리 눈에 보이지 않고 감추어졌다. 우리는 언제, 그리고 어디에서 그 승리가 시작되었는지 모른다. 그러나 약한 이웃을 향한 사랑 속에 감추어져 있고, 자비의 바보스러움에 감추어져 있으며, 긍휼의 깨어지기 쉬운 모습 속에 감추어져 있고, 잔인함과 절망 속에서 새로운 생명이 피

어나게 하는 용서와 넉넉함이라는 파격적인 대안 속에 감추어져 있다.

예수님은 우리를 억누르는 것들을 물리치셨다. 그것이 우리의 소망의 이유가 된다. 네온사인처럼 반짝이지는 않지만, 그것은 여전히 우리 주변에 있다. 이웃들이 서로를 섬기는 모습 속에서 또한 용서하는 모습을 볼 때, 또는 친절을 베풀거나 나누는 모습 속에서 우리는 소망의 이유를 본다. 우리가 직접 그러한 일들을 실천할 때 우리는 예수님의 승리에 동참하는 것이다.

4. 재림 "우리 생명이신 그리스도께서 나타나실 그 때에 너희도 그와 함께 영광 중에 나타나리라"(골 3:4).

우리가 전하는 이야기의 이 마지막 부분은 아직 일어나지 않았다. 교회는 "그리스도가 죽으셨다. 그리스도가 살아나셨다. 그리스도가 다시 오실 것이다"라는 메시지를 선포한다. 다시 오실 예수님은 치유와 정의에 대한 궁극적인 약속이다. 예수님께서 최후의 승리로 임하실 때 모든 잘못된 것들이 바로 잡힐 것이고, 모든 고통이 그칠 것이며, 우리의 기쁨이 온전해질 것이다. 우리가 함께 이 하나님의 모략의 최후의 완성을 기다리는 동안 그 소망이 기독교 공동체를 하나 되게 한다.

그 이야기가 우리의 이야기가 된다

우리가 예수님의 더 큰 이야기 속으로 들어왔기 때문에 우리는 그리스도와 하나님 나라의 일부분이다. 이것은 우리가 특별하거나 안전하다는 느낌을 갖는 데 그치는 것이 아니다. (물론 그렇게 느낄 수밖에 없지만) 그것은 우리의 행동에 변화를 가져온다는 것을 의미한다. 그 이야기는 새로운 정체성을 만들어낸다. 그리고 그 새로운 정체성은 새롭게 행동하게 만든다. 예수님의 이야기가 내 이야기가 된다. 그때 나는 그리스도 안에 있고, 내 안에 그리스도가 거한다는 것이 내 행동을 변화시키기 시작한다.

나는 완벽하지 않다. 그리고 여전히 미국 문화와 사상과 가치관의 영향을 받아왔던 나의 "옛 모습"과 씨름할 것이다. 하지만 정체성의 변화가 행동의 변화보다 먼저라는 것이 중요하다. 하지만 우리는 거의 매번 거꾸로 한다. 행동을 바탕으로 정체성을 규명하는 것이다. 우리는 무엇인가를 하면 그런 사람이 된다고 말한다. 하지만 바울은 반대로 말한다. 어떤 사람인가를 먼저 말해주고, 그렇기 때문에 어떻게 살아야 한다고 말해준다. 우리가 이야기 속으로 들어가면 들어갈수록, 이야기가 우리 안에서 자라난다. 기독교 반전주의자 스탠리 하우어워스(Stanley Hauerwas)는 자신의 책 『평화로운 하나님 나라 The Peaceable Kingdom』이라는 탁월한 책에서 이렇게 말한다. "나의 진실성과 인격은 이야기의 진실성을 통해서만 드러날 수 있다. … 이야기 속으로 들어가면 갈수록, 비로소 내 영혼 안에 얼마나 폭력적인 모습이 감추어져 있는지 알 수 있게 된다. 그 폭력성은 하루아침에 사라질 수 있는 것이 아니라, 지속적으로 인식하고 내려놓아야 하는 것이다." 나는 그의 솔직함이 마음에 든다. 그리고 그의 말에 동의한다. 그가 표현했던 것처럼, 우리가 그 이야기 속으로 들어가면 갈수록, 이야기의 진실성이 우리의 부정직함과 부딪힌다. 월

리암 펜(William Penn)의 경우 그리스도의 이야기 속으로 빠져들수록, 그의 영혼 속에 감춰져 있던 엘리트 의식이 동요하기 시작했다. 그래서 자신이 할 수 있는 때까지, 또는 그의 인생을 이끌어가는 이야기가 허락하는 순간까지 칼을 차고 다녔다.

하우어워스에게는 그의 영혼에 감추어져 있던 것이 폭력성이었다면, 윌리암 펜에게는 교만이었다. 우리 각자 모두 다른 요소를 감춰두고 있을 것이다. 하지만 말하고자 하는 요점은 이야기의 진실성은 사라지지 않고 남는다는 것이다. 중요한 것은 이야기와 이야기가 만들어내는 정체성이 우리의 행동의 변화를 이끌어내야지, 행동의 변화가 정체성의 변화를 이끄는 것이 아니라는 것이다. 이 세상에서는 사람들의 행동을 근거로 정체성을 규명한다. 그렇기 때문에 좌절감과 율법주의에 빠지기 쉽다. 하우어워스가 그것을 아주 쉽게 설명한다. "'내가 어떤 사람이 되어야 하는가' 라는 질문이 '내가 무엇을 해야 하는가' 라는 질문보다 먼저 와야 한다." 그 순서가 중요하다. '되라'(indicative-who we are)가 '하라'(imperative-how we should live)보다 먼저라는 것이다. 우리가 누구인지를 알기 위해서 우리는 우리들이 뿌리를 다른 세상에 내린 사람이라는 것을 먼저 알아야 한다. 이것이 바로 왜 그처럼 우리가 독특한 사람들인가를 잘 설명해준다.

- "행동보다 정체성이 먼저다" 정체성과 행동의 상관관계에 대해 어떻게 생각하는지를 글로 써보라.

실천 속에 담긴 소망

성 프란시스(Saint Francis)가 한 말이 정말 사실이다. "어디를 가든지 복음을 선포하라. 필요하다면 말을 사용하라." 우리는 언제나 삶을 통해 설교하고 있다. 어쩌면 이 말을 불편하게 느낄 수도 있다. 특히 툴툴거리고 징징거릴 만한 일들이 많은 날에는 더욱 그렇다. 우리가 완벽함을 위해 부르심을 받은 것은 아니지만, 우리는 우리 안에 소망을 만들어준 더 큰 이야기를 전하기 위해 부르심을 받았다. 믿음과 사랑은 소망에서부터 비롯된다. 그것이 어떻게 그럴 수 있는지를 설명하고, 우리의 삶을 통해 어떻게 그것을 더 잘 전하도록 발전시킬 수 있는지에 대한 구체적인 예들을 제시하고자 한다. 하지만 중요한 것은 우리가 누구인지(그리스도가 그 안에 거하시는 사람), 어디에 속한 사람들인지(흔들리지 않는 하나님 나라 소속) 그리고 어떠한 운명(예수님과 영원한 영광을 누릴 운명)인지를 먼저 아는 것이 중요하다.

내가 내일 아침 잠자리에서 일어날 때 괜찮은 기분으로 일어날 것이다. 아니, 실제로는 괜찮은 정도보다는 훨씬 좋을 것이다. 내가 집을 떠나 발을 내딛는 내 주변의 세상은 내 행동과 능력과 내가 하는 일의 성취도를 보고 내가 어떠한 사람인지, 내가 어떤 가치를 가진 사람인지를 판단할 것이다. 하지만 이제는 안다. 나는 옛날 살던 방식에 대해 죽었다. 그리고 내 안에 계시고 나를 사랑하시는 예수님과 함께 다시 살아났다(갈 2:20). 다른 말로 하면, 나는 안전하고 든든하다. 경쟁해야 하고, 사람들에게 인정받고 싶어하고, 지배하고 다스리고 싶어하던 욕구는 이제 다 죽었다. 그리스도의 형상을 따라 새로워진 새사람을 입었다(골 3:10). 그렇기 때문에 걱정할 필요가 없다. 내 생명이 안전하게 그리스도 안에 감추어져 있기 때문에 마음이 편안하다(골 3:3). 그런 까닭에 나를 놀랍게 변화시키신 주님이시며, 왕되시고 선생되시는 예수님의 승리에 내 마음과 생각을 둘 수 있다.

한 번은 전설적인 농구감독이며, 또한 지혜로운 예수님의 증인 존 우든(John Wooden) 감독에게 하루를 시작하면서 어떤 생각을 하는지 물어본 적이 있다. 그가 이렇게 대답했다. "나는 이 한 가지 생각밖에 없다네. 오늘을 작품으로 만들자!" 매일 매일은 우리에게 주어진 기회다. 우리는 이날을 아름답고, 특별하고, 위대하며, 확실하게 독특한 작품으로 만들 수 있다. 그런 날은 어떤 모습일까? 바울은 로마 교인들에게 보낸 편지에서 다른 사람들과의 관계에서 우리의 소망을 표현할 수 있는 여러 가지 방법들을 열거했다.

> 형제를 사랑하여 서로 우애하고 존경하기를 서로 먼저 하며 부지런하여 게으르지 말고 열심을 품고 주를 섬기라 소망 중에 즐거워하며 환난 중에 참으며 기도에 항상 힘쓰며 성도들의 쓸 것을 공급하며 손 대접하기를 힘쓰라 너희를 박해하는 자를 축복하라 축복하고 저주하지 말라 즐거워하는 자들과 함께 즐거워하고 우는 자들과 함께 울라 서로 마음을 같이하며 높은 데 마음을 두지 말고 도리어 낮은 데 처하며 스스로 지혜 있는 체 하지 말라 아무에게도 악을 악으로 갚지 말고 모든 사람 앞에서 선한 일을 도모하라 할 수 있거든 너희로서는 모든 사람과 더불어 화목하라(롬 12:10-18).

이 구절들은 내가 성경에서 가장 좋아하는 부분 중에 하나이다. 어떻게 말하지 않고 복음을 전할 수 있는지를 잘 그려주고 있다. 그것이 일상에서는 어떤 모습일까? 그리고 소망과는 무슨 관계가 있는 걸까?

오늘 내 친구가 자신의 힘든 사정을 이야기해주었다. 나는 귀기울여 그 친구의 말을 들어주었고, 친구의 어려움 가운데 나도 마음으로 함께하고 있다고 말해주었다. 그 친구도 나를 위해 똑같이 해주었다. 바울이 말한 것처럼 우리는 "서로 마음을 같이한 것"이다. 우리는 그것을 말로 선포할 필요가 없다. 우리가 고개를 숙여 함께 기도하는 모습을 보면 알 수 있기 때문이다. 고통 속에서도 우리는 웃을 수 있다. 왜냐하면 우리는 "소망 중에 즐거워"하기 때문이다.

주일이면 우리 교회는 예배를 마치고 교회에 남아서 최근에 엄청난 지진으로 피해를 입은 아이티 사람들을 위한 구호물품 상자에 옷과 음식을 포장하는 일을 했다. 그들은 그렇게 성도의 "쓸 것을 공급"하는 것이다. 내 친구 두 명은 노숙자 보호소에 있는 사람들에게 친구가 되어주기 시작했다. 그 친구들은 교육수준도 높고, 좋은 직장에서 높은 연봉을 받는 사람들이다. 하지만 노숙자들과 우정을 쌓는 것을 통해 "낮은 곳에 있는 사람들과 함께"하고 있다. 동정심 때문이 아니라 사랑 때문에 그렇게 하는 것이다.

달라스 윌라드가 했던 말을 기억하라. "진정한 사회운동가는 날마다의 관계에서 예수님의 제자답게 사는 사람이다." 그것은 우리의 결혼생활에서나, 부모님과 자녀들과의 관계에서, 직장 동료들과의 관계에서, 우리의 이웃과, 심지어는 계산대 앞에서 내 앞을 가로막는 사람과의 관계에서조차 하나님 나라의 사람답게 행동하는 것이다.

새로운 자아는 새로운 삶의 방식으로 살아간다. 그리고 그것은 주변 사람들이 먼저 냄새 맡고 보고 느낀다. 바울은 고린도교인들에게 이렇게 말한다. "우리는 구원 받는 자들에게나 망하는 자들에게나 하나님 앞에서 그리스도의 향기니"(고후 2:15). 하지만 그리스도의 향기는 백화점에서 구입할 수 있는 향수가 아니다. "오드 예수(Eau de Jesus: '예수'라는 이름을 붙인 향수-역자주)"라는 향의 스킨 로션은 없다. 하지만 친구가 가장 어려울 때, 또는 상처받았거나 두려움에 사로잡힌 친구와 함께 대기실에 앉아 있어줄 때, 부담스러운 일을 앞두고 있을 때, 우리와 동의하지 않는 사람들과 조화를 이루려고 애쓸 때, 더 많이 나누기 위해 절약할 방법을 찾을 때, 우리를 저주하는 사람을 축복할 때, 우리 안에 계시고 우리를 통해 일하시는 예수님의 진가가 드러난다.

한 번은 나도 모르게 마늘 여덟 쪽을 먹은 적이 있다. 난 그게 마늘인지 몰랐다. 작은 감자를 버터에 구운 것인 줄 알았다. 집에 와서 잠자리에 들었는데, 내 몸에서 풍기는 냄새가 얼마나 독했는지 아내가 코를 막고 물었다. "도대체 뭘 먹은 거에요?" "스테이크하고 버터에 구운 감자 먹었는데." 내가 대답했다. "아니, 당신 마늘 먹은 게 분명해요. 그 작은 감자 같은 게 마늘이라구요." 그날 밤 나는 소파에서 잤다. 다음 날 아침 나는 양치질을 두 번이나 하고 그것도 모자라 가글로 입안을 여러 번 헹구고, 껌을 씹었다. 예배 중에 옆에 앉아 있던 아내가 내게 기대면서 이렇게 속삭였다. "당신한테 아직도 마늘 냄새나요." 그리스도의 향기에 대해 생각할 때마다 이 일이 생각난다. 우리 안에는 그리스도가 거하신다는 사실을 제대로 알고 그에 걸맞게 살아낸다면, 우리의 폐와 입술과 온몸을 통해 예수님의 향기가 풍겨나게 될 것이다. 우리의 의지와 상관없다. 다행스럽게도 사람들이 우리에게서 예수님의 향기를 맡을 때, 마늘 냄새와 달리 우리더러 저리 좀 비키라고 밀어내지는 않을 것이다. 사람들은 대개 우리의 소망의 이유가 무엇인지를 알고 싶어할 것이다.

- "소망 안에서 기뻐하라. 사랑으로 인내하라. 신실하게 기도하라. 어려움에 처한 하나님의 사람들과 나누라. 친절을 베풀라." 이러한 모습을 가진 공동체를 본 적이 있는가?

우리의 말 속에 담긴 소망

행동이 말보다 더 크게 말한다지만, 우리는 복음의 소망을 말로도 전하도록 부르심을 받았다. 베드로는 초기 기독교인들에게 이렇게 썼다. "너희 마음에 그리스도를 주로 삼아 거룩하게 하고 너희 속에 있는 소망에 관한 이유를 묻는 자에게는 대답할 것을 항상 준비하되 온유와 두려움으로 하고 선한 양심을 가지라"(벧전 3:15-16a).

이 구절에는 많은 지혜가 담겨 있다. 첫째로, 베드로는 우리에게 '준비하라'고 가르친다. 필요할 때 전할 수 있으려면 복음의 이야기를 구성하는 네 가지 요소들에 대해 생각하고 연구하고 묵상해야 한다는 것이다. 난 "너희 속에 있는 소망에 관한 이유"라는 표현이 좋다. 바로 그것이 모든 사람이 들어야 할 메시지이다. 사람들은 성경의 권위가 어떻고, 이슬람들이 왜 잘못된 종교인지에 대해 장황한 설명을 듣고 싶어하지 않는다. 그들이 알고 싶은 것은 우리에게 어떤 일이 벌어졌으며, 우리가 어떻게 그 새로운 이야기에 사로잡히게 되었고, 새로운 삶을 살게 되었는지에 관한 것이다.

그 다음에 나오는 표현도 보석과 같은 표현이다. "온유와 두려움으로 하라." 아주 많은 경우 사람들이 전도를 할 때 아주 무례하거나 교만한 태도로 믿음을 나누려고 한다. 어떤 기독교인들은 전도할 때 아주 거만한 태도로 하는데, 항상 역효과를 낳는다. 그러면 어떻게 우리 속에 있는 소망의 이유를 온유함과 두려움으로 전할 수 있을까? 그것은 우리 자신의 이야기를 나누는 것이다. 한 사람의 개인적인 이야기를 논리적으로 트집 잡기란 힘든 일이다. 또한 그 이야기는 다른 누구도 할 수 없고 자신만이 해줄 수 있는 이야기이다. 그것은 한 개인의 사연이다. 어떻게 더 큰 예수님의 이야기를 알게 되었으며, 어떻게 자신이 예수님의 이야기에 한부분이 될 수 있었으며, 예수님의 이야기가 그 사람 개인의 이야기가 될 수 있었는지에 관한 간증이다. 그것이 온유한 방법이다. 두려움으로 하라는 것은 사람들이 자신의 이야기에 관심을 보일 때 그 얘기를 하라는 것이다. 타이밍이 중요하다. 온유한 것 외에도 우리는 인내할 필요가 있다. 예수님께서 제자들에게 말씀하셨다. "보라 내가 너희를 보냄이 양을 이리 가운데로 보냄과 같도다 그러므로 너희는 뱀 같이 지혜롭고 비둘기같이 순결하라"(마 10:16).

달라스 윌라드 교수는 이 구절을 인용하면서 내게 이렇게 물었다. "뱀처럼 지혜롭다는 게 어떤 거라고 생각하나?" 이 말씀은 잘 아는 구절이었지만, 사실 그 점에 대해서는 한 번도 생각해본 적이 없었다. "자네, 뱀이 사람을 쫓아가는 걸 본 적 있나?" 난 본 적이 없다고 대답했다. 그러자 교수님이 말했다. "뱀처럼 지혜로우라고 말한 이유는 뱀은 사람이 다가오기 전까지 기다리지, 절대로 먼저 움직이지 않기 때문이라네."

물론 전도는 누군가를 깨물거나 죽이려는 것은 아니다. 그런 까닭에 예수님께서 비둘기처럼 순결하라는 말씀을 하신 것이다. 비둘기는 우리가 가까이 가도 전혀 해가 되지 않을 정도로 순하다. 심지어는 평화의 상징이라고 하지 않는가? 우리가 뱀의 지혜와 비둘기의 순결함을 결합하면 최상의 전도 방법이 나온다. 프랭크 루박(Frank Laubach)은 필리핀에 선교하러 가서 사람들에게 말을 걸기 전에 거의 일 년 동안을 기다렸다. 그는 자신에게 주어진 일을 아주 성실하게 하고, 자신의 마음을 위의 것에 두었다. 그러다가 하루는 무슬림 지도자들이 사람들에게 이렇게 말했다. "가서 그 사람과 함께 시간을 보내도 좋다. 그 사람은 하나님을 진짜 아는 사람이다." 그는 인내로 기다렸고, 온유했다. 그는 또한 사람들을 존중했다. 사람들에게 글읽는 법을 가르쳐주며 돌봐주었다. 루박은 소망의 사람이었다. 그리고 그 소망에서 믿음과 사랑이 흘러나왔다.

소망을 찾아서

내 아내와 나는 모두 가르치는 직업을 갖고 있다. 하지만 일하는 곳이 서로 반대 방향이다. 매일 오후 4시 10분에 딸아이가 다니는 초등학교 앞으로

'소망'을 찾으러간다. (딸의 이름이 소망-Hope-이다). 4시쯤 되면 내가 강의하는 학교를 나선다. 나오는 길에 대개 아는 사람들 서너 명과 마주치기 마련이다. 내게 이렇게 묻는다. "강의 다 마치고, 집에 가세요?" 그러면 내가 대답한다. "예, 소망이를 만나러 가야 해요." 매번 그렇게 말할 때마다 내 입가에는 미소가 번진다. 소망에게로 간다. 어떻게 보면 그것이 맞는 말이다. 소망이라는 이름을 가진 애한테 가는 거니까. 나와 내 아내에게 그 아이는 소망의 상징이다. 그 아이는 하나님이 신뢰할 만한 분이라는 사실을 끊임없이 상기시켜준다. 애초에 아이의 이름을 소망이라고 지은 것도 그런 까닭이었다. 또 다른 한편으로는 나는 소망을 찾아가는 것이다. 왜냐하면 소망이 내가 살아가는 이유이기 때문이다. 내 뿌리는 소망에 심겨져 있다. 하지만 어떤 면에서 보면 그 말이 다 맞는 것은 아니다. 내가 소망을 찾아간 것이 아니라, 소망이 나를 먼저 찾아온 것이다. 날마다 내가 작품을 만들 기회가 있을 때마다 매번 믿음과 사랑의 붓놀림을 통해 죽음을 이기시고 우리에게 새로운 생명을 주신 위대하고 자비로우신 하나님을 증거한다. 그 소망은 늘 살아 있고, 절대 죽지 않을 것이다.

> 우리 주 예수 그리스도의 아버지 하나님을 찬송하리로다 그의 많으신 긍휼대로 예수 그리스도를 죽은 자 가운데서 부활하게 하심으로 말미암아 우리를 거듭나게 하사 산 소망이 있게 하시며(벧전 1:3).

> **영혼의 훈련**

믿음을 나누기 (부끄러움이나 강박관념 없이)

누구에게 전도해야 할까? 누구에게 언제 복음을 전해야 하는지를 결정할 때 어떤 문제들을 고려해야 할까? 마지막으로 어떻게 전도해야 하나? 이 장에서 언급했듯이, 우리가 알지 못하는 사이에도, 우리는 항상 복음을 전하고 있다. 사람들이 우리를 지켜보고 있고, 우리는 삶과 행동으로 나쁜 것이건 좋은 것이건 계속해서 소통하고 있다. 이런 전제 아래, 다른 사람들에게 의도적으로 접근해서 그들의 삶을 믿음으로 초청할 수 있도록 돕는 몇 가지 영적인 기술들을 다루어보려고 한다. 복음을 전하는 과정에서 상황에 따라 과정의 진행속도가 다소 다를 수는 있겠지만, 일반적으로 도움이 될 만한 7가지를 찾아봤다. 만일 우리가 전도 대상에 대해 잘 알고, 상대방도 우리를 잘 안다면, 그 과정이 조금 더 빨라지거나, 심지어는 대부분의 과정을 건너뛰고 바로 마지막 단계인 초대로 갈 수도 있겠다. 하지만 전도는 우리가 혼자하는 것이 아니라 순간마다 하나님의 도우심으로 하는 것이라는 사실을 인정할 때, 앞에 나오는 과정들은 필수적이다.

1. 기도하라.

우리가 할 수 있는 가장 첫 번째 일은 하나님께 전도의 대상을 보내달라고 기도하는 것이다. 이것은 거의 항상 그리고 빨리 응답받는 강력한 기도이다. 성령님은 우리가 생각하는 것보다 훨씬 더 지혜로우시고, 더 많이 알고 계신다. 성령님은 우리가 아는 사람들의 필요를 아주 잘 알고 계신다. 하나님께서 우리에게 사람들을 보내주실 것을 위해 기도할 뿐 아니라, 그 사람들이 우리 앞에 왔을 때 알아보고 분별할 수 있도록 우리의 눈과 귀를 열어주실 것을 위해 기도하라. 어쩌면 이미 당신 마음속에 품고 있는 사람이 있을지도 모른다. 그 사람에게 복음을 전할 수 있도록 한발짝 더 가까이 갈 수 있는 기회를 달라고 기도하라.

2. 관찰하라.

기도한 후에는 관찰하라. 하나님께 주기적으로, "주님께서 인도하시는 사람을 알아볼 수 있도록 도와주세요. 긍휼의 눈을 갖게 해주세요. 그 사람이 누구인지, 언제 그 다음 단계로 착수해야 하는지 분별하게 해주세요."라고 기도하라. 뱀처럼 지혜로워야 한다는 사실을 기억하라.

3. 찾아가라.

상대방이 누구인지 알게 되고, 하나님께서 그 사람과의 관계를 성립시켜 주신다는 느낌이 들면, 상대방이 불쾌해하지 않도록 다가갈 수 있는 방법을 모색하라. 커피나 점심식사를 함께하자고 물어보라. 만일 상대가 이미 오랫동안 알고 지내던 사람이라면 불쾌감을 주지 않지만 영적 상태를 진단할 수 있는 질문을 던져보라. "요즘 어떻게 지내요? 어려운 건 없으세요? 어떤 게 잘되는 것 같아요? 뭐가 좀 부족한 것 없으세요?" 만일 상대를 잘 모른다면 이런 질문들은 너무 개인적일 수도 있다. 대화 수준을 기초적인 수준으로 유지하라. 하지만 상대방의 마음에 귀를 기울여 영적인 대화의 실마리를 찾을 수 있을지 보라.

4. 경청하라.

잘 들어주라. 경청의 기술은 분주한 우리 문화에서 거의 찾아보기 힘들게 되었다. 그냥 경청해주는 것만으로도 사랑을 실천하는 것이다. 상대방의 마음의 상태에 귀를 기울이고 무슨 말을 하고 싶은 것인지 경청하라. 그 사람이 지금 목마르게 갈망하고 있는 것은 무엇인가? 무엇 때문에 힘들어하고 있는가? 자신에게 은밀히 질문해보라. "하나님께서 과연 이 사람의 삶 속에서 어떤 영역에서 어떻게 역사하고 계시는가" 이혼 후에 치유되는 과정에 있을 수도 있고, 새로운 직장 때문에 기쁨 가운데 있을 수도 있고, 또는 사랑하는 사람을 잃고 상실감에 빠져 있을 수도 있다. 그 사람이 지금 어떠한 상태에 있든지, 지금 그 사람에게 필요한 것이 무엇인지를 파악하려고 애쓰라.

5. 연결하라.

이 단계에서 우리가 갖고 있는 복음에 대한 이해(우리 하나님이 통치하시고, 우리 하나님이 함께하신다는)가 중요한 역할을 한다. 상대방의 마음을 힘들게 하는 것이 무엇인지를 파악했다면, 복음의 메시지와 그 사람의 상황을 연결하려고 노력하라. 친구가 사랑하는 사람을 잃고 상실감에 빠져 슬퍼하고 있다고 하자. 스스로에게 이렇게 질문해보라. "복음의 능력이 이 사람에게 어떻게 적용될 수 있을까?" 많은 방법들이 있을 것이다. 하지만 세 가지가 먼저 떠오른다. 첫째로, 예수님이 죽음을 이기셨다. 둘째로, 우리의 어둠과 아픔 속에 하나님이 함께하신다. 셋째로, 우리의 고통을 통해 하나님이 놀라운 일을 이루실 수 있다.

만일 그 사람과의 관계가 돈독한 사이라면, 다음과 같은 질문을 통해 직접적으로 이야기해볼 수도 있다. "지금 소망을 주는 것이 있다면 어떤 게 있을까요?" "당신을 지탱해주는 힘이 뭐에요?" 만일 상대방이 마음을 열면, 좀 더 긴 얘기를 상대방이 털어놓을 수도 있다. 상대방의 상황과 당신이 아는 복음을 지속적으로 연결점을 찾으려고 노력하라. 절대로 설교하지 말라. 지금 단계에서는 대화를 나누고 있는 것이다. 어떤 시점이 되면 그 사람의 삶에 일어나고 있는 일과 하나님께서 하시고 있는 일, 또는 하시고자 하는 일 사이의 관계를 명쾌하게 설명할 수 있게 될 것이다.

6. 나누리.

어떤 시점이 되면 상대방이 당신의 이야기나 생각을 듣고 싶어할 것이다. 만일 그런 기회가 오면, 두려워하지 말라. 사람들이 믿음을 나누거나 간증을 나누지 못하도록 방해하는 잘못된 생각들이 많다.

물론 그러한 말들에도 일리는 있겠지만, 나는 간단하게 이렇게 말해주고 싶다. 하나님은 우리가 완벽하거나 모든 대답을 갖고 있을 것을 기대하지 않으신다. 하나님은 그들의 삶을 삼위일체 하나님과 연결하기를 원하신다. 내가 늘 말하지만, 하나님 나라의 전선에는 이상이 없다. 전도는 홍보나 광고 기획 전문가의 전문기술을 요구하는 것이 아니다. 하나님 나라는 시도하는 사람들 모두에게 열려 있다. 내가 하는 말이 목사 같지 않아도 양해를 구한다. 하지만 이렇게 말해주고 싶다. "제발 핑계 그만 대고, 모든 방해요소들을 잊어버려라!"

베드로의 조언을 기억하라.

> 너희 마음에 그리스도를 주로 삼아 거룩하게 하고 너희 속에 있는 소망에 관한 이유를 묻는 자에게는 대답할 것을 항상 준비하되 온유와 두려움으로 하고 선한 양심을 가지라(벧전 3:15-16a).

내가 이 구절을 좋아하는 이유는 복음을 전하기 위해서 "반드시 신학교에 가서 조직신학을 공부하고, 교회사와 변증학과 철학을 공부해야만 한다. 그래야만 복음을 전할 수 있는 자격이 있다."고 가르치지 않기 때문이다. 그저 단순히 "너희 속에 있는 소망에 관한 이유를 묻는 자에게는 대답할 것을 항상 준비하되 온유와 두려움으로 하라."고 격려해준다.

복음의 메시지가 자신의 삶과 교차하는 부분이 무엇인지를 설명하면 된다는 말이다. 이 단계는 어떤 설명을 하는 단계가 아니다. 그저 자신의 이야기를 나누면 된다. 어떻게 하나님을 만나게 되었는지, 하나님께서 어떻게 자신의 삶 속에서 역사하셨는지에 대한 이야기를 나누는 것이다. 솔직하라. 자신이 완벽한 인간이 아니라는 것, 여전히 힘들어할 때가 있다는 사실을, 그러함에도 하나님 안에 믿음의 확신을 가지고 있다는 것을 상대방에게 솔직하게 이야기해주라. 이 장에서 다루었던 "소망의 이야기의 네 가지 요소"에 소개된 골로새서의 구절들을 암송해주면 도움이 될 것이다. 소망의 이야기의 네 가지가 익숙해질수록 그리고 자신의 이야기에 어떻게 적용되었는지에 익숙해질수록, 소망의 메시지를 더욱 잘 전달할 수 있게 된다.

7. 초대하라.

전도 대상자와의 관계가 깊어지는 어떤 시점이 되면, 다른 그리스도인들과의 교제모임에 초대하라. 교회일 수도 있고 다른 공동체라도 좋다. 이쯤되면 대개 경계심을 갖지 않겠지만, 어떤 사람들은 여전히 경계심을 늦추지 않을 수도 있다. 친교 모임(저녁식사나 영화 관람)을 통해 다른 기독교인들과 교제할 수 있도록 초대하거나, 성경공부나 소그룹 모임도 괜찮다. 어떤 사람에게는 수백 명이 모이는 교회예배에 참석하는 것보다, 대여섯 명이 모이는 소그룹이 훨씬 더 편안하게 느껴질 수 있다. 또 다른 방법은 다른 예수님의 제자들과 자신이 섬기는 봉사활동에 함께 참여하자고 초대하는 것이다. 이것이 아주 강력한 전도의 방법이 될 수도 있다.

무엇보다 전도 대상자를 위해 끊임없이 기도해야 한다. 그리고 시간이 걸린다는 사실을 알고 준비하라. 대개 한 사람이 구도자의 단계에서 믿음을 갖게 되기까지 걸리는 시간은 평균 28개월이라고 한다. 어느 시점에서 반드시 교회로 초대하든지, 다른 교회를 찾을 수 있도록 도와주어야 한다. 우리가 믿음을 나누는 과정 가운데 회심이라고 불리우는 특별한 경험을 하게 될 수도 있지만, 대개의 경우 회심이나 하나님과 동행하는 삶의 새로운 양상들을 배우고 개발하기에는 교회만한 곳이 없다. 마지막으로, 하나님을 신뢰하라. 그 사람의 믿음의 여정에 분명 우리가 상상하지 못했던 어려움이나 전환점들이 발생할 수도 있다. 물론 하나님의 때에 하나님의 사람들을 붙여주실 것이다. 바로 지금이 우리가 그의 이야기를 들어주고, 그를 만물을 통치하시는 하나님께로 연결시켜줄 수 있는 유일한 사람일 수도 있다.

chapter
3
하나님의 공동체는 섬긴다

영혼의 훈련 : 우리의 보물을 소중하게 여기기

| The Serving Community |

한번은
어떤 목사님께 이런 질문을 했다. "만일 예수님의 제자가 된다는 의미가 사람들이 모인 공동체에 뿌리를 내리는 것이라면—특별히 지역교회에 뿌리를 둔 것이라면—어떤 변화가 시작되었는지 어떻게 알죠?" 조금의 망설임도 없이 그 목사님은 이렇게 대답했다. "회의하는 걸 보면 알죠." 그 대답에 나도 모르게 킥킥거리는 웃음이 나왔다. 왜냐하면 교회위원회 모임에 여러해 동안 참석해본 경험이 있었던 터라 회의가 얼마나 실망스럽고, 사람들이 얼마나 형편없이 행동하는지를 잘 알고 있었기 때문이다. 한편으로 전혀 예상치 못한 대답에 놀랍기도 했다. 왜냐하면 나는 "예배에 더 열심히 참여하게 되죠."라던가, "어디를 가든지 성경을 들고 다니게 되더군요." 또는 "지역사회를 섬기는 일에 열심을 냅니다." 라고 대답할 줄 알았기 때문이다. 그 목사님은 많은 교회의 회의에서 드러나는 문제점들을 언급하면서 사람들이 회의에 들어갈 때 두

종류의 생각을 가지고 들어간다고 지적했다. 어떤 사람들은 사역을 통해 이 세상에 하나님 나라가 임하도록 하기 위해 회의에 임한다. 다른 한편의 사람들은 이 세상에 속한 가치관과 목표에 더 많은 영향을 받는다고 했다. 그래서 나는 구체적인 예를 들어달라고 부탁했다.

"한번은 저녁에 우리가 당회를 하는데, 그날 주요 안건은 교회건물 증축에 관한 것이었어요. 당회원들이 오랫동안 고민해왔던 사안인데, 두가지 이유 때문에 증축하자는 안건이 나왔던 거에요. 한 가지는 교회가 수적인 성장의 한계에 부딪혔다는 거였죠. 그리고 교인수가 더 이상 늘지 않는 이유가 장소가 협소해서 그렇다고 생각한 거에요. 모든 예배가 꽉 찼구요, 진짜 공간이 더 필요하게 된 거죠. 두 번째 이유는 우리 교회에서 얼마 떨어지지 않은 곳에 한 교회가 최근에 엄청나게 성장하기 시작했는데,(물론 우리 교회에서 수평이동한 성도도 상당히 많구요.) 많은 당회원들이 그 교회의 건물이나 시설이 우리 교회보다 훨씬 더 좋기 때문이라고 생각하는 거죠."

목사님은 계속 말을 이어갔다. "그러다가 오랫동안 교회의 설계도를 담당해오던 건축업을 하는 당회원 한 분에게 질문을 하기 시작했죠. 새로운 건물은 어떤 모양이 될 것인지, 비용은 얼마나 들어갈 것인지, 또한 건물의 수용 인원은 몇 명이나 될지 등을 물었어요. 그러다가 어떤 한 분이 말했어요, 어쩌면 그게 대부분 당회원들의 속내였는지도 모르죠. '내가 알고 싶은 건 이거요. 우리가 증축을 하면 저쪽 교회랑 경쟁하는 데 도움이 되겠느냐는 거요.' 그러자 그 건축가는 잠시 침묵하더니, 이렇게 말하더군요. '잠시만 시간을 좀 주세요.' 그리고는 심호흡을 한번 깊게 하더니, 이렇게 말했답니다.

'내가 잠시 시간을 달라고 했던 건 제가 그 질문에 대한 대답을 하나님 나라의 입장에서 해야 할지, 아니면 하나님 나라와 상관없는 세상적인 관점에서 해야 할지 생각할 필요가 있어서 그랬습니다.'"

그분이 잠시 멈추어 어떻게 대답을 해야 할지 생각했다는 것은 그 회의실 안에 두 가지 전혀 다른 생각들, 두 종류의 가치관이 함께 존재하고 있었다는 사실을 의미한다. 하나는 경쟁, 양적 성공, 자존심 지키기 등의 세속적 가치관을 바탕으로 한 생각이다. 또 다른 생각은 협력과 섬김과 자기희생의 측면에서 바라본 하나님 나라의 가치에 뿌리를 둔 성공이다. 그 회의에 참석한 사람들이 각기 다른 두 가지 생각과 이야기에 의해 인생을 살아왔기 때문에 전혀 다른 그 두가지 생각들이 가끔 교회 내 회의시간에 정면으로 부딪힌다. 만일 어떤 사람이 하나님 나라의 가치관에 자신의 생각을 맞추고 자신의 삶에 적용하기 시작하면, 교회의 회의시간에서도 어떻게 행동할지 명확하게 드러난다. 나는 그 목사님께 이렇게 말했다. "그렇다면 예수님을 닮아가는 제자도에서 사람들이 성장하도록 도와준다는 말은 그들의 영혼을 위해서가 아니라 교회 회의 분위기가 더 좋아지도록 하려는 의미겠군요." 우린 둘 다 웃었다. 하지만 동시에 그것이 정곡을 찌르는 말임을 서로 말하지 않아도 알 수 있었다.

잘못된 생각 : 우리의 필요를 채우는 것이 가장 중요하다

앞의 이야기에서 그 건축가는 일상에서 예수님의 제자가 겪을 수 있는 흔한 상황에 처했다. 매일 우리는 수천 가지의 결정을 내린다. 그 결정의 대부분은 우리 영혼에 큰 영향을 끼치지는 못한다("오늘 브라운 색 바지를 입을까, 아니면 검은색 바지를 입을까?"). 하지만 그 수많은 결정이 우리 영혼의 상태를 드러낸다. 그 건축가를 잠시 망설이게 했던 질문은 일종의 영혼의 상태를 드러내 주었다. 대답이 무엇이든 우리의 대답에는 평소 갖고 있던 생각이 바탕에 깔려 있다. 우리는 대부분 이 세상의 사상과 가르침에 영향을 받아왔다. 그리고 그것을 떨쳐버리기는 참 어렵다. 대부분 자기 자존심을 지키고, 개인의 행복과 자신의 필요를 먼저 채우는 데 중점을 두고, 그 생각에 지배를 당한다. 이러한 생각은 단지 개인에게만 국한되지 않는다. 그것은 한 공동체의 근간을 이루기도 한다.

교회의 위원회를 이루는 구성원들의 공통점은 한 가지다. 그들은 어떠한 특정한 공동체의 일원들이었다. 공동체는 그들에게 많은 것을 제공한다. 가정, 공통의 비전, 위대한 추억의 역사와 같은 것들 말이다. 사람들은 자신이 속한 공동체를 사랑한다. 공동체를 보호하고 싶어하고, 공동체가 성공하기를 원한다. 앞서 말한 교회 이야기에서 당회원들은 자신들의 교회가 발전하기를 원하기 때문에 시간과 에너지를 투자했다. 자신을 양육해왔고, 앞으로도 오랫동안 가족의 성장을 이끌어줄 그리스도를 따르는 사람들의 공동체를 사랑하는 것 자체가 잘못된 것은 아니다. 또한 교회와 사역이 잘되기를 바라는 마음도 잘못된 것이 없다. 예를 들어, 목사님이 사례를 제때 잘 받으시는지, 또는 주차장이 충분한지를 확인하는 것 자체에는 아무런 잘못이 없다.

문제는 공동체가 가장 중요하게 여기는 가치, 그러니까 주요 관심이나 목표가 공동체 자체의 성공에만 머무르는 것이다. 삶의 전부가 자신의 필요를 채우는 데만 급급하면, 그 사람의 삶은 자아도취에 빠지며 자기중심적이며 비효율적이고 궁극적으로는 행복하지 못하다. 공동체도 마찬가지다. 공동체가 그렇다면 자기중심적 문제에만 몰두하게 되고, 결국 그 구성원들의 영혼이 망가진다. 그런 일이 벌어지면, 그 공동체를 존재하게 했던 이유, 즉 더 큰 비전은 상실되고 공동체는 원래의 사명을 달성하기보다는 겨우 생존에 급급해져 버린다. 대개 이러한 단계를 거쳐 영적인 죽음을 맞이하며, 결국에는 공동체가 소멸하기에 이른다.

내가 프렌즈대학교의 교목을 시작하던 초창기에 주중 성경공부와 수련회, 선교활동, 그밖에 주중모임 등 수많은 캠퍼스 사역에 헌신한 수백 명의 대학생들을 섬기는 특권을 누린 적이 있었다. 나는 그 젊은 학생들의 영적 리더였다. 학생들은 나를 신뢰했고, 나의 지도를 받았다. 한번은 지역 교회의 목사님이 점심식사를 함께하자고 전화를 걸어왔다. 그 목사님 교회에서 회의를 했는데, 우리 학교의 캠퍼스 사역에 수천 달러의 지원금을 주기로 결정했다고 했다. 그 돈이 우리 학생들에게 얼마나 도움이 될지를 생각하니 정말 흥분되었다. 그리고는 그 목사님이 이렇게 말했다. "우리가 원하는 건 간단해요. 교수님이 우리 교회에서 젊은 사람들을 위해서 주일성경공부를 인도해주셨으면 하는 겁니다." 나는 동의했고, 얼마 지나지 않아 약 스물다섯 명의 학생들이 그 교회의 성경공부에 참여했다. 모든 게 순조롭게 진행되는 듯 했다.

그러다가 한 달 뒤쯤 그 목사님께 전화를 한 통 받았다. "교수님, 문제가 좀 생긴 것 같아요." 그 목사님이 말했다. "교수님을 따라온 학생들이 우리 예배에 전혀 참석하지 않아요. 교수님 성경공부를 마친 뒤에는 각자 자기 교회에 가든지, 주변의 다른교회로 가버립니다." 나도 그 말을 듣고 무척 놀랐다. 난 전혀 그 문제를 의식하지 못했고, 나 자신도 성경공부만 마치고 집으로 돌아와 가족들과 내가 출석하는 교회에 가서 예배를 드렸기 때문이다. 그 목사님이 계속해서 말했다. "만일 교수님이 학생들을 우리 예배에 참석시킬 마음이 없다면, 우리도 교수님 사역에 더 이상 재정 후원을 하지 않겠어요." 그래서 나는 주일성경공부에 나오는 학생들에게 왜 성경공부는 오면서도, 게다가 특별히 출석하는 교회가 정해져 있지도 않으면서 그 교회에서 예배를 드리지 않는지 이유를 물어봤다. 그들의 이야기는 한결같았다. "예배가 아주 지루해요. 50대 이하는 아무도 없어요. 게다가 아무도 우리에게는 말도 안 걸어요. 그래서 안 가기 시작했어요." 난 아무에게도 예배에 참석하라고 강요할 수 없었다. 곧 나도 성경공부 인도를 그만두었고, 당연히 사역후원금도 끊어졌다. 불행하게도 그 교회는 자신들의 필요에만 집중했고, 학생들의 필요에는 관심이 없었다.

- 본래 목적, 본질에서 초점을 비껴나간 공동체를 알고 있다면 예를 들어보자. 결과가 어떠했는가?

옳은 생각 : 다른 사람들의 필요가 중요하다

반대로, 그 다음 해에 또 다른 교회의 평신도 지도자에게 전화를 받았다. "스미스 교수님, 우리 교회가 오랫동안 많이 기도해왔습니다. 그리고 우리가 젊은이들에게 나누어줄 수 있는 것이 많다는 결론을 내렸습니다. 우리 교인들은 대부분 나이가 많아요. 교회도 그리 크지 않구요. 하지만 우리에게는 젊은이들에게 나눠줄 지혜가 있고, 다음 세대를 향한 마음이 있답니다. 교수님은 젊은 대학생들과 일하시잖아요. 그래서 우리가 어떻게 젊은이들을 섬길 수 있을지 교수님께 도움을 받고 싶어서 연락을 드렸어요." 그 후로 몇 달 동안 그 교회의 사람들과 만남을 가졌다. 그들에게는 우리를 후원해줄 돈이 없었다. 그들은 단순히 대학생들에게 무엇이 필요한지 알고 싶어했고, 모교회가 되어주고 싶어했다.

그래서 나는 그 분들에게 대학생들은 먹는 걸 좋아한다고 말해주었다. 대학생들은 돈이 없었고, 학교 구내식당은 주일이면 문을 닫았다. 그 교회의 교인들이 이렇게 말했다. "우리가 음식은 잘해요." 둘째로, 타지에서 유학온 학생들은 가족을 그리워한다. 그래서 따뜻하게 껴안아주고, 환영받는다는 느낌에 목말라한다. 그 교인들이 다시 말했다. "우리가 안아주는 거라면 자신 있죠." 내가 그래서 이렇게 말했다. "그거면 충분할 것 같아요." 그때 어느 나이드신 여자 분이 말했다. "그런데, 교수님, 학생들이 우리 예배 스타일을 좋아할까요? 우리는 기타도 없고, 오르간밖에 없는데다가, 찬송가만 부르는데요." 그래서 내가 말했다. "여러분이 학생들을 사랑해주시고 먹여주시기만 한다면, 예배 스타일이 다른 건 문제가 안 될 겁니다. 학생들은 사람들이 생각하는 만큼 재미와 흥미 위주로 살지 않거든요."

나는 여섯 명 정도의 학생들에게 나와 함께 예배에 참석해보자고 초대했다. 우리가 교회문을 들어서자 많은 사람이 안아주며 환영해주었다. 예배는 전통적인 형식이었다. 찬송가를 부르고 성경 읽기가 있었다. 예전 의식에 이어 설교와 성찬식이 이어졌다. 목사님은 열정이 있었고, 진지한 설교였다. 하지만 나는 학생들이 마치 자기 고향 교회에 와 있는 것처럼 편안하게 느끼고 있다는 것을 금새 알 수 있었다. 학생들이 좋아할 만한 멋진 것은 없었지만, 그런 재미있고 멋진 것들은 어차피 주중에 학교에 가면 누릴 수 있었다. 예배를 마치고 친교실로 갔다. 교회의 여선교회에서 대단한 만찬을 준비해 주셨다. 완두콩 캐서롤(casserole, 오븐에 넣고 천천히 익혀 만드는 서양식 찜요리)과 젤리 안에 과일이 들어 있는 디저트까지. 학생들이 너무 좋아했다. 물론 나도 그랬다. 그 교회 교인들은 다른 사람들의 필요를 채워주는 일에 중심을 두고 있었다. 몇 년 뒤 그 교인들은 그 지역에서의 사역을 마무리하고, 새로운 곳으로 옮겨 교회를 개척했는데, 그 교회가 바로 아직도 내가 출석하고 있는 채플 힐 연합감리교회다.

그 두 교회의 차이는 무엇이었을까? 첫 번째 교회는 "우리 교회가 잘되려면 무엇을 개선해야 하는가?" 하는 질문을 했다. 두 번째 교회의 질문은 "어떻게 하면 우리가 다른 사람들을 잘 섬길 수 있을까?"였다. 첫 번째 교회를 움직이는 원동력은 자기중심적 생각이었다. 두 번째 교회는 다른 사람들의 필요가 중요하다는 생각으로 움직였다. 첫 번째 교회는 자신들의 이미지와 자존심 챙기는 데 더 신경썼다. 대학생들이 자신들의 교회에 출석하는 것을 일종의 성공의 징표로 여겼던 것이다. 두 번째 교회는 학생들의 웰빙이 더 큰 관심사였다. 그분들의 마음속에는 대학생들이 많이 교회에 온다는 것은 섬김의 기회라고 여겼던 것이다. 우리가 하나님 나라의 현실에 흠뻑 젖어 있으면 우리의 관심은 우리 자신의 필요 중심에서 다른 사람들의 필요 중심으로 바뀐다. 그것은 오직 우리가 하나님 나라에 사로잡혔을 때만 가능하다. 우리가 확신과 안전함을 느낄 때 비로소 우리의 초점이 우리 자신에서 다른 사람들로 옮겨질 수 있다.

- 지금 속한 공동체에서, 어떻게 우리 교회의 필요를 채울까, 또는 다른 사람들을 더 효율적으로 섬길까, 이 두 질문을 어떻게 분별하는가?

타인 필요 중심적인 공동체

예수님의 선하고 아름다운 공동체는 생명력과 능력을 우리의 선생이 되실 뿐 아니라 능력의 원천이신 예수님 안에서 찾는다. 예수님을 따르는 제자들이라면 예수님을 닮아야 한다. 예수님은 종이셨다. 주님은 다른 사람들의 유익을 위해 사셨다. 이 세상의 나라에서는, 위대함이 권력에 의해 결정된다. 섬김을 받는 사람이 섬기는 사람보다 더 위대하게 여겨진다. 예수님은 위대함에 대한 생각을 거꾸로 뒤집으셨다. "앉아서 먹는 자가 크냐 섬기는 자가 크냐 앉아서 먹는 자가 아니냐 그러나 나는 섬기는 자로 너희 중에 있느니라"(눅 22:27).

주님은 우리의 모범이다. 겨우 우리가 주님을 흉내내기 원해서가 아니라 주님의 은총을 얻기 위해서이다. 다른 사람들의 종이 되는 것이 가치 있는 최고의 삶이다. 다른 사람들의 섬김을 받고 싶어하고 받아야 하는 인생은 생명을 만들어내는 삶이 아니라 영혼을 파괴하는 삶이다. 예수님은 몸소 모범을 보이셨다. 만왕의 왕이시며 우주의 창조주이신 예수님은 섬기러 오셨다. 주님은 제자들의 발을 씻기셨다. 그분은 섬기기 위해 사셨다.

주님은 단 한 가지 이유 때문에 그렇게 사실 수 있었다. 바로 사랑이다. 주님은 제자들에게 최고의 사랑 표현은 다른 사람들을 위해 자신을 내어주는 것이라고 말씀하셨다. 사실 최고의 사랑 행위는 할 수만 있다면 상대방을 위해 자신의 생명까지 내어주는 것이다. 예수님이 말씀하셨다. "사람이 친구를 위하여 자기 목숨을 버리면 이보다 더 큰 사랑이 없나니"(요 15:13).

주님은 그것을 가르치셨을뿐 아니라, 삶으로 실천하셨다. 주님은 당신과 나를 포함한 다른 사람들을 위해 자신의 목숨을 내어주셨다. 주님을 선생이라고 부르며 따르는 우리들도 시선을 우리중심에서부터 다른 사람에게로 옮기고, 주님과 같은 삶을 살도록 부르심을 입었다.

어떻게 그렇게 할 수 있을까? 첫 번째 교회는 그러지 못했는데, 그 두 번째 교회는 어떻게 이것을 실천할 수 있었을까? 그 답은 하나님 나라에 있다. 앞에서 말했듯이, 믿음과 사랑은 복음을 선포할 때 발견되는 소망에서 솟아나온다. 노르위크의 줄리안(Julian of Norwich)이 말했듯이 우리가 발견한 복된 소식에는 모든 것이 잘되고, 모든 것의 상태가 좋을 수밖에 없다. 위대한 미래에 대한 확신이 있다. 하나님께서 당신의 지혜 안에서 허락하시지 않고 선을 이루실 수 없는 일이 우리에게 벌어지지 않으리라는 걸 우리는 안다. 우리는 안전하고 안녕하다(safe and secure). 그러한 관점에서 우리는 자기중심적인 삶에서 타인 중심으로 변화한다.

우리가 주님과 더불어 그분의 나라에서 살게 되면 우리의 기본적인 필요가 채워진다. 심지어는 다른 사람들을 통해서라도 채워주신다. 하나님 나라에서는 우리의 필요가 공급된다. (심지어 우리가 피난처가 없고 음식과 입을 옷이 없다 할지라도, 그것들을 채워줄 조직이 있다). 하나님 나라 안에서 우리는 안전하다. 심지어는 죽음도 우리를 하나님의 사랑에서 갈라놓지 못한다. 하나님 나라에서는 우리가 가치 있고 소중하며, 목숨을 내놓을 만큼 귀한 존재라는 사실을 알게 된다. 유진 피터슨의 말처럼 우리는 "절대로 흉내낼 수 없는 놀라운 은혜의 이야기"의 주인공이다.

우리가 이 진리들을 인정할 때 우리의 관심을 우리 자신에게서 다른 사람들의 필요로 바꿀 수 있게 된다. 나중에 알게 된 사실이지만, 첫 번째 교회는 두려움을 안고 살아가고 있었다. 재정도 많았지만, 빠르게 고령화되고 있었고, 새로운 신자들도 없었다. 그 교회는 곧 문닫을 지경에 빠졌던 것이다. 그들은 교회의 운명과 하나님 나라를 헷갈린 것이다. 교회는 생겼다 사라질 수 있지만, 하나님 나라는 영원하다. 그들의 생명, 능력, 존재의 이유는 모두 하나님 나라 안에 있으므로 결코 비틀거리지 않는다. 두 번째 교회는 이 사실을 알았다. 그들은 자신들의 교회를 사랑했고, 자신들의 좋았던 과거에 사로잡히지 않았다. 필요하다면 과거를 잊고 새로운 출발을 해야 한다는 사실을 알았으며, 실제로 그렇게 했다. 옛날 교회가 죽음으로써 새로운 교회가 탄생할 수 있었던 것이다.

하나님 나라의 사상에 흠뻑 젖어들 때야 비로소 공동체가 타인 필요 중심으로 변화될 수 있다. 그들은 자신들의 공동체가 은혜를 말하고, 그 은혜로 삶을 살아가는 하나님 나라의 전초기지라는 사실을 안다. 교회의 가치는 얼마나 오래 되었느냐에 달려 있는 것이 아니라 얼마나 사랑이 넘치느냐에 달려 있다. 교회의 성공 여부는 크기가 아니라 사람들과 공동체를 어떻게 섬기느냐에 달려 있다. 우리는 교회를 세우거나 교회 건물을 짓거나 또는 멋진 건물을 짓기 위해 건축헌금을 모금하려고 부르심을 받은 것이 아니다. 우리의 지도자는 이 땅에 오셔서 섬기다가 다른 사람들을 위해 죽으셨다. 주변에서 찾아보긴 힘들지만, 나는 이 말이 교회를 위한 사명선언으로 상당히 좋다고 생각한다. "우리는 교회의 머리이신 예수님처럼 섬기다 죽기 위해 존재한다."

소중한 것을 소중하게 여겨라

바울은 빌립보에 있던 공동체를 향해 날마다의 삶가운데서 다른 사람들과 더불어 사는 법에 대해 다음과 같이 말했다. "아무 일에든지 다툼이나 허영으로 하지 말고 오직 겸손한 마음으로 각각 자기보다 남을 낫게 여기고 각각 자기 일을 돌볼뿐더러 또한 각각 다른 사람들의 일을 돌보아 나의 기쁨을 충만하게 하라."(빌 2:3-4) 한번은 이 본문을 중심으로 성경공부를 인도한 적이 있는데, 한 여자분이 손을 들고 말했다. "'남을 낫게 여기라.'는 바울의 생각이 심리학적 측면에서 그리 좋다고 생각하지 않아요. 그건 자아상이 안 좋은 거잖아요." 나는 그 여자분이 잘 모르는 게 하나 있다고 생각한다. 다른 사람들을 자신보다 낫게 생각하면서 동시에 건강한 자아상을 가질 수도 있다. 그 여자 분은 다른 사람을 낮게 생각한다는 것이 자신을 낮게 여기는 의미라고 오해한 모양이다.

이런 오해는 우리가 다른 사람들을 우리보다 낮게 생각하는 데 익숙하지 않기 때문에 생긴다. 바울이 그 다음 구절에서 어떻게 격려하는지 들어보라. "각각 자기 일을 돌볼뿐더러 또한 각각 다른 사람들의 일을 돌보아 나의 기쁨을 충만하게 하라"(4절). 바울은 우리가 자연적으로 자기 일을 돌보는 존재라는 것을 잘 알고 있었다. 그리고 그것이 나쁘다고 말하지 않았다. 단지 다른 사람들의 일도 돌아보라고 말한다. 바울이 말하고자 하는 바를 제대로 이해하게 된 계기가 있다. 2년 전 나는 결혼식 주례를 위해 열심히 설교를 준비하고 있었다. 나의 결혼생활에 도움이 되었던 것이 무엇인지를 생각해보았다. 내 아내 메간이 얼마나 놀랍고 멋진 사람인가에 대해 생각하게 되었고, '소중함'이라는 단어를 메모했다. 내게 있어 아내는 소중한 보물이다. 그러고는 이런 생각이 들었다. '소중한 것을 소중히 여겨라.'

내 아내는 내게 대단한 선물이다. 신실하고 가치 있는 사람이다. 내 마음과 혼을 그 현실에 비추어보니 아내를 소중하게 여기고, 사랑하고, 내 개인적 욕심을 내려놓고 아내의 필요를 위해 사는 것이 쉬워졌다. 내 자녀들도 역시 신성하고 놀라운 보물들이다. 때로는 그 사실을 잊고 아이들을 돌보고 시간을 보내는 것을 귀찮게 여길 때가 있다. 그런 생각이 들 때 아이들이 얼마나 내게 소중한 존재인지를 기억해보라. 그러면 갑자기 그 아이들을 돌보는 시간이 의무처럼 느껴지는 게 아니라 특권으로 여겨질 것이다. 어떻게 보느냐가 중요하다. 상대방의 아름다움과 가치를 보면 섬기고 싶은 열망이 더 커진다.

마크리나 비데커(Macrina Wiederkehr)는 이렇게 썼다. "오 하나님, 내가 어떠한 상태이든지, 자신에 대한 진리를 믿을 수 있게 하옵소서." 이 짧은 기도문에는 물론 진리가 담겨 있지만, 나는 표현을 좀 바꿔보고 싶다. "오 하나님, 그들의 모습이 어떠하든지, 오늘 만나는 사람들 속에서 진리를 볼 수 있도록 도우소서."

상처입을 때에도 여전히 타인 중심으로 살기

내 필요가 먼저인가, 다른 사람의 필요가 먼저인가? 우리가 선택하는 주된 사상이 우리의 행동을 결정한다. 얼마 전 친구 한 명이 자신이 겪은 일을 이야기해주었다. 최근에 직장에서 예수님을 믿지 않는 사람을 만나게 되어 친하게 지내려고 노력 중이라고 했다. 몇번 점심 식사라도 함께하려고 그 여자를 초대했는데, 그 여자는 그때마다 핑계를 만들어 빠져나가곤 했다. 내 친구는 그 여자의 비서에게 전화를 걸어서 점심약속을 잡으려고 했다. 그 비서는 내 친구를 딱하게 여겼는지 이렇게 말해주었다고 한다. "저랑 상관없는 일이기는 하지만, 지난번에 전화하셨을 때 점심식사 함께하고 싶다는 메모를 전해드렸는데, 메모를 보시고는 구겨서 쓰레기통에 던지시며, '절대로 식사할 이유가 없지.' 라고 하셨어요. 제 생각에 선생님은 참 좋으신 분 같은데, 이런 취급받으실 이유가 없다고 생각해요."

누구나 그랬겠지만, 내 친구는 그 비서가 전해준 얘기를 듣고 상처를 받았다고 했다. 하지만 내 친구는 하나님 나라의 가치관에 깊이 뿌리내린 사람이라 기도 가운데 하나님께 그 문제를 의뢰했다. 그로부터 일주일쯤 후에 내 친구가 우연히 식당에서 그토록 만나려고 했던 그 여자가 친구와 함께 있는 것을 봤다고 한다. 그래서 내 친구가 웨이터에게, "저쪽 사람들 식사비를 내가 계산하고 싶어요."라고 말했다. 얼마 뒤 내 친구가 서류를 정리하느라고 바빠서 알아채지 못했는데, 어느결에 그 여자가 바로 내 친구가 있던 테이블 앞에 서 있더라고 했다.

"점심값을 대신 내주어서 고맙다고 인사하고 싶었어요." 그녀가 말했다. "이전부터 제가 계속 피했는데도 저와 식사하고 싶다고 꾸준히 연락하셨다고 들었어요. 죄송해요. 그 말씀도 드리고 싶었어요."

내 친구는 자신의 행동에 대해 이렇게 설명했다. "그 여자하고 그렇게 빨리 다시 보게 될 줄은 몰랐어요. 하지만, 내가 그래서 꼭 그렇게 했던 건 아니에요. 내가 점심값을 계산했던 이유는 그 사람을 위해 계속 기도해왔었고, 그녀에게 뭔가 친절을 베풀 수 있는 기회가 왔던 것뿐이에요. 하나님이 그 기회를 주셨다고 생각해요. 내가 그 사람에게 전도할 수 있도록 그 사람과 친구가 될 수 있을지 없을지는 잘 모르겠어요. 한 가지 분명한 건 내가 누군가를 위해 뭔가 할 수 있는 기회가 주어졌다는 것이고, 그렇게 할 수 있어서 기쁘다는 거에요." 내 친구는 "다른 사람의 필요가 더 중요하다."는 새롭고 강력한 진실된 생각을 품고 살고 있었다. 과연 그녀는 독특한 하나님의 사람이다.

여기 한 가지 기억할 것이 있다. 나를 포함한 대부분의 사람이 다른 사람들의 필요 때문에 자신을 희생하는 위험을 감수하지 않지만, 그렇게 하는 사람들도 많이 있다는 사실이다. 또 대부분 그런 사람들이 이런 책을 읽게 된다는 사실이다. 우리 자신을 돌보는 것과 다른 사람들의 필요를 채우는 것과의 균형을 잡을 필요가 있다. 내가 아는 많은 기독교인들이 다른 사람들을 섬기는 일에 너무 집중한 나머지 자기 자신의 필요는 물론이고 때로는 가족들의 필요를 무시하는 경우를 가끔 본다. 어떤 여성은 젊었을 때 그리스도를 따르는 사람들은 끊임없이 다른 사람들을 섬기는 것이 의무라고 배웠기 때문에 쉴새없이 교회를 섬기다가 지쳐서 결국 교회를 떠났다고 고백했다. 성실히 행했으나 잘못된 가르침 때문에 결국은 실망해서 교회를 떠난 것이다. 또 다른 남성은 "다른 사람들을 섬기느라 내 에너지를 다 소진해버렸기 때문에 정작 자신의 가족들은 남은 부스러기를 가지고 살아야 했다."는 고백을 했다.

다른 사람들을 섬기는 데 있어서 중요한 것은 균형이라고 강조하고 싶다. 우리는 먼저 자신의 영혼과 육체의 상태를 잘 파악해야 하고, 죄책감을 느끼지 않고 자신의 기본적인 필요부터 채울 수 있어야 한다. 우리가 먼저 편안하고 쉼을 경험한 후에야 다른 사람들에게 나누어줄 수 있다. 그리고 또한 우리의 섬김을 가장 많이 필요로 하는 사람들은 정작 우리의 가족과 친구들이라는 사실을 기억해야 한다. 그들이 지금 아주 힘든 상황에 처한 것은 아닐지 몰라도, 여전히 우리의 시간과 에너지와 사랑을 필요로 한다. 다시 강조하지만 균형을 찾아야 한다. 너무 우리 자신의 필요를 채우는 데 시간을 많이 들이는 것도 문제지만, 다른 사람들의 필요를 채우느라 자신을 돌보지 못하는 경우도 가끔 문제를 일으킨다. 성령님의 인도하심에 민감하게 귀기울이고, 우리가 보지 못하는 부분을 보는 사람들의 의견에도 마음을 열고 들는다면 균형을 잡을 수 있다.

가장 중요한 일

한번은 달라스 윌라드 교수와 캘리포니아에서 열린 컨퍼런스에 참석했다. 나는 첫날 저녁 강사로 삶이 변화할 때 일어나는 하나님의 은혜에 대해 강의했다. 휴식 시간 이후에는 달라스 윌라드 교수가 강의했다. 교수님은 사람들의 관심을 사로잡는 명제로 강의를 시작했다. "기독교인들에게 가장 중요한 것이 무엇인지를 나누려고 합니다. 특별히 지도자들에게는 너무도 중요한 것입니다." 잠시 침묵의 시간이 흘렀다. 기독교인에게 있어서 가장 중요한 것이 무엇인지를 청중들은 듣고 싶어했다. 내 머릿속에도 수만 가지 생각이 오갔다. '그게 뭘까?' 나는 윌라드 교수의 강의를 수백 시간도 넘게 들었다. 성경 암송에 따른 변화가 얼마나 큰지를 교수님이 자주 말씀하셨기 때문에, 나는 교수님이 성경 암송이 가장 중요하다고 말씀하실 줄 알았다. 그런데 교수님께서는 마이크에 몸을 기대고 이렇게 말씀하셨다. "우리에게 가장 중요한 것, '특별히 지도자 위치에 있는 사람들에게 가장 중요한 것'은 바로 우리 주변에 있는 교회들의 성공을 위해 기도하는 것입니다."

충격이었다. 가장 중요한 일? 나는 기독교인들 특별히 목회자로서 해야 할 더 중요한 일들을 열두 가지도 더 생각해낼 수 있다. 가난한 사람을 돌보는 일은 어떤가? 한적한 곳에서 기도를 통해 하나님과 깊은 교제의 시간을 보내는 것은 또 어떤가? 믿지 않는 사람들과 우리의 믿음을 나누는 것은? 그런데

이 모두가 아니었다. 달라스 윌라드 교수님은 우리가 할 수 있는 가장 중요한 일은 우리 지역에 있는 다른 교회들의 성공과 안녕을 위해 기도하는 것이라고 말씀하신 것이다. 나중에 윌라드 교수님께 무슨 뜻으로 그런 말씀을 하셨는지 여쭈었다. 교수님은 말씀하시기를 우리가 순수한 마음으로 우리 주변에 있는 교회들을 위해 기도할 때 우리가 가진 이기적인 생각의 틀을 깨뜨리고 교회 모두가 성공하기를 바라시는 하나님의 마음에 가까이 가는 것이기 때문이라고 했다. 바로 그 실천이 우리가 하나님 나라에 합하는 길이라고 하셨다.

목회자뿐 아니라 교회 전체가 그렇게 기도해야 한다고 도전하셨다. 최근에 와이오밍 카스퍼(Casper, Wyoming)에 있는 하이랜드 파크 커뮤니티 교회에서 설교한 적이 있는데, 그 교회 목사님은 이것을 실천하고 계셨다. 자신이 섬기는 교회의 주변에 있는 다른 교회들을 거명하면서 하나님께서 그들의 사역을 축복해주실 것을 기도했다. 교회 이름을 부르며 기도할 뿐 아니라, 그 교회들의 구체적인 사역들까지 일일이 불러가며 기도했다. 정말 아름다운 광경이었다. 그것은 예배의 분위기를 바꾸어놓았다. 이러한 중보기도는 우리 자신보다 훨씬 더 큰 그림 안에 우리를 넣어주었다. 하나님 나라의 아름다움과 능력을 볼 수 있게 해주었다. 나중에 목회자들 중 한 명에게 물어보았더니 매주 주일예배 때마다 그렇게 한다고 했다. 그래서 그 목사에게 달라스 윌라드 교수의 이야기를 들려주었다. "정말 그렇게 하고 있는 교회가 있군요! 계속하셔야 합니다!" 그 목사의 얼굴이 수줍은 듯 붉어졌지만, 그 교회가 잘하고 있다는 사실과 그것이 다른 사람들에게 어떠한 메시지를 전달하고 있는지를 알려주고 싶었다.

은혜의 여백

앞서 언급했던 교회위원회 모임에서, 그 건축가가 잠시 침묵했을 때, 그는 예수님과 바울서신이 가르쳐주는 대로, 올바른 생각에 따라 삶을 살아내기로 선택했다. 그 가르침은 하나님의 나라에 속한 사람들은 누구와도 경쟁하지 않는다는 것이다. 다른 사람, 특별히 다른 교회들과 경쟁관계에 있다는 생각은 우리를 하나님에게서 멀어지게 하는 거짓된 환상이며 깨어지기 쉬운 생각이다. 그 건축가는 잘못된 생각에서 잠시 떨어져 예수님의 가르침 속에 담긴 진리를 분별하려고 '은혜의 여백'(내가 만들어낸 개념이다)을 찾았다.

그는 은혜의 여백, 그러니까 침묵을 통해 그리스도 중심에서 나오는 의견을 내놓을 수 있었다. 어떤 생각을 취할지 결정하기 전에 생각을 점검할 수 있는 은혜의 여백을 찾는 법을 배우는 게 정말 중요하다. 그 과정은 더디다. 하지만 우리가 지속적으로 우리의 생각에 재시동을 걸고 예수님의 가르침에 따르면 하나님과 우리 자신에게 더욱 가까이 갈 수 있고, 우리를 통해 성령의 열매가 맺혀지기 시작할 것이다. "저 아래 교회와 경쟁해서 이길 수 있는 건물을 지을 수 있겠느냐?"는 질문에 그 건축가는 어떻게 대답했을까? 그 사람은 이렇게 대답했다.

"첫째로, 한 가지 사항을 분명히 합시다. 우리는 지금 저 아래교회와 경쟁하는 것이 아닙니다. 우리는 모두 같은 편입니다. 우리는 모두 하나님 나라에 속해 있기 때문에 그 교회의 성장이 곧 우리의 성장입니다. 둘째로, 우리가 할 일은 간단합니다. 하나님께서 우리에게 허락하신 재정으로 최선을 다해 건축하는 것입니다. 하나님을 기쁘시게 하고, 그 공간을 사용할 사람들에게 축복이 될 건물을 건축하기 위해 열심히 일하는 것입니다. 그것이 제가 배우고 익힌 재능과 은사를 활용해서 최선을 다해야 할 일입니다."

그 회의를 주관했던 목사님께 질문했다. "그래서 그 회의에 참석했던 다른 사람들은 어떻게 반응하던가요?" "그게 아주 놀라운 얘기입니다." 그 목사님은 이렇게 대답했다.

"그 사람의 대답이 회의의 명분을 바꾸어놓았어요. 우리가 잘못된 기준을 가지고 잘못된 곳에 집중하고 있다는 사실을 깨달았지요. 교회 리더십을 지배해오던 잘못된 생각, 그러니까 출석과 건물과 헌금이 교회 성장의 3대 요소라는 생각을 내려놓게 되었지요. 우리가 그런 것들에 집중할 때 모든 것이 잘못되기 시작합니다. 왜냐하면 그것들은 하나님 나라의 가치가 아니기 때문이죠. 사실 저도 그 건축가가 했던 말을 하려고 노력했지만, 대부분 사람들은 "오, 목사님이니까 저렇게 말하지."라고 생각하고 말지만, 그 건축가의 말은 사람들의 가슴에 호소했던 것 같아요. 회의 나머지 시간은 완전히 다른 방향으로 진행되었습니다. 하나님께서 우리에게 허락하신 한도에서 어떻게 하면 최선을 다해 건축을 마칠 수 있는지에 대해 토론했지요. 회의가 끝날 때쯤에는 하나님이 우리 가운데 역사하신다는 사실에 모든 사람이 흥분했답니다."

그 목사님은 이렇게 결론지었다. "교회에서 하는 회의의 중심이 세상적인 것에서 하나님 나라로 바뀐다는 것은 결코 작은 일이 아닙니다. 그것은 기적이라고 할 수 있죠." 교회에서 하는 회의가 어떤지를 잘 아는 나도 그 목사님의 말이 무슨 뜻인지 잘 알 수 있었다.

우리의 보물을 소중하게 여기기

예수님의 제자들이 이루는 선하고 아름다운 공동체는 자신의 필요보다 다른 사람들의 필요를 먼저 생각하는 사람들로 구성된다. 우리가 사는 세상에서 그런 태도는 참 독특한 태도이다. 그것은 "일등만 기억하는 세상이니 반드시 일등을 하라." 또는 "이기는 것은 전부가 아니다. 이기는 것만이 유일한 길이다."라는 메시지만 던지는 이 세상의 풍조와 사상을 따르지 않는다는 것을 의미한다. 또한 그것은 이기주의, 인종차별과 공격성에 순응하지 않는 모습을 보여준다. 어떻게 이렇게 살 수 있을까? 내 생각에는 다른 사람을 바라보는 우리의 시각을 바꾸는 것에서부터 시작된다. 그럴 때 우리 가족이든지 고속도로에서 만난 사람이든지, 이들을 우리 행복의 장애요소로 볼 것인지 또는 기회로 볼 것인지를 결정하기가 쉬워진다.

중요한 것은 다른 사람들을 볼 때 그리스도의 마음을 입고 그리스도가 그 사람을 보시는 것처럼 보는 것이다. 보물처럼 보는 것이다. 그렇게 되면 그 사람들을 보물처럼 소중하게 여길 수 있게 되고, 그 사람들의 필요를 우리 자신의 필요보다 먼저 생각하는 것이 자연스러워질 것이다. 다른 방식으로 살고 움직이며 우리 삶 속의 사람들, 가족과 친구들, 동료, 성도들, 낯선 사람들과의 관계도 달라지게 된다. 예를 들면, 가족을 소중하게 여기는 것이, 이전보다 더욱 쉬워진다. 그렇다고 내가 잘한다는 말은 아니다. 상점에서는 무례하게 구는 사람을 소중하게 여기는 일이 물론 어렵지만, 그렇다고 해서 할 수 없는 일도 아니다. 이번 주에는 우리 주변에 있는 소중한 것들을 소중하게 여기는 훈련을 하기 위한 몇 가지 영혼의 훈련방법들을 소개하고자 한다.

가정에서 이기적이지 않게 살기
1. 무엇을 먹을까, 어디에서 먹을까를 결정할 때 다른 식구들에게 먼저 물어보라. 가족들이 고른 음식이 알러지가 심하게 걸릴 만한 것이 아니라면, 식구들이 가고 싶어하는 곳으로 가서 그들이 먹고 싶어하는 음식을 먹으라.
2. 만일 당신이 결혼을 했거나 룸메이트와 함께 살고 있다면, 배우자에게 또는 룸메이트가 요즘 어떻게 지내는지 묻고 그들의 대답에 귀를 기울여주라. 만일 다른 일이 있다 하더라도 상대방의 필요를 먼저 채워주려고 노력해보라. 그것이 심리적인 것이라도 그렇게 해주라.
3. 가정에 자녀들이 있다면, 이번 주말을 어떻게 보내고 싶은지 선택할 수 있는 권한을 주라. 아이들이 뭘하고 싶어하든지 그것을 해보라. 함께 영화를 보는 것일 수도 있고, 보드 게임을 함께 하며 노는 것일 수도 있다. 중요한 것은 아이들이 선택권을 갖는다는 것이다.

직장에서 이기적이지 않게 살기
1. 직장 동료에게 찾아가서 이렇게 물어보라. "지금 하고 있는 업무나 프로젝트에 특별히 내 도움이 필요하거나, 부탁할 게 있나요?" 아마 상당히 흥미있는 부탁을 할지도 모른다!
2. 동료들을 위해 커피나 차를 타거나 간식을 준비해보라. 또는 동료들이

간식이나 차를 마신 테이블을 깨끗하게 정리해보라.

교회에서 이기적으로 살지 않기

1. 나는 교회에서 되도록 멀리 주차하고 다른 사람들이 교회 가까운 곳에 주차할 수 있도록 배려해보라.
2. 예배당 맨 앞자리에 앉거나, 주로 사람들이 잘 앉지 않는 곳에 일부러 찾아가서 앉아보라. 그래서 다른 사람들이 앉고 싶은 곳에 앉을 수 있도록 배려해보라.
3. 일손이 필요한 일에 동참해보라. 주보를 접는 것이나 주차장을 정리하는 일에 동참해보라.

매일의 삶 속에서 이기적으로 살지 않기

1. 운전할 때, 다른 사람이 당신의 차 앞에 끼어들고 싶어하면 양보해보라.
2. 쇼핑할 때 가게 안의 다른 사람들을 배려하고, 새치기하려는 사람에게 자리를 양보해보라.

chapter

4

하나님의 공동체는 그리스도 중심이다

영혼의 훈련 : 우리와 의견이 다른 사람들을 사랑하기

| The Christ-Centered Community |

어느 날 내가 잘 모르는 어떤 교단에서 연락이 왔다. 교단을 대표해서 전화를 건 리더는 내가 교단 지도자들 모임에 기독교 영성개발이라는 주제로 특강을 해줄 수 있는지를 물었다. 관심이 생겼다. 우선 어떻게 날 알게 되었는지부터 물었다. 그 교단에 속한 교회의 성도들에게 설문조사를 했더니, 가장 관심이 있고 배우고 싶은 분야가 '영성개발'이었단다. 그 교단에는 그 분야의 전문가가 없었다. 그래서 인터넷을 검색해보니 '영성개발'이라고 치자, 바로 내 이름이 뜨더란다. (나는 『영성훈련을 위한 아홉 번의 만남 A Spiritual Formation Workbook』라는 책을 출판했었다).

자신들은 그 주제에 정말 관심이 많으며, 배우고 싶고, 내가 와서 특강을 해 준다면 그 교단 산하 각 교회에 큰 영향을 미칠 수 있을 거라고 했다. 나는 그 초대에 응했다. 열심히 준비했고 나를 사용하셔서 교단의 지도자들이 성도들의 영성개발에 관심을 갖고 헌신하도록, 또한 교회로 돌아가서 영성 훈련으로 영향력을 끼칠 수 있도록 도와달라고 기도했다.

집회 장소로 가면서 나는 기대감에 부풀어 흥분을 느꼈다. 세미나 장에 도착하니 미국 전역에서 온 교단의 핵심 지도자들 60명이 모여 있었다. 나는 속으로 '만일 이 사람들이 변화에 대한 열정을 갖는다면, 이 사람들이 섬기는 교회는 새로운 부흥이 일어나겠지.' 라고 생각했다. 교단의 지도자가 날 소개하자 나는 힘있게 강단에 올라섰다. 재미있는 이야기로 강의를 시작했고 분위기가 아주 좋아졌다.

곧 나는 주제 강의로 들어갔다. "하나님께서는 우리가 그분과 깊은 관계를 나눌 수 있고, 은혜를 느낄 여러 가지 많은 방편들을 우리에게 허락하셨습니다. 기도, 고독, 침묵, 성경, 금식 등 여러 가지 방법이 있습니다. 우리는 그 영성훈련을 통해 하나님과 함께 활기찬 삶을 누리며 우리가 사는 세상을 변화시킬 수 있는 그리스도인의 성품을 개발할 수 있습니다."

정말 잘 다듬어진 서론이었다. 하지만 그때부터 청중의 반응이 싸늘해졌다. 나중에 알게 된 사실이지만, 그 교단은 하나님께서 오직 세례와 성찬만을 은혜의 방편으로 허락하셨다는 열렬한 믿음을 갖고 있었다. 그러니 내가 말한 모든 활동(기도, 성경 읽기, 고독 등)은 절대 은혜의 방편이 아니었다. 내가 자라온 교단(감리교)과 그 밖의 다른 곳에서는 이런 영적 활동을 자유롭게 거론할 수 있었다. 하지만 난 그 교단의 입장은 들어본 적이 없었다. 내가 아는 것이라곤 청중의 반응이 급격하게 기대감에서 적대감으로 변했다는 것이다.

내가 서론에서 그 말을 한 이후로 누구도 나와 눈을 마주치려 하지 않았다. 15분 정도 지나자 강의 내용에 동의할 수 없다는 듯 고개를 젓는 사람들이 보였다. 30분이 경과했을 때 한 사람이 벌떡 일어나더니 의자를 돌려 내게 등을 보이고 앉았다. 사실 그분은 방에서 나갈 수도 있었지만(40분이 경과했을 무렵에는 3명이 강의실을 나갔다.) 공개적으로 자신의 불편한 심기를 표현함으로써 창피를 줘야 할 필요가 있다고 생각했던 것 같다. 내가 그들의 신학이 무엇인지 알지도 못한 채 그들의 거룩한 원칙을 범한 것이다. 내가 사용한 몇몇 표현들이 그들 눈에 틀렸기 때문에 말이다. 일단 강의를 55분 정도에 마무리해야 할 것 같았다. "이쯤에서 휴식시간을 갖는 게 좋겠네요."

휴식 시간에 날 데려왔던 교단 관계자가 어두운 표정으로 찾아왔다. "총회장님이 정말 미안해하시면서 도저히 이 분위기로는 강의를 계속하기가 힘들 것 같다고 하시네요. 정말 죄송합니다만, 강의를 중단하셔야 할 것 같습니다." 사실 강의는 4시간으로 예정되어 있었지만 나도 그 강의실에 들어가는 게 호랑이굴에 들어가는 것만큼 싫었다. "저도 그렇게 생각합니다. 저를 공항까지 좀 데려다 주시겠어요? 어쩌면 돌아가는 비행기 좌석편이 있을지도 모르겠네요." 나는 완전히 지친 몸과 마음으로 터벅터벅 주차장까지 걸어나왔다. 집으로 돌아오는 비행기 안에서 나는 창가에 머리를 기대고 울기 시작했다.

잘못된 생각 :
서로의 의견에 동의할 수 없다면, 반드시 갈라서야 한다

아마 많은 독자들이 "그 교단이 도대체 어떤 교단이었을까?"하는 궁금증을 갖고 있을지도 모르겠다. 그것이 어느 교단이었든 상관없다. 어느 교단, 어떤 교회든지 상관없이 그 비슷한 일들이 교회들 사이에 비일비재하게 발생한다. 그날 내가 배운 것이 있다면 아주 사소한 일이, 그러니까 몇 개의 단어 때문에 그런 분열을 초래할 수도 있다는 것이다. 좀 더 잘 준비하지 못한 내 책임이다. 미리 알았더라면 그런 상황은 피할 수 있었을 것이다. 하지만 그날 내가 잘 모르고 그렇게 말한 것에 대해, 그분들이 너그러이 양해를 해줄 수 있었는데도 그렇게 하지 않은 것 또한 비난받을 만하다. 누군가 내 말을 끊고 이렇게 이야기해줄 수 있지 않았을까. "교수님, 죄송하지만, 지금 말씀하신 건 우리 교단 사람들에게는 좀 생소하네요. 우리 교단의 신학적인 입장은…"이라고 말하며 내게도 해명할 기회를 주었어야 했다.

아주 단순하지만 끔찍한 사실을 말해야겠다. 예수 그리스도의 몸된 교회는 다른 사람들과 교제하기를 거부하는 사람들로 인해 이제껏 수많은 파벌로 분열되어왔다. 한 주님과 한 믿음과 한 세례를 믿는다고 고백하면서도, 고립과 판단과 불신과 정죄 때문에 한 교회를 이루지 못하고 있다. 아주 슬프고 끔찍한 상황이며, 또한 의심할 여지 없이 성부·성자·성령 하나님의 마음을 슬프게 하는 일이다. 인종, 계층, 교단, 교리가 하나님의 사람들을 나눈다. 일주일 중에 주일이야말로 가장 분리가 극심해지는 날이다. 개신교 교단이 3만 개 정도 존재한다고 알려지는데, 대부분의 교단들이 다른 교단을 인정하지 않으려고 한다. 왜 그럴까? 왜냐하면 외모와 지위와 신앙이 다르면 서로 배척해도 된다고 믿는 잘못된 생각 때문이다. 마치 이런 식이다. "우리와는 다른 모습, 다른 행동, 다른 형식으로 예배하거나 우리와 다르게 생각한다면 당신과 교제해야 할 의무가 우리에게는 없습니다."

백인들은 백인들끼리 모여서 예배하고, 남미 사람들은 남미 사람들끼리 모인다. 부자들은 부자들이 많이 모이는 교회로 가고, 가난한 사람들은 가난한 사람들끼리 모여 있는 교회에 간다. 성경 무오설을 믿는 사람들은 오직 자신들과 같은 믿음을 가지고 있는 사람들과만 교제하려고 하고, 동성연애를 인정하는 사람들은 동성연애자들을 받아주는 사람들과만 교제한다.

한번은 어떤 설교를 들었는데, 설교자가 금속판위에 소금과 후추를 뿌렸다. 그리고는 그것을 흔들었더니 후추와 소금이 분리되기 시작했다. 그리고 나서 그 소금과 후추가 자연스럽게 분리되는 것처럼 인종도 함께하는 것보다 분리되는 것이 자연스럽다고 말했다. 흑인은 흑인끼리, 백인은 백인끼리 분리되게 되어 있으며, 자신이 방금 보여준 그 실험이 하나님이 주신 증거라도 되는 것처럼 확신있게 설교했다. 이것이 교회의 강단에서 선포된 설교의 내용이었다. 잘못된 생각과 잘못된 증명의 명백한 사례이다. 물론, 인종분리와 그 설교자가 보여준 실험은 전혀 상관없다. 소금과 후추가 분리된 것은 무게의 차이 때문이지 색깔의 차이 때문이 아니다. 그런데도 내가 주변을 돌아봤을 때 많은 사람들이 설교자에게 동의하며 고개를 끄덕이고 있었다. 마치 이렇게 말하는 것 같았다. "그럼요, 다른 인종끼리는 절대 함께 예배해서는 안 됩니다!" 끔찍한 광경이었다.

방언을 하는가? 교회에서 찬송을 부르는가? 아니면 복음성가를 부르는가? 여성도 목사안수를 받을 수 있다고 생각하는가? 예배당에 악기를 들여놓아도 되는가? 이런 것들이 사람들의 무엇을 믿고 어떤 신앙을 가지고 있는지를 확인하는 질문들이며, 거기에 대한 대답에 따라 함께 예배할 것인지 아닌지를 결정한다. 어떤 사람은 자신과 다른 대답을 하는 사람들이 구원의 확신이 없는 것은 아닌지 의심하기도 한다. 정말 슬픈 현실이다. 예수님이 원하시는 길은 우리의 분열이 아니다.

"서로 동의하지 않는다면 반드시 분리되어야 한다."는 생각이 이런 일을 조장하고, 계속해서 이런 일들을 부추기게 될 것이다. 하지만 우리의 이런 행동에 합리적인 근거가 있는지 찾아보자. 우리의 행동은 생각과 사고에 기초를 둔다. 그러므로 이 문제를 극복하기 위해서는 먼저 성경에서 올바른 생각을 찾아내 잘못된 생각을 바로잡아야 한다.

- "서로 동의하지 못한다면 반드시 분리되어야 한다."는 명제를 어떻게 생각하는가? 잘못된 생각이라고 여기는가?

잘못된 생각 뒤에 숨겨진 두려움

나를 배척한 그 교단의 목회자들이 내게 악의를 가지고 그랬다고는 생각하지 않는다. 오히려 두려움 때문이었을 것이다. 그들에게는 만일 내 생각을 그대로 수용한다면 자신들에게 위험한 요소가 함께 들어올 수도 있다는 두려움이 있었다. 은혜의 방편은 오로지 두 가지뿐이라는 신학적 태도는 그들이 오랫동안 고수해 온 신학적 입장이다. 그들은 오래 전부터 은혜의 방편으로 다른 요소들을 받아들이는 것은 세례와 성찬의 거룩함을 훼손하는 일이며, 기도와 성경 읽기를 지나치게 숭상하는 것이라는 결론을 내렸다. 그 진리를 보수하기 위해 방어적일 수밖에 없었고, 어쩌면 그러한 태도 때문에 교단에서 지도자의 위치까지 올라갔을 수도 있다.

우리는 심지어 동기가 순수하다 할지라도 두려움이 행동을 제한하게 내버려둬서는 안 된다. 온전한 사랑은 두려움을 물리친다. 왜냐하면 하나님 나라는 안전하기 때문이다. 두려움을 이기고 그리스도가 주님이시라는 것과, 주님 앞에 모두가 무릎꿇고 모든 입술이 주님을 고백할 것이라는 사실을 믿는 사람들의 열정이 지옥을 흔든다.

두려움의 중심에는 통제하려는 욕구가 있다. 배타성은 우리가 안전하다는 느낌을 준다. 거짓 교사들이 들어오지 못하게 지켰고, 양의 탈을 쓴 이리들을 우리의 모임에서 몰아내었기 때문에 모든 것이 잘될 것이라는 안정감을 갖게 해주는 것이다. 교리의 옳고 그름에 집착하는 것은 더 깊은 문제를 가리기 위한 연막이다. 만일 모든 것을 바로잡지 않으면 모든 것이 무너질 것이라는 불안감이 내재되어 있는 것이다. 인종과 성별 차이도 마찬가지이다. 만일 사람들이 우리와 다른 모습의 사람들과 함께 있으면 그들을 잘 알지도 못하고, 그들의 행동을 완전히 통제할 수 없기 때문에 불편함을 느끼게 된다.

그렇다면 우리는 그리스도의 몸으로서 어떻게 이런 것들을 극복할 수 있을까? 스탠리 하우어워스는 이렇게 설명한다. "하나님 나라의 특징은 사랑이다. 이 사랑은 용서를 경험한 사람들에게만 허용된다. 서로를 두려워하지 않는 법을 배운 사람들만이 사랑을 경험할 수 있는 것이다. … 오직 내 자신과 성품이 하나님의 사랑으로 빚어졌을 때에만 비로소 다른 사람들을 두려워할 필요가 없다는 사실을 확신하게 된다."

하우어워스가 정확하게 지적한다. 우리는 서로를 두려워한다. 그 두려움의 대부분은 다른 인종과 문화에 대한 이해를 높이면 극복될 수 있다. 하지만 궁극적으로 용서받은 사람임을 깨닫는 사람들이 되어 하나님의 사랑으로 빚어질 때 두려움을 온전히 극복할 수 있다.

우리는 결코 모든 것을 완벽하게 바로잡을 수 없다. 내가 누구라고 감히 다른 사람들에게, "내 교리와 신조와 정의가 완벽하다."고 말할 수 있겠는가? (물론, 이것은 교회 안에서의 상황을 말하는 것이다. 교회 바깥 사람들과의 관계에서는 다른 이야기다.) 나는 이러한 사소한 문제들에 관해서는 너무 심각하게 생각하지 않는 편이다. 우리가 완벽하게 이해할 수 없는 것들 때문에 분열되는 일이 있어서는 안 된다. 특히 우리가 이해할 수 있고, 진리를 보지 못하도록 가로막는 미심쩍은 미스터리가 아니라 우리 모두가 확실하게 동의할 수 있는 것이 있다. 바로 예수님이 주님이시라는 사실이다! 만일 당신의 심장 박동이 예수님 때문에 뛰고 있다면, 내 손을 잡고 함께 교제의 장에 걸어가게 될 것이다.

올바른 생각 :

그리스도를 따르는 사람들이라면 하나됨을 유지해야 한다

우리가 기독교인이라고 해서 모든 이슈에 같은 입장을 취할 것이라는 생각은 엄청난 착각이다. 우리의 문화와 예배의 형식이 다른 건 사실이다. 서로 다름을 받아들이는 일은 명령이지, 분열을 위한 이유가 되어서는 안 된다. 난 진짜 바른 생각은 이런 거라고 생각한다. "**당신의 생김새, 행동, 예배, 믿음이 나와 다르지만, 당신의 심장이 예수를 위해 고동치고 있다면, 우리는 서로 다르지만 서로와 교제할 수 있고, 또 그래야만 한다.**"

많은 기독교인이 오늘날 놀라울 만큼 우리 문화 속에 깊고 넓게 퍼져 있는 "서로 의견이 맞지 않는다면 분리되어도 좋다."는 잘못된 사고방식 때문에 분열을 일으키고, 분열에 대한 당위성을 찾고 있다. 서로 동의하지 않을 수는 있어도, 그것이 분열을 조장할 수는 없다는 게 올바른 생각이라고 나는 믿는다. 우리 주님은 침례교 성도들의 주님도 되시고, 장로교 교인들의 주님도 되신다. 방언을 하는 사람들의 주님도 되시지만, 방언을 못하는 사람들의 주님도 되신다.

예배의 형식, 옷차림, 세례를 베푸는 방법과 교회 정치에 대한 다른 의견이 하나님이 하나되게 만드신 교회를 갈기갈기 나눌 수 없다. 교회는 예수 그리스도에 의해 연합된 몸이다. 사도신경이나 니케아 신조에 나오는 모든 기본적인 교리들을 믿는다고 고백하는 교단들이 자신들이 좋아하든 그렇지 않든 여러 가지 각양각색의 교회를 이루는 것이다! 내가 이것을 믿는 이유는 다양성을 좋아하지 않고 일치만을 좋아하기 때문이 아니라, 이것이 예수님의 가르침이며 성경에서 바울이 가르치는 것이기 때문에 믿는다.

예수님의 가르침 : 저들이 하나 되기를 기도하나이다

예수님은 당신의 제자들이 모든 열방과 민족으로부터 나올 것을 아셨다.

사실 제자들에게 유대교를 벗어나 뻗어나가라고 명령하신 분이 바로 예수님이셨다. 지상명령에서, 예수님은 "그러므로 너희는 가서 모든 민족을 제자로 삼아 아버지와 아들과 성령의 이름으로 세례를 베풀라"고 명령하셨다(마 28:19).

헬라어로 민족을 의미하는 단어는 '에토스'이다. 그 단어에서 '민족'을 의미하는 'ethnic'이라는 단어가 파생되었다. 예수님은 제자들에게 "가서 모든 민족을 제자로 삼으라"고 말씀하셨다. 예수님은 인종, 문화에 상관없이 모든 사람을 하나의 교제권으로 묶으신다. 아버지와 아들과 성령의 이름으로 베풀어지는 세례를 통해 하나됨이 이루어진다. 삼위일체의 이름 안에서 많은 것이 하나로 연합되는 것이다.

예수님은 유대인뿐 아니라 이스라엘 바깥 민족도 그 초대에 포함해야 한다는 걸 아셨다. "또 이 우리에 들지 아니한 다른 양들이 내게 있어 내가 인도하여야 할 터이니 그들도 내 음성을 듣고 한 무리가 되어 한 목자에게 있으리라"고 분명하게 언급하셨다(요 10:16). 이방인들도 주님의 목소리를 듣고 한 무리가 되어 한 목자에게 있게 될 것이다. 여기에서 핵심 단어는 '한'이다. 하나님의 계획은 모든 열방의 사람들을 하나님이 넉넉히 공급하시는 가운데 사랑이 넘치는 공동체 속으로 연합하는 것이었다.

그것이 하나님의 계획이다. 분열은 있을 수 없다. 삼위일체 하나님이 하나인 것처럼 그리스도의 몸도 하나이다. 요한복음 17장에 나오는 예수님의 유명한 기도가 주님의 열망을 잘 나타낸다. "내가 비옵는 것은 이 사람들만 위함이 아니요 또 그들의 말로 말미암아 나를 믿는 사람들도 위함이니 아버지여, 아버지께서 내 안에, 내가 아버지 안에 있는 것같이 그들도 다 하나가 되어 우리 안에 있게 하사 세상으로 아버지께서 나를 보내신 것을 믿게 하옵소서"(요 17:20-21).

주님은 아버지가 아들 안에, 아들이 아버지 안에 거하는 것과 같이 '에클레시아' 안에서의 하나됨을 기도하신 것이다. 우리의 다름이 우리를 서로 갈라놓을 수 없다고 믿으셨다. 예수님이라는 단 하나의 근원을 통해 하나됨은 이루어질 수 있는 것이다.

바울의 가르침 : 우리는 그리스도 안에서 하나다

부활과 승천 후 약 20년 동안 기독교인들은 대부분 예수님이 메시아임을 인정한 유대인들이었다. 하지만 "이방인의 사도"(롬 11:13)였던 바울 덕분에 복음은 유대교를 넘어 퍼져나갔다. 주후 50년 무렵 예루살렘에서 시작된 교회는 모든 인종과 환경을 가진 다양한 사람들로 구성된 로마제국까지 세워졌다. 그들은 서로 달랐어도 하나가 되었다. 바울은 그 하나됨의 근거를 다음처럼 설명했다.

> 거기에는 헬라인이나 유대인이나 할례파나 무할례파나 야만인이나 스구디아인이나 종이나 자유인이 차별이 있을 수 없나니 오직 그리스도는 만유시요 만유 안에 계시니라(골 3:11).

너희는 유대인이나 헬라인이나 종이나 자유인이나 남자나 여자나 다 그리스도 예수 안에서 하나이니라(갈 3:28).

바울은 예수님의 '에클레시아'의 하나됨과 다양성을 설명하고 있다. 유대인이나 헬라인이나, 남자나 여자나, 종이나 주인이나, 모두 그리스도 안에서 하나였다. 심지어는 야만인이나 스구디아인들도 모임에 들어올 수 있었다. 야만인들은 헬라어를 구사할 수 없었고, 문명화되지 못했다고 여겨졌던 사람들이다. 스구디아인들은 무례하고 상스럽고 폭력적이라고 여겨졌다. 하지만 바울은 그들도 포함시켰다. 함께 모일 수 없을 것 같은 사람들조차도 그리스도 안에서 하나가 될 수 있다는 것을 보여주었던 것이다. 골로새서 3장 11절의 표현을 주목해보라. "그리스도는 만유시요 만유 안에 계시니라." 이것이 우리 하나됨의 중심 이유다. 그리스도는 남성 안에도 계시고 여성 안에도 계시다. 유대인들 안에도 계시고 헬라인들 안에도 계시다. 심지어는 야만인들과 스구디아인들 안에도 계시다. 우리 안에 계신 그리스도는 우리 연합의 접착제이다. 우리의 모습은 달라도, 우리는 모두 내면에 그리스도를 모신 사람들이다. 그러므로 겉모습은 달라도 안의 모습이 같기 때문에 하나가 될 수 있는 것이다.

이것이 골로새 교인들에게 어떻게 느껴졌을까? 자신이 유대인이라고 상상해보자. 자신은 태어날 때부터 하나님의 선택받은 사람이며, 이방인들은 더러운 존재들이라고 배워왔는데, 헬라인과 손을 잡고 기도해야만 하는 상황이다. 또는 자신이 상류층이며 노예를 데리고 있는 주인이라고 상상해보라.

그런데 성찬떡을 나눠주는 사람이 노예라고 상상해보라. 또는 자신이 1세기에 살던 남자로서, 여성은 열등한 존재라고 여겨왔는데, 당신이 속한 교회 모임장소의 구입 비용을 대준 사람이 여성이라고 생각해보라. 하지만 그들은 모두 그리스도 안에서 연합했다. 이토록 십자가 중심의 공동체는 1세기 당시에는 받아들여지지 않았던 평등의식을 갖고 있었다.

• 만일에 당신이 이러한 목록을 작성한다면 어떤 종류의 사람들을 포함시키겠는가?

한 잔, 한 떡, 한 몸

성찬예식은 지난 수세기 동안 분열의 원인을 제공했다. 심지어는 루터(Luther), 칼빈(Calvin), 쯔빙글리(Zwingli)와 같은 교회개혁자들도 성찬의 의미를 두고 심한 논쟁을 벌였다. 오늘날에도 분열까지는 아니더라도 성찬의 특징과 방법이 수많은 다른 모습으로 행해진다. 역설적이게도 바울이 교제의 하나됨을 강조할 때마다 사용하던 비유가 성찬의 비유이기 때문이다.

> 우리가 축복하는 바 축복의 잔은 그리스도의 피에 참여함이 아니며 우리가 떼는 떡은 그리스도의 몸에 참여함이 아니냐 떡이 하나요 많은 **우리가 한 몸이니** 이는 우리가 다 한 떡에 참여함이라(고전 10:16-17, 강조체 첨가).

성찬은 우리가 어떻게 그리스도의 피와 살을 나눔으로 한 몸을 이루는지를 눈으로 보여주는 예식이다. 우리 가족이 예배드리는 교회에서 나는 종종 성찬예식을 함께 집례해달라는 요청을 받는다. 몇 년 전 어느 주일에, 성찬식을 돕다가 그동안 한 번도 생각해본 적 없는 것 때문에 충격을 받았다. 그것은 사람들의 손이었다.

대개 떡(또는 빵)을 뗄 때, 사람들의 손 위에 올려준다. 그런데 그 주일, 내가 떡을 떼면서 보니 모든 사람의 손모양이 각각 다르지 않은가! 어떤 사람의 손은 작고, 어떤 사람의 손은 크다. 또 어떤 사람의 손은 거칠고, 어떤 사람은 부드럽다. 어떤 사람은 주름이 잡혔고, 어떤 사람은 매끈하다. 어떤 사람은 손에 피부병이 있었고, 어떤 사람의 손은 강하고 건강했다. 이 모든 다른 손들이 손을 뻗어 같은 떡을 받는 것이다. 그리스도의 몸 안에서 하나되고 연합함으로 그들의 독특함과 다양함이 발견되는 것이다. 사실은 그들이 그리스도의 몸에 참여하는 것이 아니라, 그들 자체가 그리스도의 몸이었던 것이다.

우리는 서로가 서로에게 속해 있다. 우리의 다름은 한 몸이 되는 데 방해되지 않으며 오히려 다르기 때문에 한 몸을 이룰 수 있는 것이다. 바울은 이렇게 썼다. "이와 같이 우리 많은 사람이 그리스도 안에서 한 몸이 되어 서로 지체가 되었느니라"(롬 12:5).

그날 나는 이전에 한 번도 경험해본 적 없는 묘한 유대감을 느꼈다. 그 손들, 무엇인가를 간절히 원하는 그 손들이 하늘의 떡을 향해 뻗어질 때 그리스도 안에서 하나가 된 것이다. 바울은 성경의 여러 곳에서 하나가 되는 몸의 비유를 사용했다. 손과 발, 눈과 귀, 무릎과 팔꿈치는 모두 다르지만, 여전히 한 몸을 이루는 하나의 구성체들인 것이다.

그리고 한마음

예수님의 제자들은 한 잔, 한 떡을 나누었기 때문에 한 몸이다. 하지만 바울은 거기서 한 걸음 더 나아가 그리스도를 따르는 사람들은 한마음이 되어야 한다고 권면한다.

> 마지막으로 말하노니 형제들아 기뻐하라 온전하게 되며 위로를 받으며 마음을 같이하며 평안할지어다 또 사랑과 평강의 하나님이 너희와 함께 계시리라 거룩하게 입맞춤으로 서로 문안하라(고후 13:11).

> 형제들아 내가 우리 주 예수 그리스도의 이름으로 너희를 권하노니 모두가 같은 말을 하고 너희 가운데 분쟁이 없이 같은 마음과 같은 뜻으로 온전히 합하라(고전 1:10).

이 두 구절 모두에서 바울은 사람들에게 그들의 생각에 있어 하나가 될 것을 강조한다. 바울은 사람들이 얼마나 쉽게 인종이나 계층, 배움과 이데올로기(교리) 때문에 그들의 생각이 나뉘어질 수 있는지를 잘 알고 있었던 것 같다.

바울은 그런 사람들에게 "분쟁이 없이 같은 마음과 같은 뜻으로 온전히 합하라."고 권면한다. 하지만 여기서 질문하지 않을 수 없다. "우리와 같은 뜻을 품기를 거부하는 사람들과 어떻게 한마음이 될 수 있는가? 모든 사안에 동의할 수 없는데 어떻게 같은 마음과 같은 뜻으로 하나가 되라는 말인가? 우리가 가진 생각과 의견, 그리고 교리를 무조건 버려야 한다는 말인가?" 우리가 모든 일에 완벽하게 동의할 수는 없다. 하지만 한 가지 사실에는 동의할 수 있고, 또 반드시 동의해야만 한다. 그것은 예수님이 주님이라는 사실이다. 바울이 고린도교인들에게 말하고자 하는 "마음을 같이" 할 수 있는 유일한 길은 본질적인 것들과 비본질적인 것들의 차이를 분명하게 하는 동시에, 모든 비본질적인 사안들에 대해서는 사랑으로 대하는 것이다. 이것의 좋은 예로 18세기에 살았던 요한(John)이라는 사람의 이야기를 살펴보자.

그는 우리가 같은 뜻을 품을 수 없을 때에도 하나됨을 유지할 수 있는 실제적 방법을 알려준다.

본질에는 일치를, 비본질에는 사랑을

"본질적인 것에는 일치를, 비본질적인 것에는 자유를, 그리고 모든 것에는 사랑을 주라."는 말은 원래 어거스틴이 한 말이다. 이 말은 교회 안의 서로 일치하지 않는 어려운 문제들을 어떻게 대해야 하는지를 알려주고 있다. 오늘날에도 우리가 서로 일치하지 않을 때 어떻게 하나됨을 유지할 수 있는지를 생각하게 해주는 좋은 원칙이다. 요한 웨슬리(John Wesley)는 이 말을 좋아해서 초기 감리교인들에게 설교할 때 이 말을 잘 인용해서 가르쳤다.

초기 감리교인들은 다양한 계층과 배경을 가진 사람들로 구성되었다. 웨슬리는 계층을 바탕으로 사람들이 분열되는 양상을 보인다는 것을 빨리 알아채고, 부자들에게 가난한 사람들과 너무 구별되는 옷차림을 하지 말 것을 요구했다. 교리 때문에 분열의 양상이 보이면, 웨슬리는 그의 유명한 설교 『관용의 정신Catholic Spirit』에서 언급한 내용들을 가지고 문제를 해결했다. (여기서 말하는 가톨릭(Catholic)은 로마 가톨릭을 의미하는 것이 아니라, 우주적인 교회를 의미한다.)

웨슬리는 교회가 하나가 되기 위한 유일한 길은 본질과 비본질을 분별하는 법을 배우고, 비본질적인 문제들이 우리의 공통적인 믿음의 본질을 흐리지 않아야 한다고 믿었다. 그는 예수님에 대한 사랑과 헌신이 본질이라고 믿었다. 그밖의 모든 것은 다 비본질적이다. 중요하지 않다는 말은 아니다. 단지 그런 것들이 우리를 분열시켜서는 안 된다고 생각했던 것이다.

웨슬리는 의견의 다양성을 인정했다. 하지만 바울처럼 감리교인들에게 다름과 다양성이 서로를 사랑하는 일에 방해가 되면 안 된다고 강조했다. 웨슬리의 설교 『관용의 정신』을 보면 두 군데서나 이를 분명히 했다. "의견이 다르고 예배 형식이 다르면 겉으로 드러나는 모습이 하나되는 데는 방해가 되기는 하겠지만, 그것이 우리가 사랑 안에서 하나되는 것까지 막을 필요가 있습니까? 비록 우리가 똑같이 생각하지 못한다 할지라도, 사랑하는 마음조차도 같을 수 없습니까? 우리의 의견이 다르다고 해서 우리가 한마음이 될 수 없는 것입니까? 의심의 여지 없이 우리는 하나가 될 수 있습니다."

설교의 뒷 부분에서 웨슬리는 더욱 구체적으로 말한다.

그러므로 내가 사랑 안에서 하나가 되고자 하는 사람에게 "당신이 우리 교회 교인입니까? 내 교구에 속해 있습니까?"라고 묻지 않습니다. 또한 나는 "당신은 내가 성찬을 받는 것과 같은 방법으로 성찬에 참여하십니까?"라고 묻지도 않습니다. … 나는 또한 당신이 세례와 성찬을 인정하는지도 묻지 않습니다. 이런 문제는 잠시 옆으로 밀어놓읍시다. 필요하다면 논의해야겠지만, 나중에 편할 때 이야기 합시다. 내가 묻고 싶은 유일한 질문은 이것입니다. "당신과 내가 함께 올바른 것에 마음을 두고 있습니까?"

우리가 생각하는 것은 다를 수도 있고, 다를 것이다. 어떤 예배 형식을 좋아하는지, 세례의 방법은 어떤 것을 선호하는지 기호가 다를 수 있다. 하지만 이런 것들은 본질이 아니다. 진짜 중요한 것은 우리의 마음이 예수님에 대한 사랑으로 고동치고 있느냐는 것이다. 만일 그렇다면, 우리는 하나이다. 그리고 다시 한 번 함께 외칠 수 있다. 예수님이 주님이시다!

안 중요한 게 아니라, 그럴 만큼 중요하진 않다

한 번은 미국의 북동쪽에 있는 한 교회에서 설교를 한 적이 있었는데, 그 교회의 성도들의 삶 전체가 너무 인상적이었다. 그들은 서로 사랑이 넘쳤고, 열정적으로 예배했다. 어린이, 청소년, 청년, 어른, 노인에 이르기까지 모두 함께 모여 한 몸을 이루고 있었다. 그들과 함께 있는 것만으로도 나는 감동되었다.

집회를 마치고 공항으로 가기 위해 목사님을 기다렸다. 잠시 사무실 밖으로 나와 대기실에서 기다리고 있었다. 내가 일부러 엿들으려고 한 것은 아니었지만, 문이 열려 있어서 무슨 얘기를 하고 있는지 들을 수 있었다. 목소리가 격앙되어 있었기 때문에 논의하는 사안이 중대하다는 걸 알 수 있었다.

"우리는 교단을 반드시 탈퇴해야 합니다." 담임목사가 말했다. "왜냐하면 가장 중요한 문제에 있어 일치할 수 없기 때문입니다. 게다가 교인들이 교단 탈퇴를 지지하고 있어요. 교인들의 92퍼센트가 현 교단을 탈퇴하고 새로운 교단으로 옮겨가기를 희망하고 있습니다. 한 가지 남은 질문은 교회 건물의 소유권은 누가 행사하게 되느냐입니다."

"맞습니다. 그게 문제에요. 실제로는 우리 현재 소속교단이 건물의 소유권을 갖고 있습니다. 만일 우리가 교단을 탈퇴하면, 우리는 새로운 장소를 찾아 이사가야 할 거에요." 한 남자가 말했다. "우리 변호사들은 법적인 소송을 할 수도 있다고 하지만, 만일 그렇게 되면 비용도 많이 들고, 승소한다는 보장도 없습니다. 하지만 대체적인 여론은 법정 소송으로 가야 한다는 쪽입니다. 대부분의 사람들은 교회 건물이 자신들 것이라고 생각합니다. 자신들이 헌금했고, 또 자신들이 건축했기 때문이죠. 여기서 세례받았고, 여기서 결혼했습니다. 또 사랑하는 사람들의 장례식도 대부분 여기서 치렀죠."

회의는 대략 15분 정도에 걸쳐 진행되었고, 결론이 나지 않아서 나중에 다시 회의를 갖기로 했다. 담임목사가 사무실에서 나오면서 말했다. "기다리게 해서 죄송합니다. 급한 회의였거든요. 공항으로 가실 준비가 되셨나요?" 나는 준비되었다고 말했다. 고속도로를 타고 공항으로 가면서 그 목사님은 회의 내용에 대해 생각하느라고 깊은 생각에 잠겨 있는 것 같아 보였다. 그가 내게 물었다. "우리 회의하는 내용을 들으셨나요?"

"예," 내가 대답했다. "하지만 일부러 들으려고 했던 건 아니고…."

"아니에요, 내용을 들으셨다니 다행이네요. 교수님이 어떻게 생각하시는지 궁금했어요. 우리가 교회 건물을 지키기 위해 교단과 법정투쟁까지 가는 게 좋을까요?" 내게 물었다.

"정말 솔직한 제 심정을 듣고 싶으세요? 별로 달갑지 않으실 텐데요?" 내가 말했다.

"아뇨, 괜찮으니 솔직히 좀 말씀해보세요."

"제 생각에는 싸우지 마셨으면 해요." 내가 대답했다. "좀 더 솔직히 말씀드리면, 교단 탈퇴도 하시지 말아야 한다고 생각합니다."

"교수님, 무슨 말씀이세요? 그럼 우리가 교단에 계속 있어야 한다는 말씀이세요? 교단이 너무 자유화되었단 말입니다. 교단 교회들이 믿는 것에 더 이상 동의할 수가 없단 말이에요." 이렇게 말하는 그 목사님의 목소리는 격앙되어 있었다.

내가 물었다. "그 교단이 예수님의 신성을 부인했나요? 부활을 부정하던가요, 아니면 삼위일체론을 부정하던가요?"

"아뇨, 하지만 교단에서 이번에 합의한 원칙들을 보면 성경적이지 못하단 말이에요. 어떻게 보면 성경의 권위를 부정하는거라구요."

"그렇다면 교단이 '우리는 더 이상 성경의 권위를 인정하지 않는다.'라는 공식적인 발표가 있었나요?" 내가 다시 물었다.

"아뇨. 하지만 교단이 취한 입장을 보면 알죠. 성경에 위배되는 입장을 취하고 있단 말이에요. 아니, 사실은 성경을 정면으로 거부하는 거죠."

"교단이 성경을 거부한다는 말은 성경의 가르침을 거부한다는 것인가요, 아니면, 목사님이 이해하는 성경의 가르침과 다르다는 말인가요?" 내가 또 물었다.

"교수님, 저는 교수님이 보수적인 기독교인인 줄 알았어요. 예수님에 대해 설교하고, 성경을 그대로 믿는 분이라고 생각했거든요."

"저는 자유주의자도 아니고 보수주의자도 아닙니다. 그저 예수님의 제자일 뿐입니다. 저는 단지 뭐가 본질적인 문제이고 무엇이 비본질인지를 가리고 싶을 뿐입니다. 제 생각에는 사도신경에 나오는 가르침과 고백들이 본질적인 것 같습니다. 그밖의 것들은 대개 비본질적인 문제들이요. 중요하지 않다는 게 아니라, 그것들이 같은 믿음을 가진 사람들과 분열을 자초할 정도로 중요하지는 않다는 거죠. 저도 사실 목사님 교회와 신학적 입장은 같습니다. 하지만 그것 때문에 분립하고 싶지는 않아요. 왜냐하면 그건 비본질이니까요."

"아주 좋은 지적입니다. 하지만 우리 교인들의 대부분은 그 문제가 본질적인 문제라고 생각하거든요. 그래서 교단을 탈퇴하려고 하는 겁니다." 그가 대답했다.

나는 그 목사님께 하나님께 신실하고자 하는 열정과 그 마음이 귀하다고 말해주었다. 나는 이 목사님과 교인들을 진심으로 사랑한다. 내가 반대했지만, 그 교회는 교단을 탈퇴하기로 결정했다. 하지만 나는 여전히 그들을 지지한다. 교단을 탈퇴하기로 한 결정에는 동의하지 않지만, 여전히 그들은 그리스도 안에서 내 형제요 자매이고, 여전히 내 눈에는 우리가 하나이기 때문이다. 그들도 내가 본질이라고 여기는 것을 본질이라고 믿는다. 그것이 우리 하나됨의 근거이다. 무엇이 비본질인지는 의견이 일치하지 않았지만, 그런 까닭에 나는 그들에게 사랑으로 대할 수 있다.

교회의 하나됨을 방해하는 요소들

지금까지는 교리에 대해 의견이 일치하지 않는 교회들이 분열하는 이유들을 다뤘다. 이제는 바울이 골로새서 3장에서 골로새 교인들을 책망하는 세 가지 분열의 이유들을 조금 더 깊게 살펴보려고 한다. 그 세 가지는 인종, 성별, 계층의 차이다. 아래의 구절들은 바울이 구체적으로 언급한 차이들이다.

> 거기에는 헬라인이나 유대인이나 할례파나 무할례파나 야만인이나 스구디아인이나 종이나 자유인이 차별이 있을 수 없나니 오직 그리스도는 만유시요 만유 안에 계시니라(골 3:11).

> 너희는 유대인이나 헬라인이나 종이나 자유인이나 남자나 여자나 다 그리스도 예수 안에서 하나이니라(갈 3:28).

골로새서 3장 11절에 있는 '거기에' 라는 단어에 주목하라. '거기에' 는 어디인가? 교회를 가리킨다. '에클레시아' 는 이 세상이 아닌 다른 세계, 즉 하늘나라에 뿌리를 둔 독특한 공동체이다. 공동체가 예수님의 이름으로 모일 때, 사람들은 이 세상과 분열의 양상에서 벗어나 하나됨을 이루는 사람들이 된다.

어떻게 우리가 하나되는가? 두 구절들은 분명하게 말한다. 그리스도 안에서라고. 그리스도는 모든 사람 안에 계셔서 우리의 본질적 정체성을 변화시키신다. 우리는 그 안에 그리스도가 거하시는 사람들이다. 이 사실이 우리가 가진 서로 다른 점들을 뿌리째 없애버리지는 않는다. 남자는 여전히 남자이고, 여자는 여전히 여자다. 그리스도의 몸은 중성인 사람들로 구성된 것이 아니다. 헬라인들이나 유대인들이나 교회 안에 들어와도 여전히 헬라인과 유대인으로서의 인종적 특성을 그대로 간직한다. 공동체를 벗어나면 노예들은 여전히 노예들이었다. 바울이 여기에서 강조하고 있는 것은 공동체로 모여 있을 때, 우리는 그리스도 안에서 하나라는 것이다.

성별, 인종, 계층적 분열에 대한 해답은 우리의 차이를 중성화시키는 것이 아니라, 예수님의 관점으로 보는 것이다. 18세기 미국의 오순절파 성령운동은 충격적으로 다양성을 포용했다. 흑인, 백인 라티노들이 함께 모여 예배했고, 여자들도 사역에서 중요한 역할을 맡았다. 그들은 모두 "피부색을 결정하는 모든 것들은 예수의 보혈로 지워져버렸다."는 말을 즐겨 사용했다. 남자들이나 여자들, 백인들이나 흑인들, 부자거나 가난하거나 모두 같은 성령을 전달하는 매개체였을 뿐이다. 평등의식은 다름을 부인하는 데서 오는 것이 아니다. 다양성 가운데 하나됨의 이유를 발견하려고 할 때 하나될 수 있다.

"다양성 속의 일치"의 진정한 근본은 삼위일체다. 삼위일체는 흑인도 아니고 백인도 아니고, 남자도 아니고 여자도 아니다. 삼위의 신성은 구별된 것이지만, 동시에 하나됨으로 존재한다. 세레네 존스(Serene Jones)는 이렇게 말했다. "하나님의 실제는 극단적인 다양성, 극단적인 관계중심성, 무한한 활동성으로 표현될 수 있다." 성부는 성자와 성령으로부터 구별된다. 그리고 그 차이에서 스스로의 정체성을 찾으신다. 동시에, 성부, 성자, 성령은 하나이시다. 서로가 서로 안에 존재하시며, 상호의존적인 관계로 존재하신다. 그것이 바로 교회가 분명하게 구별되고 하나되는 이유이다. 선하고 아름다운 공동체는 삼위일체 하나님을 반영하는 거울이다.

하나님이 지으신 성별과 인종의 차이가 하찮게 여겨져도 괜찮다는 것은 아니다. 교회 밖에서 이러한 서로 다른 차이와 다름의 요소들은 불신과 분열을 조장하고, 공동체를 이루는 데 장벽이 된다. 하지만 이 분열의 요소가 교회 안에서는 서로를 환영해주고 확인해주는 것이 된다. N.T. 라이트(N.T. wright)는 다음과 같이 말한다.

> 이러한 다름과 차이들은 … 그리스도 안에서 아무런 상관없다. … 그러한 장애물들과 습관들은 … 자연스럽지도 않고 평범한 것도 아니다. 궁극적으로 차별은 모든 인간이 하나님의 형상대로 지으심을 받았다는 것을 부정하는 것이다. 배경, 국적, 피부색, 언어, 사회적 지위 등의 차이들은 개인이나 그룹들이 과연 존경받고 존중되고 사랑받을 만한 자격이 있는지의 여부와 전혀 상관이 없다.

사실 나는 '상관없다'는 표현에는 그다지 동의하지 않는다. 왜냐하면 우리의 차이들은 여전히 존재하고, 그것들이 그리스도의 몸을 아름답게 하는 부분을 이루기 때문이다. 웨슬리의 표현을 빌리자면, 그러한 차이들이 상관없는 것은 아니다. 하지만 인종, 성별, 사회적 지위가 하나됨에 있어서 본질적인 것은 분명하다. N. T. 라이트는 바로 이것을 지적한 것이다. 그러한 차이들은 사랑 앞에서는 상관없는 것들이다. 그러한 차이를 견뎌내는 것이 우리의 궁극적인 목표가 아니다. 평등주의도 역시 궁극적 목표는 아니다. 우리가 추구하는 최상의 목표는 사랑이다. 우리가 궁극적으로 집중하는 것은 우리의 주님이신 그리스도이다. 그래서 우리는 "예수님이 주님이시다!"라고 말하는 것이다.

만일 당신의 심장이 예수 그리스도로 인해 고동치고 있다면, 내 손을 잡아 우리가 함께 교제하며 걸어갈 것이다.

- 언제 다양성 속의 일치를 경험해보았는가? 그 하나됨을 가능하게 한 것은 무엇인가?

교회를 향한 리처드의 꿈

리처드 포스터(Richard J. Foster)는 영성개발 분야에 있어 지난 수백 년의 역사 가운데 가장 중요한 책 중에 한 권인 『영적훈련과 성장Celebration of Discipline』이라는 책을 썼다. 책이 많이 팔리고 난 지 얼마 지나지 않아 리처드 포스터는 한 가지 현상 때문에 마음이 불편해졌다. 그것은 공동체가 아닌 개인들이 그 책을 개인의 성장을 위해 사용하면서 스스로를 고립시키고 있었기 때문이다. 리처드 포스터는 초대교회에 뿌리를 둔 제자훈련은 하나됨을 위한 것이었지, 분리됨을 위한 것이 아니라고 믿었다. 성령님의 이끄심에 힘입어 모든 저술과 강연활동을 접고 18개월 동안 안식년에 들어갔다. 그 기간 동안 하나님의 음성에 귀기울였다. 그리고 분명한 메시지를 듣게 되었다. 교회를 분리하는 모든 장벽들이 제거되어야 한다는 것이었다.

마틴 루터 킹목사가 가졌던 꿈처럼, 리처드 포스터는 교회를 향한 새로운 소망으로 가득 채워졌다. 그는 이렇게 말했다.

> 지금 현재 교회는 뿔뿔이 흩어진 채로 남겨져 있습니다. 예수 그리스도의 교회가 이처럼 분열된 상태로 많은 시간이 흘렀습니다. 하지만 새로운 일이 시작될 것입니다. 하나님께서 다시 한 번 당신의 백성들을 모으시고, 예수 그리스도의 사랑으로 가득한 사람들이 모든 것을 포용하는 공동체를 유지하고 그곳의 일원이 되도록 부르십니다. 비록 아직은 희미하게 보이지만, 나는 그런 공동체를 꿈꿉니다.
>
> 나는 인디애나 주의 시골에서 온 목사와 뉴저지의 도시 목사가 함께 부둥켜 안고 세계의 평화를 위해 함께 기도하는 모습을 꿈꿉니다. 나는 그런 공동체를 꿈꿉니다.
>
> 나는 켄터키 주의 언덕에서 온 카톨릭 수사와 로스앤젤레스의 길거리 출신의 침례교 복음주의자가 함께 희생의 찬양을 올려드리는 모습을 꿈꿉니다. 나는 그런 공동체를 꿈꿉니다.
>
> 나는 홍콩의 도시 속에서 사회운동을 하는 사람과 상파울로의 도시에서 사역하는 오순절 계열의 설교자가 함께 영적으로 잃어버린 영혼들과 가난한 사람들의 고통으로 인해 함께 우는 모습을 꿈꿉니다. 나는 그런 공동체를 꿈꿉니다.

나는 남아프리카의 작은 마을 소웨토(Soweto)의 소작농과 수도인 프레토리아(Pretoria)의 주인이 그리스도를 경외하는 마음으로 서로를 존중하고 섬기는 모습을 꿈꿉니다. 나는 그런 공동체를 꿈꿉니다.

나는 르완다의 후투족과 투시족이, 세르비아 사람들과 크로아티아 사람들이, 몽골 사람들과 한족들이, 미국의 흑인들과 백인들이, 남미 사람들과 인디언 원주민들이 모두 함께 나누고 돌보고 서로를 사랑하는 모습을 꿈꿉니다. 나는 그런 공동체를 꿈꿉니다.

나는 배운 사람들이 못배운 사람들과, 특권층들이 소외된 계층들과, 부자들이 가난한 사람들과 함께 서 있는 모습을 꿈꿉니다. 나는 그런 공동체를 꿈꿉니다.

바로 이 비전이 리처드 포스터와 몇몇 동역자들로 하여금 1988년에 교회를 새롭게 하는 영성운동인 레노바레(Renovaré)를 탄생시켰다. 레노바레와 또한 다른 비슷한 사역들을 통해 엄청난 진보가 있었다. 비전은 강력하고 위대하다. 왜냐하면 비전은 하나님이 당신의 사람들을 향해 꾸신 꿈이기 때문이다.

내게도 사랑을 베풀 수 있는가?

어쩌면 이 장이 책을 읽는 많은 독자들의 마음을 불편하게 했을 수도 있다. 교리와 인종과 형식을 떠나 예수의 이름을 부르는 사람이라면 누구나 형제와 자매로 여겨야 한다는 어쩌면 위험한 발언을 했다. 내가 비본질적이라고 부르는 것들이 어떤 사람들에게는 목숨 걸고 싸울 만한 본질적인 문제라는 사실을 잘 안다. 그 사람들의 입장도 존중한다. 그리고 그들도 내 입장을 존중해 줄 수 있기를 기도한다. 나는 여전히 민감하게 성령님의 이끄심을 구하고 있다. 기도하기는, 당신의 생각과 내 생각이 서로 일치하지 않는다 할지라도, 그리스도의 몸인 공동체의 일원으로서 내가 당신을 사랑하고 용납하는 것처럼 당신도 내게 동일한 사랑을 베풀 수 있기를 소망한다. 적어도 우리가 모두 한 가지에는 동의한다고 믿는다. 그리고 그 한 가지가 우리 모두를 하나로 묶는 데 충분하리라고 믿는다. 그것은 바로 예수님이 주님이시라는 것이다!

만일 당신의 심장이 예수님을 향한 사랑으로 고동치고 있다면, 내 손을 잡고 교제하며 함께 걸어가자.

영혼의 훈련

우리와 의견이 다른 사람들을 사랑하기

요한 웨슬리는 우리의 생각과 일치하지 않는 사람들과 하나됨을 유지하는 데 도움이 되는 방법을 소개한다. 그 뿐 아니라, 비본질적인 부분에 있어 우리와 의견을 달리하는 사람들에게 사랑을 보여줄 수 있는 다섯 가지 구체적인 방법을 제시한다.

1. 동료의식을 가지고 대하라.
2. 그 사람에 대해 나쁘게 생각하거나 나쁘게 말하지 말라.
3. 그들을 위해 기도하라.
4. 선한 일을 지속할 수 있도록 격려하라.
5. 사역에서 동역하라.

이 탁월한 제안들은 우리와 의견을 달리하는 사람들과 함께 어울릴 뿐 아니라 그들을 사랑할 수 있는 단계에까지 이르는 데 큰 도움이 된다.

이번 주에는 자신이 다니는 교회가 아닌 다른 교회에 다니고 있는 친구나 교인을 생각해보자. 나의 신학적인 교리나 형식과는 다른 교회에 다니는 사람도 생각해 보자. 웨슬리의 가르침을 적용할 수 있는지 아닌지를 보라. 구체적인 실천 방법은 어떤 것이 있을까?

· **동료의식을 가지고 대하기** : 그 사람에게 점심식사를 함께하자고 해보라. 그렇

지 않으면 직접 그 사람이 다니는 교회를 방문해 함께 예배하라.

· **그 사람에 대해 나쁘게 생각하거나 나쁘게 말하지 않기** : 그 사람이나 다른 사람들에 대해 차이와 다름을 지적하거나 끄집어내지 마라. 차이보다는 공통점에 초점을 맞추라.

· **그들을 위해 기도하기** : 이번 주에 그 사람이나, 특정한 교회를 위해 기도하라.

· **선한 일을 지속할 수 있도록 격려하기** : 점심이나 예배 드릴 때, 또는 따로 만날 기회가 있다면, 그들이 이미 진행하고 있는 선한 일을 계속할 수 있도록 격려하라. 그들이 개인적으로나 교회적으로나 하고 있는 일과 사역들이 구체적으로 무엇인지 물어보고, 잘하고 있는 부분에 대해 인정해주라.

· **협력하기** : 만일 할 수 있다면, 그 사람 또는 그 교회와 함께 일할 수 있는지 보라. 그들이 하고 있는 사역에 동참하거나, 자신이 하고 있는 일에 그들을 동참시켜 보라. 함께 섬기고 일하는 것은 서로 간의 차이와 다름을 극복하게 하는 접착제 역할을 한다.

그밖의 다른 훈련들

덧붙여서, 이번 주에는 우리와 의견을 달리하는 교회뿐 아니라 그 교회나 단체의 지도자들을 위해 기도하라. 아래는 두 가지 구체적인 기도의 방법들이다.

1. 그 교회의 일치됨을 위해 기도하라. 그 교회의 일치를 위해 기도하는 동안 자신과 그 교회의 생각과 예배형식 등에 있어서의 다름과 차이보다 우리를 하나로 묶으시는 그분께만 집중하게 될 것이다.

2. 목회자들과 지도자들을 위해 기도하라. 교회가 새로운 방법으로 연합하는 길이 있다면 그것은 지도자들의 변화로부터 시작될 것이다. 목회자들과 다른 교회의 지도자들이 리차드 포스터의 마음을 사로잡은 바로 그 비전을 붙잡을 수 있도록 기도하라. 원한다면 리차드 포스터의 비전을 기도제목으로 삼고 기도해도 좋다.

chapter

5

하나님의 공동체는
서로 화목하다

영혼의 훈련 : 화해를 경험하기

| The Reconciling Community |

스탠(Stan)은 예전에 가르쳤던 학생이다. 나는 그에게 용서와 화해에 대해 대단히 많은 것을 배웠다. 그는 키가 크고, 잘생겼으며, 운동도 잘했지만 수줍음을 타는 청년이었다. 늘 강의실의 맨 뒤쪽에 앉았고, 절대로 말하지도 않았고, 나와 눈도 거의 맞추지 않았다. 하루는 그 학생이 예고도 없이 내 연구실로 찾아왔다. 의자에 앉았을 때 떨고 있었다. 손으로 머리를 감싸고 5분 동안이나 아무런 말도 하지 않았다. 그저 흐느낄 뿐이었다. 난 그냥 기다렸다. 드디어 입을 열어 도움을 요청했다. 나를 만나러 오기 전날 밤에 자살을 시도했다고 했다. 그리고는 말했다. "하지만 내가 하는 일이 늘 그렇듯이, 실패했어요." 나는 그의 자살시도가 실패해서 오히려 기쁘다고 했다. 그는 오랫동안 내 눈을 쳐다봤다. 그때가 나와 처음으로 눈을 마주친 순간이었다. 마치 나와 있는 것이 안전한지를 확인하는 것처럼 보였다. "스탠, 뭐든지 말하고 싶

은 게 있으면 털어놓아도 돼." 내가 부드럽게 말했다.

"저는 열세 살 때부터 시작해서 지난 5년 동안 성추행을 당해왔어요. 나를 성추행한 사람은 우리 가족의 오랜 친구에요. 삼촌과 같은 사람이었죠. 캠핑도 데려가고, 운동도 가르쳐주었죠. 정말 그 사람을 믿었어요. 그랬는데, 나를 성추행하기 시작했어요. 다른 사람에게 말하면 내 신상에 좋지 않을 거라고 하며, 다른 사람들이 나를 아주 안 좋게 볼 거라고 협박했어요. 교수님이 이런 제 얘기를 처음 듣는 사람이에요." 그러고는 다시 나를 쳐다봤다. 마치 내가 자신을 정죄하지는 않나 눈치를 보는 것 같았다.

"덫에 빠진 듯한 느낌이었니? 그래서 자살하려고 했던 거야?" 내가 물었다.

"예, 여기서 빠져나갈 유일한 방법이라고 생각했어요. 그런데 교수님이 수업 시간에 하나님과 소망에 대해 말씀하셨던 게 생각났어요. 그래서 교수님과 대화해보고 싶었어요." 스탠이 말했다.

한 시간 정도 대화를 나눴다. 스탠이 전문적인 상담과 심리치료를 받는 것이 좋겠다는 생각이 들었다. 마침 우리 학교에 상담 기관이 있었다. 내가 직접 예약해주었고, 스탠은 일주일에 두 번씩 상담을 받기 시작했다. 학교 교정을 지나다가 한 번 본 적이 있는데, 내게 손을 흔들며 인사했다. 그다지 좋아 보이지는 않았지만, 잘 버텨내고 있는 것 같았다. 그 다음에 스탠을 본 것은 학교 채플 시간이었는데, 그날 나는 하나님의 용납과 용서에 대해 설교했다. 스탠이 내 사무실로 따라오면서 잠시 대화를 할 수 있느냐고 물었다. 함께 커피를 마시며 이야기를 나눴다.

"그게 정말인가요?" 그가 물었다. "뭐가?"

"오늘 채플 시간에 설교하신 거요. 하나님의 사랑과 용서는 조건이 없다고 말씀하셨잖아요."

"스탠, 나는 내가 설교한 것들은 전적으로 믿는단다."

그가 물었다. "어떻게 그럴 수 있죠?"

"어떻게 조건없는 사랑과 용서를 체험할 수 있느냐고?"

"예," 그가 대답했다. "어렸을 때부터 교회에 다녔지만, 한 번도 그런 설교는 들어본 적이 없어요. 내가 들어온 설교들은 모두 '지옥에 가지 않으려면 더 열심히 노력하고 애써야 한다.'는 내용뿐이었거든요."

"스탠, 하나님은 우리가 더 열심히 노력하고 애쓰기를 원하지 않으신단다. 하나님은 너를 먼저 사랑하셔서, 네가 하나님을 사랑하게 되기를 바라시지. 네가 마음을 다해 하나님을 사랑하면, 그 나머지들은 저절로 다 해결이 돼."

"정말 그 사랑을 알고 싶어요." 스탠은 마치 영혼이 굶주린 것처럼 절박하게 말했다.

내가 대답했다. "함께 기도하자."

나는 하나님께서 스탠의 마음에 찾아와주실 것을 기도했다. 스탠이 나즈막히 고백했다. "예, 하나님, 제발 제 마음 속에 찾아와 주세요." 기도는 겨우 5분 정도밖에 안 됐지만, 하지만 우리가 일어나 다시 눈을 마주쳤을 때는 스탠의 얼굴 표정이 달라져 있었다. 기쁨으로 빛이 나고 있었다.

"이젠 어떻게 해야 하는 거죠?" 그가 물었다.

"성경이 있니?" "아뇨."

"함께 만나서 너와 교제를 나눌 만한 예수님을 믿는 친구들이나 소그룹이 있니?"

"아뇨."

"그러면 내가 둘다 한 번 알아볼게. 매주 목요일 저녁 시간을 비워놓으렴."

스탠은 "그러마."라고 대답했다. 나는 신앙이 좋은 학생 두 명에게 전화를 걸어 스탠과 친구가 되어줄 수 있겠느냐고 물었다. 내가 스탠에게 성경을 하나 구해주려고 한다고 했더니, 자신들이 성경을 구해줘도 되겠느냐고 물었다. 물론 그렇게 해도 좋다고 대답했다. 그 둘은 자신들의 돈을 모아 스탠의 첫 번째 성경책을 선물로 샀다. 그 주 목요일 저녁, 스탠은 성경책과 공책을 들고 나타났다. 내가 말하는 모든 걸 받아 적었다. 성경을 여기저기 찾아가면서 내가 인용하는 모든 구절들을 찾아 읽었다. 나는 그에게 그리스도 안에서 우리가 어떻게 새로운 피조물이 되는지를 가르쳤다. 내가 사용한 비유는 애벌레가 나비로 변화하는 과정이었다. 스탠은 미소를 지었다. 그 이미지를 좋아했다. 성경공부를 마치고 나서 스탠의 새로운 두 친구들과 함께 커피를 마시러 나가서 밤 늦게까지 대화를 나누었다.

스탠은 자신의 이야기를 친구들에게 나누었고, 다른 친구들은 그 얘기를 다 듣고도 판단하거나 정죄하지 않았으며, 오히려 사랑한다고 말해주었다. 드디어 친구가 생긴 것이다. 스탠은 목요일 모임을 단 한 번도 빠지지 않았다. 예수를 영접한 지 한 달 정도 지나고 나서, 스탠이 다시 내 사무실에 찾아왔다. 그가 말했다. "교수님이 허락하시면 제 간증을 캠퍼스 기독학생 모임에서 나누려구요." 그 학생은 우리와 함께 교제한 지 한 달여밖에 되지 않았는데, 어느덧 '간증을 나눈다'는 우리 식 표현이 익숙해져 있었다. 그렇게 하라고 허락했다. 그 다음 주에 나는 스탠을 소개하며 이렇게 말했다. "스탠이 자신이 어떻게 하나님의 사랑을 발견했는지를 간증하려고 합니다." 그가 일어서서 잠시 머뭇거리더니, 자신의 이야기를 시작했다. 아무것도 감추지 않았다. 정직하고 투명하게 자신이 성추행당했던 사실과, 자기혐오와, 자살 시도했던 것까지 다 이야기했다.

그러고 나서, 하나님께서 어떻게 자신을 찾아오셨고, 마음에 들어오셔서 따뜻한 용납과 용서를 경험하게 해주셨는지, 그리고 자신의 삶이 어떻게 변화되었는지를 나눌 때는, 일전에 내 사무실에서 그랬던 것처럼, 그의 얼굴 표정이 달라져 있었다. "마지막으로 나누고 싶은 얘기가 있어요." 이렇게 말하고는 잠시 침묵했다. "예전에는 내가 애벌레였어요. 하지만 예수 그리스도께서 내 안에 사십니다. 그래서 이제 나는 나비에요." 그날 밤 그곳에는 눈물을 흘리지 않은 사람이 없었다. 스탠이 자리에 앉았고, 내가 그 방 안의 중앙으로 걸어갔다. 스탠의 간증을 들은 후에 내가 더 이상 설교할 필요가 없다고 생각했다. 그리고는 정말 내가 설교할 필요가 없어졌다. 한 젊은 여성이 손을 들고 일어나더니 이렇게 말했다. "제가 아주 어렸을 때 저도 성추행을 당했습니다. 일 년 동안이나 지속되었지요. 그 부담이 오랫동안 따라다녔는데, 오늘 스탠의 용기가 제게 감동을 주었습니다. 오늘밤 나도 그 고통을 날려버리고 싶습니다." 우리는 함께 그녀를 위해 하나님께서 그 고통을 사라지게 해주실 것을 기도했다.

스탠은 한 가지 더 우리에게 가르쳐주었다. 몇 달 뒤에 스탠이 다시 내 사무실에 찾아와서 말했다. "질문이 있어요. 하나님께서 내 모든 죄를 용서해주셨는데, 그렇다면 나를 추행했던 사람도 제가 용서해야 하는 게 아닌가 하는 생각이 들었어요. 나도 그 사람에게 예수님에 대해 이야기 해주고, 내게 한 짓을 용서해주고 싶어요. 교수님 생각에는 그게 좋은 생각이라고 여겨지세요?"

놀라웠다. 5년 동안이나 성추행을 자행해서 몸과 마음을 망가뜨리고, 또한 자신의 삶을 자살로 마치게 할 뻔 했던 사람을 용서하겠다는 것이다. 속으로 이렇게 말해주고 싶었다. "아니, 절대로 용서해서는 안돼." 내 마음은 한 번도 만난 적이 없는 그 사람을 용서하는 것과는 거리가 멀었다. 잠시 침묵하며 기도했다. 그리고 이렇게 대답했다. "네가 그 사람을 용서해야겠다는 마음이 들었다면, 말리지는 않겠다. 하지만 조심해야 한다. 그 사람이 네 말을 듣지 않으려고 할 수도 있어. 누군가를 용서한다는 건 그 사람의 죄책감을 끄집어내는 일이기도 해. 아마 그 사람은 그런 사실이 없다고 부인할지도 몰라."

"저는 준비가 됐어요. 내가 알고 있는 게 뭔지를 알려주면 되요. 어쩌면 만일 하나님의 사랑과 용서를 알게 된다면 그 사람도 삶이 바뀔 수도 있잖아요." 스탠이 말했다. 하지만 그 사람이 부인할지도 모른다는 내 예상은 맞았다. 그 사람은 마치 아무 일도 없었다는 듯이 행동했다. 또한 하나님 이야기도 듣고 싶지 않다고 했다. 하지만 스탠은 정말 내가 놀랄 만한 일을 했다. 스탠은 그 사람에게 말했다. "당신을 용서할게요. 하지만 한 가지는 기억했으면 해요. 다시는 내게 그렇게 함부로 할 수 없어요. 난 더 이상 두려워하지 않아요. 나는 나비에요."

잘못된 생각 :
우리가 먼저 용서할 때만 용서와 체험을 경험할 수 있다

감사하게도 나는 여러 기독교 라디오 토크쇼에 출연할 기회가 있었다. 대개는 진행자가 어떤 주제나, 내가 쓴 책의 내용을 가지고 나를 인터뷰한다. 대부분 토크쇼에는 청취자들이 전화를 걸어 질문하는 코너가 있다. 그날도 청취자들이 전화를 걸어 주제에 맞는 자신의 의견을 나누거나, 또는 내 의견에 동의하든지 그렇지 않든지 토론할 사람들의 전화를 기다리고 있었다. 하지만 그런 청취자는 별로 없었다. 대신 청취자들은 자신의 이야기를 나누는데, 항상 결론은 비슷하게 끝난다. "내가 누구누구에게 상처를 받았는데, 그 사람을 용서할 수 있도록 도와주세요."

대개는 배신과 관련된 사연들이다. 특히 배우자 간의 배신에 얽힌 사연들이 많다. 남편이 다른 여자랑 바람이 나서 떠났다거나, 또는 그 반대의 경우들이다. 가끔은 자신들의 실수에 대해 용기 내어 용서를 구하기도 한다. 어떤 여자는 눈물을 주체하지 못하면서 자신이 마약을 했던 이야기를 했는데, 자신의 삶을 그렇게 망쳐 버려서 스스로를 용서할 수 없다고 했다. "제가 너무 많은 잘못을 저질렀기 때문에 제 자신을 용서할 수 없어요." 한 번은 어떤 남자가 떨리는 목소리로 이렇게 말했다. "아내가 저를 배신하고 애들을 데리고 훌쩍 집을 나가버렸어요. 지금 어디에 있는지 모르겠구요. 하지만 저는 아직도 아내를 사랑합니다. 그리고 그녀만 괜찮다면 다시 받아주고 싶어요. 그게 맞겠죠? 만일 지금 저 문으로 아내가 걸어 들어온다면 난 용서할 수 있을 것 같아요. 제가 용서해야 한다고 생각하세요?"

프로그램의 주제가 무엇이 되었든지 최소한 두 통 정도의 전화 사연은 용서에 관한 것이다. 내가 용서할 수 있을까? 용서를 해야 하나? 어떻게 할 수 있을까? 실제 삶의 이야기들과 질문들은 항상 내가 하던 일을 잠시 멈추고 강력한 다음 두 가지를 깊이 묵상하게 한다. 첫째로, 사람들은 다른 사람에게 받은 상처에서 자유로와지고 싶어한다. (대부분 용서가 치유의 방법이라고 생각한다.) 둘째로, 우리에게 상처를 준 사람을 용서하는 것은 어렵다.

하루는 차 안에서 심리치료사가 진행하는 라디오 프로그램을 듣고 있었다. 그날도 물론 한 남자가 애절한 목소리로 이렇게 물었다. "나에게 상처준 사람을 어떻게 용서하죠?" 나는 진행자가 뭐라고 대답하는지 궁금했다.

"이 점을 분명히 해두죠. 용서는 자기 자신을 위해서 하는 거에요. 치유를 경험하고 싶다면 상처를 준 사람을 먼저 용서해야 합니다. 그 사람을 용서하기 전까지는 당신의 상처는 치유되지 않을 겁니다." 그 심리치료사는 권위있는 목소리로 이렇게 답변했다.

그때 내 머릿속을 스치는 생각이 있었다. 용서는 결코 자기 자신의 의지로 할 수 있는 것이 아니다. 이 심리치료사는 잘못된 말을 하고 있다. 그 잘못된 생각이 수많은 사람들에게 상처를 주고 있다. 우리가 먼저 용서해야만 용서와 치유를 경험할 수 있다는 생각은 잘못됐다. 용서는 하나님의 명령이므로 반드시 용서해야 한다거나, 용서하지 않으면 겪게 되는 고통 때문에라도 용서해야 한다는 생각은 분명 잘못됐다. 우리의 노력으로 누군가를 용서할 수 있다는 이 잘못된 가르침은 사람들을 조종하려는 교묘한 가르침의 또 다른 모습이다. 왜냐하면 그 생각이 좀 더 그럴듯하게 들리기 때문이고, 또한 우리가 모든 것을 조정할 수 있다고 착각하게 만들기 때문이다. 만일 용서가 내 스스로의 힘으로 할 수 있는 일이라면, 모든 것은 내 공로이다. 대신 내가 실패하면 내 잘못이라는 말이다. 그래서 우리는 이를 악물고 우리에게 상처를 준 사람을 용서하려고 애를 쓴다. 하지만 이내 실패하고 만다.

우리가 실패하는 이유는 우리가 용서할 수 있는 힘의 원천이 아니기 때문이다. 우리는 연약한 육신에 지나지 않으므로 아무리 애를 써도 우리에게 범죄한 사람들을 용서할 수 있는 힘과 능력이 없다. 우리가 용서할 수 있는 유일한 길은 하나님께서 우리의 삶에 개입하셔서 자신의 원수를 용서하시고 심지어는 그들을 위해 자신의 목숨을 내어주신 예수님의 더 크신 이야기로 우리의 이야기를 재해석하는 것이다. 이것이 우리에게 상처를 준 사람을 용서하기 위해 꼭 필요한 치유를 경험하게 해준다. 우리 자신이 먼저 치유되는 것이다.

올바른 생각 :
우리가 용서받았다는 사실을 알 때 치유되고 용서할 수 있다

스탠이 내가 오랫동안 제대로 이해하지 못했던 신약의 가르침을 깨닫게 해주었다. 스탠의 삶과 이야기는 예수님 이야기의 일부분이 되었다. 스탠은 그리스도로 나타나신 하나님이 세상과 화목하게 하신 십자가 사건으로 자신의 이야기를 재조명하게 되었다. 세속적인 상담심리학의 관점을 존중하지만

(또한 그 관점을 통해 많은 혜택을 얻음도 인정한다), 스탠처럼 마음의 안정을 찾고, 치유하게 하는 데는 역부족이었다. 상담 활동이 스탠의 고통을 기쁨으로 바꾸지는 못했다. 스탠은 자신에게 벌어진 일을 새롭게 볼 수 있도록 도움을 주는 이야기 속으로 자신의 이야기를 접붙여야만 했다.

대부분의 성폭력 피해자들과 마찬가지로, 스탠은 자기 자신을 탓했다. 자신이 직접 잘못을 저지른 것은 아니지만, 자신이 악하게 느껴져서 자신을 용서할 수 없었다고 했다. 스탠이 자신의 삶과 이야기를 하나님 이야기의 일부로 볼 수 있었을 때 비로소 자신의 아픈 기억을 직면하고 자신을 추행했던 사람을 용서할 수 있는 능력을 갖게 되었다. 예수님은 그의 모든 죄를 십자가에 못박으시고 이렇게 선포하셨다. "다 이루었다." 그리스도는 그를 용서하셨고, 그가 용서할 수 있도록 힘을 주셨다. 자신의 의지력으로 다른 사람을 용서할 수 있는 것이 아니다. 은혜가 흘러넘치면 자연스럽게 할 수 있게 되는 것이다. 우리가 용서받았다는 사실을 알게 될 때에 비로소 치유를 경험하고 다른 사람을 용서할 수 있게 된다.

그날 아침 대화 중에 스탠은 내가 설교했던 내용이 정말인지를 물었다. 조금 더 구체적으로 그 내용을 말하면, 고린도후서 5장 18-19절을 바탕으로 한 설교였다. "모든 것이 하나님께로서 났으며 그가 그리스도로 말미암아 우리를 자기와 화목하게 하시고 또 우리에게 화목하게 하는 직분을 주셨으니 곧 하나님께서 그리스도 안에 계시사 세상을 자기와 화목하게 하시며 그들의 죄를 그들에게 돌리지 아니하시고 화목하게 하는 말씀을 우리에게 부탁하셨느니라."

십자가에서 모든 것이 종결된다는 사실에 대한 분명한 설명이다. 그리스도 안에서, 하나님은 우리의 죄에 대해 책임을 묻지 않으신다. 죄의 책임을 돌리시지 않으실 뿐만 아니라, 다시는 들추시지도 않으신다. 하나님은 더 이상 우리의 죄과에 따라 우리를 대하시는 것이 아니라, 우리의 믿음을 보신다. 예수님은 모든 사람의 모든 죄를 위해 죽으셨다. 우리도 포함된다. 그것을 확실히 아는가? 모든 이해를 뛰어넘는 평강을 마음에 가지고 있는가? 하나님이 어떠한 죄도 우리에게 돌리시지 않는다는 사실에서 오는 기쁨을 가지고 있는가? 스탠이 그날 채플에 들어왔을 때는 그러한 질문에 대한 대답이 "아니오."였을 것이다. 하지만 내 사무실을 떠날 무렵에는, 성령님의 도우심으로 인해, 그 대답이 "예."로 바뀔 수 있었다.

오랫동안 스탠에게서 본 변화의 힘은 기적과도 같았다. 모두 이해할 수는 없었지만, 그 변화의 과정을 지켜볼 수 있었던 것은 놀라운 특권이었다. 몇 년 뒤에, 내가 이야기와 영혼의 훈련과 공동체가 가진 변화의 능력에 대해 깨달았을 때 비로소 스탠에게 일어난 변화가 어떤 것인지 이해할 수 있었다. 스탠은 자신의 이야기를 더 큰 하나님의 이야기 속에 비추어서 다시 해석한 것이다. 그리고 그 모든 것을 공동체에 속한 상황에서 해냈다. 그런 다음 파괴적인 패턴을 멈추기 시작하고, 대신에 용서와 화해를 연습하기 시작했다. 중요한 것은 이것이다. 스스로 그렇게 하려고 애쓰지 않았다는 것이다. 치유가 그에게 일어났다. 예수님이 자신을 용서하셨다는 사실을 깨달았을 때 비로소 자기 자신을 용서할 수 있었다. 자기 자신이 용서받았다는 사실을 깨달았을 때 비로소 치유의 과정이 시작된 것이다.

자신의 고통이 자신을 막다른 골목에까지 치닫게 했음에도, 스탠은 자신이 더 편안해지기 위해 용서한 것이 아니다. 그 사람을 용서하기 전에 이미 편안함을 느꼈다. 모든 죄가, 심지어는 자기 자신의 모든 죄가 용서받았다는 기쁜 소식으로 가슴이 따뜻해졌기 때문에 이미 편안함을 느끼고 있었다. 스탠이 자신을 추행했던 사람에게 그렇게 말할 수 있었던 것은 자기 치료의 방법이 아니었다. 그가 발견한, 아니 그를 발견한 은혜가 자연스럽게 흘러넘친 결과였다. 우리가 용서받았다는 깨달음을 가질 때, 그리고 우리가 강하고 안전한 하나님 나라에 거하고 있다는 확신을 가질 때 비로소 용서할 수 있다.

예수님의 가르침

용서와 화해에 대한 예수님의 가르침은 무엇일까?

예수님은 제자들에게 이야기 하나를 들려주셨다. 이 이야기는 우리가 용서를 받았기 때문에 다른 사람들을 용서해야 한다는 개념을 잘 설명해준다. 하지만 주님은 곧 이 이야기를 뒤집어서 자신이 크나큰 용서를 체험했음에도 다른 사람이 자신에게 행한 작은 일은 용서하지 못하는 사람에 대한 이야기를 들려주셨다. 이 이야기에서 예수님은 용서에 대한 비유를 말씀하시기 위해 돈이나 빚에 대한 개념을 사용하셨다.

> 그러므로 천국은 그 종들과 결산하려 하던 어떤 임금과 같으니 결산할 때에 만 달란트 빚진 자 하나를 데려오매 갚을 것이 없는지라 주인이 명하여 그 몸

과 아내와 자식들과 모든 소유를 다 팔아 갚게 하라 하니 그 종이 엎드려 절하며 이르되 내게 참으소서 다 갚으리이다 하거늘 그 종의 주인이 불쌍히 여겨 놓아 보내며 그 빚을 탕감하여 주었더니(마 18:23-27).

이 비유에서 어떤 임금이 결산을 하다가 자신에게 엄청난 액수를 빚진 사람을 발견한다. 만 달란트를 빚진 것이다. 그 빚진 사람은 엄청난 액수의 빚을 갚을 길이 없자 임금에게 자비를 베풀어 달라고 애원한다. 놀랍게도, 그 임금이 그 사람의 빚을 탕감해주어 자유의 몸이 된다. 그 빚진 사람과 가족은 평생을 먼 곳으로 보내져 종으로 살거나 빚진 자들의 감옥에 갇혀 살 수도 있었다. 하지만 임금의 자비 덕분에 자유를 누리며 살게 된 것이다.

그 정도로 큰 빚을 탕감받은 사람이라면 가장 많이 고마워하고, 다른 사람들에게도 자비를 베풀며 아량이 넓은 사람이 되었을 것이라고 생각할 것이다. 하지만 그렇지 않았다.

그 종이 나가서 자기에게 백 데나리온 빚진 동료 한 사람을 만나 붙들어 목을 잡고 이르되 빚을 갚으라 하매 그 동료가 엎드려 간구하여 이르되 나에게 참아 주소서 갚으리이다 하되 허락하지 아니하고 이에 가서 그가 빚을 갚도록 옥에 가두거늘(마 18:28-30).

엄청난 빚을 탕감받은 그 사람이 자신이 탕감받은 액수에 비교도 안 될 만큼 적은 액수인 백 데나리온을 빚진 사람을 만난다(백 데나리온은 두 달 정도의 월급이었다). 이 이야기 속에서 가장 충격적인 것은 빚진 액수의 차이다. 일 만 달란트는 백 데나리온의 대략 60만 배를 넘는 액수이다. 그렇게 어마어마한 액수의 빚을 탕감받았는데도 그 사람은 자신에게 빚진 사람을 용서하지 않고 감옥에 넣은 것이다!

임금이 이 소식을 듣고, 그 무자비한 사람을 불러들여 그 사람의 죄를 묻는다. "이에 주인이 그를 불러다가 말하되 악한 종아 네가 빌기에 내가 네 빚을 전부 탕감하여 주었거늘 내가 너를 불쌍히 여김과 같이 너도 네 동료를 불쌍히 여김이 마땅하지 아니하냐 하고 주인이 노하여 그 빚을 다 갚도록 그를 옥졸들에게 넘기니라"(마 18:32-34). 그 임금은 용서를 모르는 그 사람을 결코 다 갚지도 못할 만큼의 빚을 다 갚을 때까지 옥에 가둔다.

이 비유의 핵심은 무엇인가? 이 이야기가 나오게 된 원래의 질문을 기억해 보라. "우리에게 범죄하는 사람을 몇 번이나 얼만큼 용서해야 하는가"라는 질문이었다. 그 임금은 하나님과 같고, 우리는 그 임금에게 갚지 못할 만큼의 빚을 진 사람과 같다. 우리는 결코 하나님의 용서를 얻을 소망조차 가질 수 없었다. 우리의 죄가 너무도 커서 하나님께 용서를 구할 엄두도 내지 못하고, 내세울 것도 없었다. 하지만 그 임금이 갚지도 못할 액수의 빚을 탕감해준 것처럼 우리 하나님도 그리스도 안에서 우리의 죄를 용서해주셨다. 그 사람이 빚을 탕감받기 위해 한 것이 아무것도 없었다. 우리도 마찬가지다. 요점은 분명하다. 우리가 용서해야 할 것보다 훨씬 더 큰 용서를 받았다는 것이다.

자신의 힘이나 의지로 용서를 해야 한다는 잘못된 가르침을 부추기지 않도록 다시 한 번 분명하게 말한다. 예수님은 우리의 잘못된 생각을 바로잡기 위해 이 이야기를 들려주셨다. 만일 우리가 얼마나 큰 죄에서 용서를 받았는지를 충분히 묵상한다면, 다른 사람들을 용서하는 데 도움이 될 것이다. 스탠은 이 말씀을 읽지도 않았는데 이미 그것을 이해하고 있었다. 그가 말했다. "하나님께서 내 모든 죄를 용서해주셨다면, 나도 나를 추행한 그 사람을 용서해야 한다는 사실을 발견했어요. 그 사람에게 예수님에 대해 들려주고, 그 사람이 내게 저지른 일을 용서한다고 말해주고 싶어요."

자신의 이야기를 새롭게 조명하고 해석하면서, 스탠의 생각이 비교적 짧은 시간에 바뀔 수 있었다. 하나님은 내 모든 죄를 용서해주셨다. 그러므로 나에게 죄를 저지른 사람을 용서할 수 있다. 하지만 기억하라. 자신의 이야기보다 훨씬 더 큰 이야기로 자신의 이야기가 해석될 때 비로소 그렇게 할 수 있는 것이다. 만일 스탠이 자신이 오랫동안 성추행을 당해왔다는 사실을 내게 말했던 그날 밤, "스탠, 그 사람을 용서해야 해. 아직 그 일이 진행되고 있을 때 용서해야만 해."라고 말했다면 스탠에게 더욱 큰 상처가 되었을 것이다. 그는 잘못된 생각에 사로잡혀 그 사람은 물론 자기 자신도 용서할 수 없었을 것이다.

우리가 먼저 용서해야만 용서를 경험할 수 있다?

예수님의 이야기는 용서를 모르는 그 사람이 빚을 다 갚을 때까지 옥에 갇히는 것으로 끝이 난다. 그리고 예수님께서 제자들에게 말씀하셨다. "너희가 각각 마음으로부터 형제를 용서하지 아니하면 나의 하늘 아버지께서도 너희에게 이와 같이 하시리라"(마 18:35).

여기서 우리가 쉽게 저지르는 실수는 다른 사람을 용서하는 것이 우리의 용서하는 능력에 달려 있다거나, 용서가 마치 거래인 것처럼 오해하는 것이다. "네가 먼저 용서하면 하나님도 너를 용서하신다." 많은 사람이 주기도문의 "우리가 우리에게 죄지은 자를 사하여준 것같이 우리 죄를 사하여 주옵시고"라는 부분을 기도할 때마다 용서는 우리의 능력에 달려 있다고 결론 짓는다.

이것은 또 다른 잘못된 생각이다. 이런 사고 방식이 우리 안에 깊이 자리 잡고 있기 때문에 잠시 이 문제를 언급하지 않을 수 없다. 예수님이 우리에게 보여주시고자 하는 것은 우리가 감당하지 못할 죄를 지었음에도 하나님의 용서를 받아들이면서, 동시에 우리에게 범죄하는 한두 사람 (아니, 백 명이라 할지라도)을 용서하지 않으려는 태도의 불합리함이다. 하나님의 용서를 누리는 영광 속에서 우리에게 해를 입힌 다른 사람을 용서하지 않으려는 태도는 모순이다.

용서를 경험한 공동체는 용서하는 공동체가 되어야 한다. 우리를 향한 하나님의 용서는 제한이 없는데, 다른 사람을 향한 우리의 용서는 왜 제한하는가? 이것이 주님이 말씀하시려는 핵심이다. 용서를 거래처럼 여기는 것은 우리의 율법주의적인 성향을 잘 드러낸다. 다른 사람을 용서하는 능력이 없는 것은 보통 정의에 대한 내 주관적인 판단에서 비롯된다. 우리는 생각하기를, '우리에게 상처준 사람을 용서하다니 그건 공평하지 못하고 정의로운 일이 아니다'라고 생각한다. 왜 그럴까? 그들이 우리의 용서를 받을 만한 일을 하지 않았기 때문이다. 그렇다. 우리도 그와 똑같은 대접을 받고 싶은가? 예수님은 이렇게 말씀하신다. "그래 좋다. 네가 원하는 것이 디저트라면, 디저트를 주마. 네가 원하는 것이 정의라면, 네가 정의를 보게 될 것이다." 신약학자인 요아킴 제레미아스(Joachim Jeremias)는 이렇게 표현한다. "자기 자신의 권리를 주장하는 사람에게는 화가 있을진저. 하나님이 그 사람에 대한 당신의 권리를 주장하셔서 철저하게 처단을 하실 것이기 때문이다."

어떤 대접을 받기를 원하는가? 자비인가? 아니면 정의인가? 우리에게 범죄한 사람들이 자비를 구할 때 권리를 주장하면서, 우리 자신의 범죄함에 대해서는 뻔뻔스럽게 하나님께 자비를 구하는 것이 있을 수 있는 일인가? 그렇게 이중적이어서는 안 된다.

주기도문에 나오는 예수님의 말씀들은 우리가 거듭해서 들어야 한다. "너는 큰 용서를 경험했다. 그러므로 이제 네가 용서해야 한다." 쉽지 않은 일이다. 하지만 불가능한 일도 아니다. 일단 우리가 우리 자신의 용서받은 더 큰 이야기에 굳건히 서 있다면, 다른 사람들을 용서할 수 있게 된다. 하지만 그 과정은 시간이 걸린다. 바울이 편지를 써서 성도들에게 가르쳤던 것도 바로 이것이다.

- 잠시 멈추어 "예수님이 우리를 통해 용서하신다"는 볼프(Volf)의 말을 묵상해보라. 이 말이 우리의 주변 세상에 어떤 영향을 끼치는가?

바울의 관점

성경의 두 구절에서 바울은 교회에 서로 용납하고 용서하라고 권면하고,

그 두 군데 모두 우리가 하나님의 용서를 받았기 때문에 그렇게 해야 한다고 강조한다.

> 누가 누구에게 불만이 있거든 서로 용납하여 피차 용서하되 주께서 너희를 용서하신 것 같이 너희도 그리하고(골 3:13).

> 서로 친절하게 하며 불쌍히 여기며 서로 용서하기를 하나님이 그리스도 안에서 너희를 용서하심과 같이 하라(엡 4:32).

이 두 구절을 통해 용서의 능력과 모범을 배운다. 바울은 우리에게 용서할 것을 권하지 않는다. "서로 용납하라."고 명령하고 있다. 또한 "서로에게 친절하라."고 명령한다. 어떻게 그렇게 하라는 것일까? 용서함으로 그렇게 하라는 것이다. 그리스도가 우리를 용서하신 것처럼 우리도 용서한다. 그것은 우리가 직접 하는 것이 아니라, 참여하는 것이다. 이것이 용서하는 방법이다. L. 그레고리 존스(L. Gregory Jones)의 말이 도움이 된다. "우리의 용서받음, 또한 용서받은 사람으로서 용서해야 하는 제자도의 모범은 그리스도 안에서 발견된다."

우리가 이미 용서를 받았기 때문에 우리에게 상처를 준 사람을 의지적으로 용서하지 않으려고 하는 것은 상상할 수 없는 일이다. N.T. 라이트는 다음과 같이 설명한다. "바울은 두 가지를 말하고 있다. 첫째로, 용서받은 자의 기쁨과 자유를 아는 사람이 다른 사람과 그 축복을 나누지 않으려고 하는 것은 옳지 않다. 둘째, 그리스도께서 친히 용서하신 사람을 용서하지 않겠다는 것은 대단히 주제넘은 일이다."

하지만 이것을 실천하기 전에 이것이 우리 자신이 하는 일이 아님을 먼저 인식해야만 한다. 용서할 수 있는 능력은 그리스도에게서 배울 뿐 아니라, 그리스도께서 주신다. 미로스라프 볼프(Miroslav Volf)가 잘 표현했다. "그리스도께서 우리를 통해 용서하신다. 그것이 우리가 용서할 수 있는 이유다." 그렇기 때문에 예수님은 용서와 화해의 모범이심과 동시에 능력이다.

우리는 모두 용서가 필요하다

내가 신학대학원을 졸업하고 첫 번째 교회 사역을 할 때, 나를 가르치셨던 리처드 포스터 교수님을 정기적으로 만날 수 있는 특권을 누리게 되었다. 그때 이미 기독교계에서 리처드는 존경받는 유명한 강사이며 저자였다. 리처드는 내게 일주일에 한 번씩 만나서 삶을 나누고 기도하는 시간을 갖자고 했다. 나는 매번 대단한 열정을 가지고 나갔다. 매주 그는 내게 새로운 것들을 가르쳐주었다.

그의 가르침 중 하나는 특별히 오랫동안 내게 깊은 인상을 주었다. 한동안 나를 사랑하는 하나님의 간섭을 받지 않으려고 몸부림치며 갈등했던 적이 있다. 나는 그 부담을 떨쳐버리고 싶었고, 그러한 패턴을 깨고 싶었다. 그리고 마음이 홀가분해지려면 누군가에게 내 그런 상태를 고백해야 할 것 같았다. 하지만 리처드에게는 잘 보이고 싶었기 때문에 애초부터 내가 고백하고 싶은 상대로 여기지 않았다. 그런데 이야기 중간에 그가 불쑥 내게 이렇게 말했다. "짐, 뭔가 고백할 게 있지 않나?" 나는 그가 어떻게 내 마음을 알았는지 충격을 받았다. 머뭇거리며 말했다. "아, 예. 있어요. 고백할 게 있어요." 하지만 그가 내 말을 막았다. 그리고 말했다. "자네가 고백하면 내가 기꺼이 듣고 하나님의 용서를 선포하겠네. 하지만 먼저 내 고백을 들어주게." 나는 충격에 말을 잃었다. 위대한 영성의 대가 리처드 포스터도 죄를 짓나? 게다가 자신의 죄를 내게 고백하겠다니 더욱 충격적이었다. 잠시 동안 나는 혼란에 빠졌다. 그리고나서 순순히 이렇게 말했다. "예, 그렇게 하세요."

리처드는 그 주간에 자신이 잘못한 죄를 고백하기 시작했다. 시간이 흐르고 나서 확실하게 알게 된 것은, 그가 고백해야 할 죄가 많아서 그렇게 한 것이 아니라 내게 뭔가를 가르쳐 주려고 그렇게 했다는 것이다. 첫째로, 우리는 모두 죄인이라는 사실이다. 리처드는 내가 자신을 너무 영웅시하고 있다는 것을 알았고, 자신도 나와 같은 사람이라는 사실을 가르쳐주고 싶어했다. 둘째로, 내 두려움을 없애주고 싶었던 것이다. 내가 고백을 망설인다는 것을 알았기 때문에, 그리스도가 그렇게 하셨듯 몸소 고백하는 모습을 보여준 것이다. 셋째로, 우리가 더 가까워지기를 원했다. 그날 아침 고백의 시간을 통해 서로에 대한 새로운 신뢰가 생겼다고 믿는다.

용서할 때 지켜야 할 것들

용서와 화해에 대해 두 가지 원칙을 말하지 않고는 이 논의는 온전하지 못한 논의가 될 것이다. 첫 번째는 적당한 경계선을 지키는 것이다. 실제 삶 속에는 엄청난 고통과 폭력과 비극이 있다. 그리고 모든 사람이 감사함과 신실함으로 우리의 친절에 반응하리라고 여겨서는 안 된다. 용서를 통해 사랑해야 하지만, 어떻게 언제 그렇게 해야 하는지는 조심스러워야 한다. 서로의 짐을 져야 하지만, 일방적으로 우리를 이용하고 해칠 수 있는 사람들로부터 우리를 보호해야 한다. 용서한다는 것이 지속적으로 해를 당해야 한다는 말은 아니다.

내가 지도했던 청소년 부서에 세 살 때 생모에게 버림받은 남자 학생이 한 명 있었다. 엄마가 헤어나올 수 없이 마약에 빠져 직장도 잃고 세월을 보내는 사이에, 그 학생은 할머니와 할아버지 손에서 자랐다. 일 년에 한 번씩 엄마가 그 학생의 삶에 다시 등장해 관계를 회복하려고 노력했다. 처음 몇 주는 아들 곁에 있으면서 그동안 잘못한 일들에 대해 사과도 하고 (예를 들면 이틀 동안이나 지하실에 가두었던 일) 제대로 엄마 노릇을 못해 잘못했다고 말하기도 했다. 하지만 그는 이러지도 저러지도 못해 괴로워했다. 엄마를 용서하고 싶지만, 엄마가 다시 자신을 실망시킬 것이라는 걸 알았기에 그렇게 할 수 없었다.

내가 이렇게 설명했다. "네가 정말 원하는 건 엄마의 사랑이야. 하지만 네 엄마는 지금 너를 사랑해주실 형편이 아니잖아. 아마 오랫동안, 아니 어쩌면 절대로 그렇게 못 하실지도 몰라. 엄마가 과거에 너에게 잘못한 것은 용서할 수 있잖아. 하지만 똑같은 일이 반복되지 않도록 멈출 수 있을 만큼 너도 이제 컸어. 이상하게 들릴지 모르지만, 엄마의 행동에 경계선을 세워야 해. 엄마를 사랑한다고, 용서한다고 말해야 하지만, 동시에 엄마가 계속 너를 다치게 하는 일은 더 이상 없었으면 한다고 말씀드려." 그 학생은 내 말 뜻을 잘 알아듣고 엄마와의 관계에서 분명한 경계선을 그을 수 있었다. 그렇게 몇 년이 흘렀다. 마지막으로 그 학생과 대화했을 때 자신의 엄마가 하나도 바뀐 것이 없다고 말했다. 하지만 다시는 엄마에게 이용당하지 않도록 자신을 내버려두지 않았다고 했다. 지금은 어른이 되어 결혼도 하고 아빠가 되어서 상처받지 않고 용서하는 방법을 배웠노라고 말했다.

용서를 가장한 공격

용서와 화해에서 두 번째로 기억해야 할 사항은 용서받고 싶어하거나 용서하고 싶은 감정이 이성을 마비시켜 생각하지도 못한 상처를 주고받을 수도 있다는 사실이다. 내 동료 중에 한 명이 들려준 이야기다. 그는 다른 십여 명의 목회자들과 특수목회를 하는 목회자들을 위한 임상목회 훈련 모임을 갖고 있었다. 그런데 그가 속한 소그룹의 한 사람이 갑자기 일어나 모든 소그룹 사람 앞에서 고백할 것이 있다고 했다. 그러고는 내 동료에게 걸어가 그 앞에 무릎을 꿇고 그동안 내 동료에게 감추어두었던 분노와 그간 좋지 않은 감정을 가졌던 것을 용서해 달라며 용서를 구했다. 그 수 많은 사람 앞에서 공개적으로 그랬던 것이다. 내 친구는 훈련기간 내내 매우 부끄럽고 수치심마저 느꼈다고 했다. 내 친구는 그 사람이 자신에게 부정적인 감정을 갖고 있었다는 사실조차 몰랐다고 했다. 하지만 이제는 그 사실을 절대로 잊지 못할 것 같다고 한다. 아마 그곳에 있었던 다른 사람들도 마찬가지였을 것이다.

이런 식으로 용서를 구하는 것은 결코 공동체를 세우지 못한다. 그것은 자아도취에 지나지 않는다. 때로는 악의적이고 심지어는 화해를 가장한 공격이 될 수도 있다. 그 목회자가 진정으로 사과를 하고 싶었다면 개인적으로 했어야 한다. 게다가 그런 개인적인 고백마저도 두 사람의 관계를 돈독하게 해주는 효과보다는 감정적 쓰레기를 쏟아놓는 것에 지나지 않을 수도 있다. 내 친구인 앤드류(Andrew)는 이것을 '용서의 복병'이라고 부른다. 어떤 사람이 전화를 걸어 커피를 마시자고 해서 나갔다. 당신이 커피를 절반 정도 마셨을 때쯤, 그 사람이 갑자기 심각하게 할 얘기가 있다고 한다. 대개는 당신도 모르고 상처를 주었던 일에 대한 이야기다. 그리고는 이렇게 말한다. "하지만 이제 제가 당신을 용서했다는 걸 알아줬으면 해요." 이것은 순수한 화해가 아니다. 화해를 가장한 인신공격이다.

만일 우리가 진정으로 누군가를 용서하기 원한다면, 상대방에게 그 사실을 꼭 알릴 필요는 없다. 만일 당신의 고백으로 상대방의 행동이 변화하기를 원한다면 그건 다른 얘기다. 하지만 그것은 화해가 아니라 책망이다. (더 자세한 내용은 이 책의 6장을 참조하라). 만일 누군가 다른 사람을 진정으로 용서하기 원한다면, 만나서 커피를 마시며 건전한 대화를 나눈다든지, 또는 서로를 축복하는 기도의 시간을 가짐으로써 두 사람의 관계를 더욱 돈독하게 하는 모습을 보이는 것이 더 좋다. 만일 당신이 누군가를 용서해야 하는 축복된 상황에 처한다면, 하나님과 자신만의 비밀로 하는 게 좋다. 사랑은 허다한 죄를 덮는다고 했다(벧전 4:8).

약함 속에 온전해지는 능력

학교를 졸업한 뒤에는 스탠과 자주 연락하지 못했다. 하지만 시간이 지나면서 나와 자주 연락하려고 애를 썼고, 일 년에 한두 번씩 전화도 했다. 대학을 졸업하고 나서 그는 해군에 입대했고, 특수부대인 네이비씰팀(Navy Seals)에 선발되었다. 몇 년이 지나서 그가 내게 연락했을 때 결혼했다고 알려주었고, 그 다음 해에는 첫 아기를 낳았다고 했다.

또한 성추행을 당한 많은 청소년들에게 도움이 되는 사역의 길을 하나님이 열어주셨다고도 했다. 정기적으로 정상적인 삶을 되찾으려고 노력하는 수 많은 젊은 사람에게 간증을 나누었다. 그들에게 주로 무슨 얘기를 해주느냐고 내가 묻자 이렇게 말했다. "그냥 제 이야기를 들려줘요. 내가 어떻게 나비가 되었는지, 그리고 그 아이들도 얼마든지 나처럼 될 수 있다고." 더 많이 이해하게 될수록 예수님께서 개입하시면 단 몇 달만에도 변화를 가져다주실 수 있다는 사실을 더욱 분명하게 알게 된다. 주님은 스탠의 인생을 예수님의 이야기로 새롭게 바꾸셨다. 스탠은 더 이상 이전과 같은 사람이 아니었다.

하나님은 우리에게 화해의 메시지를 주셨다. 하나님께서 그리스도 안에서 세상을 당신에게 화목케 하신 것이다(고후 5:18-19). 우리의 화해를 실천하는 첫 번째 영역은 서로서로의 관계이다. 영성은 우리가 받는 선물이고 또 주는 선물이다. 우리가 그렇게 할 때 우리의 공동체는 선하고 아름다운 하나님을 조금 더 닮아갈 것이다.

화해를 경험하기

예수님의 이야기를 우리의 삶 속에 배어들게 함으로써 화해와 용서가 우리 삶의 실재가 되게 할 수 있다. 이번 주에는 세 가지의 영성훈련 과제들을 소개한다. 현재 본인이 처한 상황에 가장 알맞는 훈련과제를 다음에서 적어도 하나 선택해서 훈련하라. 될 수 있다면 세 가지 모두를 시도하는 것이 좋다.

세 가지 훈련

1. 본인을 위해 다른 사람들이 대신 용서하게 하기.

누군가에게 큰 상처를 받았다면, 그 사람을 용서하는 것은 거의 불가능하다. 마음으로는 용서하고 싶지만, 실제로 그 사람을 용서하고 싶은 상황이 아닐 수도 있다. 이런 상황이야말로 공동체의 도움이 가장 필요한 때이다. 십자가 아래에서 함께 교제하는 사람들이 당신을 대신해서 그 사람을 용서하는 기도를 해줄 수 있다. 아래와 같이 해보자.

- 용서하고 싶지만 아직 용서할 준비가 되있지 않은 사람이 누구인지 밝혀라.
- 그리스도를 따르는 사람 중에 당신과 함께 용서의 짐을 지어줄 신뢰할 만한 사람 한 명에게 기도를 요청하라. 그 친구에게 당신의 경험을 나누고, 그 짐을 함께 져달라고 부탁하라(골 3:13, 영어성경에는 '피차 짐을 나누어지고'라고 번역되어 있음—역자주).
- 만일 그 친구가 그렇게 해주겠다고 동의하면, 하루에 10분씩 당신과 또한 당신이 용서

하고 싶은 사람을 위해 하나님께 자신들이 먼저 용서받았음을 깊게 경험할 수 있게 해 달라는 기도를 해달라고 요청하라.

우리가 용서할 수 없는 영역에 대해 그리스도 안의 지체들이 대신 용서하게 하는 것은 용서를 배우는 시작이다. 누군가 당신의 짐을 함께 지고 있다는 사실을 알기만 해도 자유함을 느낀다. 내가 속한 제자그룹의 한 사람은 그룹 안의 다른 사람에게 자신의 짐을 함께 져달라고 부탁했다. 그는 이렇게 말했다. "로라(Laura)가 내가 용서하지 못하는 그 사람과 나를 위해 기도하고 있다는 사실을 아는 것만으로도 부담이 사라졌어요. 마치 나를 억누르고 있던 용서치 못함의 사슬이 풀리는 기분이에요."

같은 소그룹 안에 있던 또 다른 사람은 자신의 영적 지도자에게 부탁했다. 어느 토요일 오전에 만나서 자신이 처한 상황에 대해 설명했더니, 그 영적 지도자가 함께 기도해주겠노라고 흔쾌히 약속을 했다. 나중에 고백하기를, 영적 지도자와 만날 약속을 하는 순간부터 치유의 길로 가는 듯한 느낌을 받았다고 했다.

2. 당신에게 상처를 준 사람을 용서하는 단계.

상처를 준 사람을 용서할 준비가 되었다면, 용서의 과정에 도움이 되는 몇 가지 단계들을 소개하고 싶다.

· **밝혀라.** 내가 거듭해서 강조했지만, 용서의 열쇠는 자기 자신이 용서받

았다는 것을 먼저 깨닫는 것이다. 당신이 용서받았다는 사실을 알려주는 성경의 관련구절들을 깊이 묵상한다. 아래의 구절을 암송하든지 묵상하라. 우리의 새로운 정체성과 우리의 화목, 그리고 다른 사람들에게 화해의 메시지를 전하고 싶은 동기를 잘 선포해주는 구절이다.

> 그런즉 누구든지 그리스도 안에 있으면 새로운 피조물이라 이전 것은 지나갔으니 보라 새것이 되었도다 모든 것이 하나님께로서 났으며 그가 그리스도로 말미암아 우리를 자기와 화목하게 하시고 또 우리에게 화목하게 하는 직분을 주셨으니 곧 하나님께서 그리스도 안에 계시사 세상을 자기와 화목하게 하시며 그들의 죄를 그들에게 돌리지 아니하시고 화목하게 하는 말씀을 우리에게 부탁하셨느니라(고후 5:17-19).

- **성령님의 인도하심으로 그의 영혼을 보라.** 내가 용서하고 싶은 사람을 위해 기도하는 것이 큰 도움이 된다는 사실을 깨달았다. 그 사람을 위해 기도하다보면, 그 사람이 처한 상황이나, 그 사람 개인에 대한 새로운 사실들을 깨닫게 된다. 많은 경우 성령님의 인도하심을 통해 그 사람의 삶의 정황에 대한 새로운 깨달음을 얻게 된다. "상처받은 사람들이 다른 사람에게 상처를 준다."는 말을 곰곰이 생각해보면 큰 도움이 된다. 이 말은 거의 모든 경우에 해당한다. 다른 사람들에게 상처를 주는 사람들은 자기 스스로 상처를 받았기 때문에 내면에 많은 상처를 가진 사람들이다. 한 번은 내가 참석하지도 않은 회의석상에서 나를 두고 안 좋은 소리를 했던 어떤 사람에게 크

게 화가 난 적이 있었다. 그 후로 나는 두 달 동안 어떻게 그 사람에게 복수할까 궁리했다. 물론 예수님을 믿는 사람답게 복수하려고 했다! 내 말의 힘으로 상대방을 궁지에 몰아 눈물 흘리게 할 방법을 찾아 연습까지 했었다.

그러다가 예수님의 제자로서 그보다 더 나은 방법이 있지 않을까 생각하게 되었다. 그 사람을 위해 기도하기 시작했고, 하나님께 그 사람의 삶에 대한 깊은 이해를 갖게 해달라고 간구했다. 얼마 지나지 않아, 그 사람을 잘 아는 어떤 사람을 방문하게 되었는데, 내가 묻지도 않았는데 그 사람이 아주 힘든 상황에 처해 고통받고 있다는 소식을 듣게 되었다. 그 사람이 자신의 고통 때문에 내게도 상처를 주었다고 생각하니 그 사람에게 복수하고 싶은 마음이 사라졌다.

3. 교회에 성찬예식이 있다면, 그 안에 담긴 새로운 의미들을 발견하라.

많은 교회들이 성찬식을 정기적으로 갖는다. 만일 당신이 출석하는 교회에도 성찬예식이 있거든, 새로운 눈으로 그 은혜를 경험하기 바란다. 그리스도께서 세상과 하나님을 화목케하셨다는 것을 기억하는 것이 성찬식의 중심이다. L. 그레고리 존스(Gregory Jones)는 이렇게 표현한다. "깨어졌다 다시 회복된 성찬의 공동체 안에서 그리스도의 희생은 우리의 삶을 용서받은 배신자로, 화목케 된 죄인으로 변화시킨다."

성찬에 참여하면서 이 놀라운 진리들을 묵상하라. 예수님께서 당신의 삶을 바꾸시고, 다시 해석하신다. 그리고 이 성찬이 바로 그것을 실제적으로 체험하게 해준다는 사실을 묵상하라.

이 책의 앞부분에 소개된 영성훈련에서 "둘 넷" 훈련을 통해 하나님과 시간을 보낼 것을 제안했다. 하나님과 두 시간을 보내고, 네 시간의 선함을 실천하는 훈련과제였다. 이번 주간의 훈련이 바로 그 영혼의 훈련과제와 잘 맞아 떨어진다. 성찬예식이 있는 주간에 평소보다 일찍, 약 30분 정도 일찍 교회에 도착해서 예배에 대한 조용하고 깊은 묵상의 시간을 가지라. 예배당에 앉아 묵상하면서 고린도후서 5장 17절부터 19절까지의 말씀을 여러 번 반복해서 조용하게 읽는 것도 좋다.

chapter

6

하나님의 공동체는 격려한다

영혼의 훈련 : 신뢰할 만한 친구 찾기

| The Encouraging Community |

톰 스미스(Tom Smith)는 독특한 사람이자, 독특한 목사이다. 물론 좋은 뜻에서 말이다. 그의 이야기도 역시 특이하다. 10년 전에 그는 남아프리카 요하네스버그에서 한참 잘 나가고 있었다. 젊고 유능한 목회자로 샛별처럼 떠올라 엄청난 속도로 사역을 크고 성공적으로 이끌었다. 얼마 지나지 않아 한 대형교회의 특별한 위치에 올랐다.

하지만 불행하게도 곧 영적 침체에 빠져들고 말았다. 사역이 직업처럼 되어버렸고, 더 이상 만족감도 느끼지 못했다. 톰과 그의 아내는 어떻게 해야 할지 분별하기 위해 기도했다. 그들은 빠르게 성장하고 있는 사역을 내려놓고 그리스도를 따르는 사람이 되는 것과 그리스도를 따르는 공동체의 일부가 되는 것이 어떤 의미인지를 배우는 시간을 갖기로 결정했다.

두 사람은 소유를 모두 팔아서 미국으로 안식년을 보내러 왔다. 톰은 교회와 사역에 뭔가 남겨놓은 것이 있는지 살폈다. 쉼과 묵상의 기간 동안 톰의 내면에 새로운 열정이 생기기 시작했다. 공동체에 대한 새로운 비전을 갖게 되었고, 남아프리카로 돌아가 하나님이 인도하시는 위험하지만 새로운 길을 따르기로 했다. 다음은 그가 새롭게 시작한 공동체 클레이팟(Claypot: 질그릇) 교회의 이야기다.

2003년 11월에 몇몇의 순례자들이 모여 어떤 공동체로 이끄실지를 놓고 함께 기도했다. 우리는 우리 그룹을 잘 설명해줄 성경적 비유를 찾고 있었다. 몇 주간의 공부와 하나님의 음성을 분별하는 중에 우리는 고린도후서 4장을 접했다. 이 본문에서 바울은 우리를 질그릇에 비유하고 그리스도를 보물에 비유했다. "우리가 이 보배를 질그릇에 가졌으니 이는 심히 큰 능력은 하나님께 있고 우리에게 있지 아니함을 알게 하려 함이라."

그 비유는 우리의 마음을 사로잡았고, 우리는 이 말씀을 우리의 성경적 기초로 삼기로 했다. 시각적 효과를 위해 질그릇을 찾았다. 노력 끝에 비로소 우리에게 꼭 맞는 질그릇을 발견했다. 그것은 유아실에 있었다. 진흙과 과자부스러기로 채워진, 버려진 질그릇이었다.

예배의 마지막 순서에서 우리는 그 질그릇을 큰 가방에 넣고 콘크리트 바닥에 던져서 깨뜨렸다. 그것은 우리의 깨어짐을 상징했다. 공동체에 속한 모든 사람이 깨진 조각을 하나씩 집으로 가져갔다. 그 깨진 질그릇 조각 위에 각자의 기도제목을 적었다. 그 다음 주에 교회로 가져와서 조각들을 다시 붙였다. 깨진 조각들을 다시 모아서 붙이기는 했지만 완벽한 모양이 아니었다. 하지만 우리가 그 질그릇

안에 촛불을 켜서 넣으니 아름다운 빛이 틈사이로 흘러나왔다.

톰과 그 공동체에 속한 사람들은 큰 교회를 원치 않았다. 그저 교회가 되고 싶어했다. 서로가 서로를 위하고 공동체를 이루는 교회를 원했다. 톰은 그 공동체에 속한 각 사람에게 그 빛을 계속 유지하기 위해 헌신을 서약하자고 부탁했다. 그는 이 헌신 서약을 '6가지 초대로의 응답'이라고 이름붙였다.

1. 기도나 성경읽기 또는 그밖의 다른 영적 훈련을 통해 매일 하나님께 '접속' 한다.
2. 다른 사람들이나 예수님을 믿지 않는 사람들과 적어도 한 주에 세 번 이상 '떡을 떼는' 기회를 갖는다.
3. '내 영적인 은사가 무엇인가'를 묻지 말고 '이 공동체에 내가 무엇을 기여할 수 있는가'를 묻는다. 그리고 자신의 은사를 공동체를 위해 기꺼이 사용한다.
4. 자기 자신과 전혀 다른 사람과 친구가 된다(인종, 종교, 계층 등).
5. 섬김의 태도, 낮아지는 태도를 개발한다. 자신의 삶을 유지해주는 자원들(시간, 물질, 은사)을 필요한 사람들에게 나누며 사는 것을 훈련한다.
6. 건강하고 리듬감 있게 시간을 활용한다. 여백과 안식일을 갖는다. 한 주일에 50시간 이상 일하지 않는다.

이러한 헌신을 잘 지키기 위해, 이들은 아주 중요한 또 하나의 헌신을 다짐했다. 톰은 이렇게 설명했다.

각 멤버들은 최소한 다른 가족과 한 팀이 되어 서로의 책임을 돌봐주는 관계를 형성한다. 이러한 상호신뢰 관계는 우리 공동체의 영적인 삶의 규칙들이 잘 지켜지는지 격려하고 점검하는 역할을 할 것이다. 상호신뢰 관계에 있는 사람들은 적어도 한 달에 한 번 이상씩 만나 사랑과 선행으로 서로를 격려할 것을 권장한다 (히브리서 10:24-25).

이 공동체에는 독특한 전통이 또 하나 있다. 매년 12월 말이 되면 톰은 성도들에게 이듬해 1월 한 달 전체를 영적 분별을 위한 시간으로 가지라고 권한다. 톰은 농담처럼 말했다. "1월 한 달 동안은 저는 누구의 목사도 아닙니다." 그 기간 동안 성도들은 하나님께서 자신들을 어디로 부르시는지 분별하는 시간을 갖는다. 만일 그들이 클레이팟 교회에서 일 년 동안 더 헌신하기를 원하면 1월의 마지막 주일예배에 참석하면 된다. 그때 그들은 다시 새로운 질그릇을 깨뜨리고, 한 조각씩 가지고 가서, 기도제목을 적는다. 그리고 그 다음 주 교회에 함께 모여서 그 조각들을 다시 붙이는 예식을 갖는다.

클레이팟 교회의 이야기는 헌신과 상호책임의 중요성을 잘 보여준다. 이 두 가지는 기독교인들의 삶에서 점점 더 찾아보기 힘든 일이 되고 있다. 그 교회는 큰 교회가 아니다. 출석 성도가 백 명도 안 되는 작은 교회다. 하지만 그 교회 성도들은 그리스도를 닮아가는 공동체가 되어가고 있다. 우리 교회들은 점점 기대치와 헌신의 기준을 낮추고 있는 반면, 클레이팟 교회는 대담하게도 오히려 높이고 있다. 그들은 많은 교회가 가지고 있는 잘못 굳어진 생각들에 정면으로 맞서고 있는 것이다.

• 세 번째 항목에 나오는 두 개의 질문의 차이가 뭐라고 생각하는가? 이 의미를 깨닫는 것이 자신의 삶에 어떤 영향을 끼친다고 생각하는가?

잘못된 생각 : 공동체는 내 필요를 채우기 위해 존재한다

삶의 규칙이나 언약이라는 표현을 들을 때마다 우리는 종종 불필요하거나 율법주의적이라고 생각해버린다. "공동체는 나를 섬기고 나의 필요를 채우기 위해 존재한다."는 잘못된 생각이 우리 사이에 만연하고 있기 때문이다. 그래서 이제 더 이상 공동체는 내가 뭘해야 할지를 가르쳐주는 곳이 아니다. 내가 뭘 해야 할지는 내가 정하는 시대인 것이다.

우리는 소비자 중심의 문화 속에 살고 있다. 날마다 소비자 취급을 받는다. 이런 풍토에서 우리는 필요가 채워져야 한다는 생각을 갖게 된다. 잘못 길들여진 것이다. '교회 쇼핑'이라는 현상이 우리가 얼마나 이 고객만족 제일주의 문화에 잘 편승하고 있는지를 보여준다. 우리가 소비자 대접을 제대로 받지 못했을 때야 말로 우리가 얼마나 이 사상에 물들어 있는가가 여실히 드러난다.

몇 년 전 어느 목회자 모임에서 이 잘못된 생각에 대해 대화를 나눈 적이 있다. 그 중에 한 목회자가 이런 이야기를 들려주었다. "일 년 전에 하나님께서 성도들에게 성경을 좀 더 읽도록 권장하라고 시키시는 것 같았어요. 그래서 설교하면서 성도들에게 도전했죠. 매주 최소한 한 시간씩 성경을 읽는 시간을 가지라고요. 한꺼번에 읽는 것도 아니고 한 번에 10분에서 20분씩 나누어서 읽으라고 도전했지요. 몇 주에 걸쳐서 이렇게 도전을 했더니, 어느 주일에 우리 교회에 몇 년 동안 출석했던 성도가 찾아와서 이렇게 말하더군요. '목사님, 제가 교회를 떠난다는 말씀을 드리려고 왔어요.' 내가 이유를 물었더니 이렇게 대답하더군요. '처음 이 교회에 왔을 때 성경 읽기 같은 건 제 계약 조건에 없었거든요.'"

교인들을 고객처럼 대하면 그들에게 편안함을 제공할지는 모른다. 하지만 교인들에 대한 기준을 낮춤으로써 온전한 변화의 가능성도 함께 낮아지는 결과를 가져온다. 그럴 때 어쩌면 교회는 엄청난 대형교회가 될지는 몰라도, 성도들은 그리스도를 닮아가지 못하는 결과를 얻을 수도 있다. 고객만족 중심의 교인들이라면 그리스도를 닮아가는 데 따르는 헌신은 하려고 하지 않을 것이기 때문이다.

- 오늘날의 교회에서는 헌신과 책임이 찾아보기 힘들다는 저자의 주장에 동의하는가? 왜 동의하는가, 또는 왜 동의하지 않는가?

올바른 생각 : 공동체가 내 삶을 빚어간다

선하고 아름다운 공동체는 편안한 그리스도인들이 아닌 하나님과의 관계, 그리고 다른 사람들과의 관계 속에서 그리스도를 닮아가는 사람들로 이루어진다. 그러한 공동체를 이루기 위해서는 새로운 생각과 성경적인 가르침을 통해 우리의 행동을 변화시켜야 한다. 공동체가 가져야 하는 권리와 책임에 관한 올바른 생각은 이렇다. '공동체는 내 영혼을 인도하고 빚어가기 위해 존재한다. 공동체는 내게 특정한 행동을 기대할 권리가 있고, 내게 필요한 격려를 제공하고 상호책임을 행사할 수 있다.'

처음부터 예수님의 '에클레시아', 그러니까 교회는 여러 가지 방법들을 통해 영혼을 가꾸는 훈련들을 해왔다. 공동체 예배, 함께 떡을 떼는 일, 사도들의 가르침, 공동체 금식과 경건한 삶을 살 수 있도록 서로 책임을 지는 일 등이 바로 그것이다. 처음부터 그리스도를 닮아가는 변화가 교회의 목표이며 책임이었다(히 10:24-25).

만일 교회가 그러한 책임을 가지고 있다면, 성도들에게 어떤 행동들을 권하고 격려할 수 있는 권리 또한 갖고 있다. 우리는 용서와 화해를 찾는 사람들에게 용서와 화해를 제공할 수 있고, 또 그래야만 한다. 또한 깨지고 망가진 사람들을 받아들일 수 있어야 한다. 하지만 수용한다는 것이 공동체에 들어오겠다는 사람에게 아무것도 요구하지 않는다는 의미는 아니다.

나는 바로 이 점이 사람들을 불편하게 한다는 것을 깨달았다. 우리는 사람들에게 죄에 맞서라고 요구하고 기도생활에 더욱 힘써야 한다고 요구하기를 망설인다. 또한 무엇을 어떻게 해야 한다고 말하는 것에 익숙하지 않다. 그래서 그냥 불편함을 감수한다. 물론 사람들을 통제하려고 하거나 조종하거나 권력을 남용하진 않을까 하는 건강한 두려움을 가질 필요는 있다.

이 염려들이 실제적이기는 하지만 우리 공동체에 속한 사람들에게 어떤 행동들을 권면해야 하는 우리의 책임을 면해 줄 수는 없다. 선하고 아름다운 공동체는 서로를 책임지고 있기 때문에, 사람들을 온전함과 경건함에 이르도록 이끌 권리도 있다.

교회의 영혼을 가꾸는 역할은 우리 영혼의 성장만을 위해서가 아니다. 사명을 감당하도록 도전도 해야 한다. 우리는 함께 예배하기 위해 모이고, 그 자리에서 구약 시대 우리 조상들의 언어를 배우고, 우리 가족의 이야기를 전하고, 우리의 경건한 순간들을 공유하기 위해 노력한다. 또한 설교와 찬양을 통해 성령님이 우리를 향해 하시는 말씀을 듣는다. 그렇게 해서 우리는 홀로 선하신 하나님에 의해 선하고 아름다운 모습으로 변화되는 공동체를 이룬다. 하지만 그 후에 우리는 보냄을 받아야 한다. 우리는 서로와 서로가 연결이 되고, 하나님의 오래된 이야기에 연결이 되는 것에 감동을 받아 새로운 사람이 되어 예배의 자리를 떠난다. 우리는 세상으로 나아가 세상을 변화시킨다. 우리의 임재를 통해 세상을 변화시킨다. 우리는 부활하신 그리스도의 향기이기 때문에, 죽음만 알고 있는 세상을 변화시키지 않을 수가 없다. 또한 우리는 세상과는 다르게, 이기적이지 않게, 관대하게 행동한다. 말이 아닌 삶으로 설교하는 것이다. 물론 상황이 될 때, 알맞은 말로 우리의 소망의 이야기를 듣고 싶어 목말라하는 사람들에게 복음을 전할 수도 있다. 우리는 그렇게 준비되어 보냄을 받는 자이다. 그렇기 때문에 교회의 역할 중에서 하나만 가질 수는 없다.

나는 내 개인의 안녕에 관심을 갖는 공동체를 원한다. 내 영적 성장과 다른 사람을 위한 섬김을 위해 헌신을 요구하는 것을 두려워하지 않는 공동체를 원한다. 또한 변화를 위해 훈련과제를 담대하게 제시하며 헌신을 지키기 위해 상호책임의 관계에 들어갈 수 있도록 격려하는 공동체를 원한다. 나는 내게 그리스도가 거하시고 기뻐하시는 사람, 세상의 빛과 소금, 죽어가는 이 세상에 그리스도의 향기가 될 것을 도전해주는 공동체를 원한다. 내가 누구인지를 기억나게 해주는 공동체, 내가 부르심에 합당하게 살 수 있도록 편안함뿐만 아니라 때로는 책망하며 경고해줄 수 있는 사랑으로 돌봐주는 공동체를 원한다.

율법적이거나 정죄하지 않고 어떻게 이러한 일들을 할 수 있을까? 조건없는 사랑으로 사랑하시고, 우리가 무슨 잘못을 했던 상관없이 용서하시고 화목케 해주시는 그분의 영으로 이러한 일을 할 수 있을까? 격려와 책망을 어떻게 동시에 할 수 있을까? 이렇게 하려면 다음 세 가지가 먼저 이루어져야 한다. 첫째, 우리가 누구인지를 서로서로 확인시켜줘야 한다. 둘째, 우리가 어떠한 사람이 될 수 있는지를 서로에게 보여줄 수 있어야 한다. 셋째, 서로에 대해 서로가 책임져야 한다.

- 마음의 불편함은 권력을 남용하는 것을 너무 많이 보아왔기 때문에 생긴다. 교회에서는 그러한 것을 어떻게 보는가?

우리가 누구인지 기억나게 해주는 공동체

어느 주일, 나는 너무 힘이 들어서 교회를 빼먹을 작정을 했다. 출장에서 돌아온 지 얼마 되지 않았고, 학생들의 레포트를 채점하느라 피곤했다. 나는 내가 그 주에 하나님 나라를 위해 얼마나 수고했는지를 떠올리며 나를 합리

화했다. 게다가 나는 죄책감을 벗어던질 수 있는 좋은 핑계거리도 있었다. 주중에 채플에서 예배를 드렸다! 그러니까 나는 교회를 가지 않고 늦잠을 좀 자도 된다고 생각했다. 그런데 아내가 그 주일이 우리 아들이 입교 훈련을 마치고 성경을 선물로 받는 주일이라고 알려주었다. 늦잠 자기는 물건너갔다. 결국 매주일 그랬던 것처럼 차에 몸을 싣고 교회로 향했다.

예배당으로 들어가서 우리가 평소에 앉던 곳에 앉자 예배가 시작됐다. 예배의 앞부분에서 내가 좋아하는 찬송가 중 한 곡을 불렀다. 〈예수로 나의 구주 삼고Blessed Assurance〉라는 찬송이다.

> 예수로 나의 구주 삼고 성령과 피로써 거듭나니
> 이 세상에서 내 영혼이 하늘의 영광 누리로다
>
> 이것이 나의 간증이요 이것이 나의 찬송일세
> 나사는 동안 끊임없이 구주를 찬송하리로다

이 찬양이 아주 부드러운 방법으로 내가 누구인지에 대한 정체성을 떠올려 주었다. "이것이 나의 간증이다. 나는 예수가 나의 구주라는 확신이 있다. 나는 구원의 상속자이며, 나는 하나님에 의해 구속되었다. 나는 성령으로 거듭났다. 그리고 나는 예수의 피로써 깨끗함을 받았다."

이것이 내 이야기를 뒤덮는 더 큰 이야기이다. 내 이야기가 예수님 이야기 안으로 들어가 다시 쓰여졌으며, 예수님의 이야기가 내 삶 속에서 쓰여졌다.

그것이 내 정체성을 형성한다. 이제 나는 내가 누구인지 안다. 사랑받고, 용서받고, 깨끗함을 받았으며, 다시 살게 되었으며 영원한 기쁨을 누리게 되었다. 그 찬양을 부르는 동안 공동체는 내가 누구인지를 기억하게 해주었다. 이것이 바로 공동체의 능력이다. 우리는 공통의 이야기로 하나가 되었다. 그리고 그 이야기를 나누면서 우리의 진정한 정체성이 무엇인지를 떠올린다. 히브리서를 쓴 사람은 편지를 받는 사람들에게 그들이 누구인가를 적는다. "이 뜻을 따라 예수 그리스도의 몸을 단번에 드리심으로 말미암아 우리가 거룩함을 얻었노라"(히 10:10).

예수님의 죽음과 부활은 믿는 사람들에게는 속죄의 희생이다. 소나 염소가 제물로 바쳐져서 개인이나 공동체의 죄를 사해주는 것처럼, 하나님의 어린양 예수님의 희생도 마찬가지로 세상의 죄를 대신 짊어지셨다. 주님의 이름으로 모이는 사람들은 거룩해진 공동체이다. 그분의 희생으로 거룩해졌다. 우리는 이 세상의 방식과 구별되어 부르심을 받은 '에클레시아'이다. 우리는 이 세상의 빛이며, 산 위에 있는 동네와 세상의 소금이다.

바울이 편지를 쓰면서 수신자들에게 "거룩한 사람들" 또는 "성도"라는 표현을 담대하게 사용한 이유도 여기에 있다. 성도는 헬라어로 '거룩'을 의미하는 '하기오스(hagios)'에서 나왔다. 바울은 자신이 쓴 거의 모든 편지에 그렇게 적었다.

> 골로새에 있는 성도들 곧 그리스도 안에서 신실한 형제들에게 편지하노니 우리 아버지 하나님으로부터 은혜와 평강이 너희에게 있을지어다(골 1:2).

그리스도 예수의 종 바울과 디모데는 그리스도 예수 안에서 빌립보에 사는 모든 성도와 또한 감독들과 집사들에게 편지하노니(빌 1:1).

바울이 그들을 "성도"라고 부른 이유는 예수 안에서 확신이 있고, 예수님을 자신들의 주님이며 구원자로 따르는 모든 사람이 거룩하기 때문이다. 심지어는 자신들의 행위가 자신들의 정체성과 걸맞지 않는다 할지라도 여전히 그들은 거룩하다. 한편으로는 우리는 이미 거룩하다. 하지만 동시에 어떻게 거룩해지는가를 배우고 있다.

우리는 예수님 때문에 거룩해졌다. 하지만 우리는 종종 우리의 진정한 정체성을 무색하게 행동한다. 우리는 타락했고, 깨어졌으며, 길을 잃고, 하나님을 떠나기 쉬운 존재들이다. 바울은 담대하게 말했다. "모든 사람이 죄를 범하였으매 하나님의 영광에 이르지 못하더니"(롬 3:23). "거룩하지만 깨어진" 우리의 정체성을 잘 보여준다. 내가 클레이팟 교회를 좋아하는 이유도 마찬가지다. 질그릇을 깨뜨려 그 조각을 성도들 각자에게 나눠준다. 깨어진 질그릇을 다시 붙여보지만, 완벽하지는 않다. 어떠한 교회나 공동체도 완벽할 수 없다. 하지만 그 질그릇은 그리스도라는 보물을 담고 있다. 그리고 그리스도의 빛이 우리의 깨어진 틈을 타고 세상을 비춘다. 어떤 면에서 보면, 우리가 하나님께 자신을 내어드려, 하나님이 우리를 치유하시고 회복시키실 때, 바로 그 깨어짐으로 주님의 빛이 세상으로 비춰지는 그때가 가장 빛나는 순간이다.

거룩하지만 깨어져 있는 상태. 깨어졌지만 거룩한. 깨어졌지만 그리스도의 임재와 능력을 가지고 있는 상태. 이 균형이 중요하다. 어떤 교회는 특정한 행동을 할 때만 거룩함을 강조한다. 자신들의 눈을 예수님에게서 떼고 규칙에 집중함으로 위선적이고 정죄하는 태도를 갖는다. 또 어떤 공동체는 거룩이라는 개념을 전혀 들어본 적이 없다. 예수님의 제자들로 이루어진 선하고 아름다운 공동체는 이 균형을 인식하고 있어야 한다. "우리는 거룩하다. 하지만 우리는 깨어졌다. 그리고 우리는 거룩하고 경건한 삶을 살도록 부름을 받았다." 공동체는 우리가 누구인지를 일깨워준다. 공동체는 우리가 들어야 할 이야기를 끊임없이 들려준다. 우리의 기억력은 그다지 좋지 않다. 게다가 우리가 살고 있는 이 세상은 우리에게 계속해서 다른 이야기를 해준다. 오직 그리스도를 따르는 사람들의 공동체만이 우리가 꼭 들어야 하는 진리를 가지고 있다.

- 본회퍼(Dietrich Bonhoeffer)는 개인에 미치는 공동체의 영향력을 강조했다. 그는 이렇게 말했다. "기독교인은 하나님의 음성을 전해줄 수 있는 또 다른 기독교인이 필요하다. 확신할 수 없고 낙심될 때 계속해서 그런 사람이 필요하다." 인생에서 혹시 이런 순간을 경험한 적이 있는가?

- 잠시 시간을 내어 일기장에 "거룩하지만 깨어진, 깨어졌지만 거룩한"이라고 적어보라. 어떻게 보면 좀 일관성이 없어보이는 이 표현을 묵상해보라. 그리고 그 둘이 어떻게 연결되는지를 적어보라.

공동체는 우리가 무엇이 되어야 하는지를 보여준다

우리는 우리가 누구인지를 계속해서 기억할 필요가 있을 뿐 아니라, 우리의 정체성을 매일의 삶 속에서 드러내도록 도전받을 필요가 있다. 이렇게 하려면 격려와 책망과 서로를 사랑으로 돌아보는 과정을 거쳐야 한다. 선하고 아름다운 공동체는 자신들의 정체성에 걸맞는 사람들이 되기 위해 규칙적으로(어떤 것은 매일, 어떤 것은 매주, 어떤 것은 늘 계속해서) 구체적인 활동을 지속할 수 있도록 서로가 서로를 격려하는 분위기를 만들어나가야 한다. 이것은 서로 간에 높은 기대치를 설정한다는 의미이다. 각 멤버들은 하나님과 홀로 교제하는 시간부터 자신이 편하게 여기는 영역을 넘어 다른 곳에서 사람들을 사귀는 일과 매달 한 번씩 자신을 '격려' 해주는 영적인 동반자를 만나는 일에 이르기까지, 성장을 가져오는 활동에 꾸준히 참여하도록 요구받는다.

쉽게 말해서 교회는 이미 자신들 안에 있는 영광을 드러내도록 성도들에게 요구해야 한다. 하나님께 접속되어 있을 때 우리는 힘을 얻는다. 우리 안에 거하시는 그리스도는 엠마오로 가는 제자들에게 보이셨던 것처럼 떡을 뗄 때 자신을 드러내신다. 우리를 인도하시는 성령님은 우리의 독특한 능력을 다른 제자들을 위한 선물로 사용하신다. 하나님 나라의 힘으로 서 있는 사람들은 자연스럽게 자신들이 가지고 있는 것들을 필요한 사람들에게 나누어 주게 되어 있다.

하나님의 부르심에 따라 살아가는 기독교인들에게 이것은 법칙이 아니라 기회다. 그냥 자연스럽게 하는 일들이다. 우리들은 새로운 능력을 가진 새로운 피조물이다. 우리는 이제 우주를 다스리는 분과 교제할 수 있게 되었다. 그들이 기독교인이건 아니건, 다른 사람들과 깊은 관계를 맺는 기쁨을 소유한다. 우리는 신성한 성품에 참여하는 사람들이며(벧후 1:4), 우리의 삶은 다른 사람들에게 선물이 되어야 한다. 우리는 하나님 나라의 경제원리를 따라 산다. 우리가 나누어주는 것들은 결코 사라지지 않는다. 이 삶은 의무가 아니라 부르심을 따라 살라는 하나님의 초청에 응하는 삶이다.

우리는 이 나눔의 연습을 기회로 여겨야 한다. 그리고 흥분과 기쁨으로 임해야 한다. 우리집 개는 산책을 할 때가 되면 흥분한다. 내가 운동화를 신기 위해 신발장으로 걸어가면 흥분해서 꼬리를 흔들기 시작한다. 만일 내가 목줄을 찾기라도 하면 좋아서 어쩔 줄을 몰라한다. 우리 개가 너무 기뻐서 막 뛰어오르고 뛰어다니기 때문에 목줄을 매는 것조차 할 수 없을 정도다. 이처럼 우리가 누구인지 제대로 알고, 이런 일들을 할 수 있도록 가르침을 받을 때에만 이러한 삶을 살 수 있다. 나는 바울이 로마에 있는 성도들을 격려하는 부분을 좋아한다. "내 형제들아 너희가 스스로 선함이 가득하고 모든 지식이 차서 능히 서로 권하는 자임을 나도 확신하노라"(롬 15:14). 바울은 그들에 대한 확신이 있었고, 그래서 그것을 삶으로 살아내라고 권면했다. 공동체는 우리가 누구인지, 그리고 우리가 무엇이 되어야 하는지를 말해줄 수 있도록 능력을 부여받았다.

나는 히브리서의 다음 구절을 참 좋아한다. 이 말씀은 서로가 서로에게 예수님의 제자로 살도록 도와야 한다는 분명한 부르심을 보여준다. "서로 돌아보아 사랑과 선행을 격려하며 모이기를 폐하는 어떤 사람들의 습관과 같이 하지 말고 오직 권하여 그날이 가까움을 볼수록 더욱 그리하자"(히 10:24-25). "서로 돌아보아"라는 표현을 주목해보자. 우리는 함께 그리스도를 따르는 다른 사람들을 어떻게 선한 일을 할수 있도록 "격려"할지 신중하게 돌아보아야 한다. '격려한다'는 말은 문자적으로는 '서로를 고무시키고 자극하다'라는 의미이다. 우리는 주변에 그리스도께서 부르신 제자가 되도록 격려해줄 사람들이 필요하다.

책임지는 것을 두려워하지 않는 공동체

이 모든 것이 말로 할 때는 쉬워 보여도, 실제 삶 속에서 행하려면 수많은 성공과 실패의 굴곡이 있다. 행복한 경이로움이 있는가 하면 깊은 실망도 따른다. 상호책임은 격려와 책망 사이의 곡예와 같다. 우리가 선한 싸움을 싸우다가 한눈을 팔게 될 때나 지쳤을 때 격려가 필요하다. 내 편에서 힘을 주고 용기를 줄 누군가가 필요하다. 마치 바울과 그의 동역자들이 바울이 개척했던 교회를 방문했을 때 했던 것처럼 말이다. "복음을 그 성에서 전하여 많은 사람을 제자로 삼고 루스드라와 이고니온과 안디옥으로 돌아가서 제자들의 마음을 굳게 하여 이 믿음에 머물러 있으라 권하고 또 우리가 하나님의 나라에 들어가려면 많은 환난을 겪어야 할 것이라 하고"(행 14:21-22). 사도행전의 그 다음 장에서는 유다와 실라가 이와 똑같은 일을 한다. "유다와 실라도 선지자라 여러 말로 형제를 권면하여 굳게 하고"(행 15:32).

격려는 서로가 서로를 책임지는 데 없어서는 안 되는 것이다. 우리는 종종 상호책임을 부정적으로 보거나 과격한 사람의 간섭 정도로 생각하기 쉽다. 하지만 실제로 이것은 높은 기대치를 유지하게 하는 고단수의 격려와 같다. 인생에는 우리를 실망시키고 맥빠지게 하는 일들이 많다. 그렇기 때문에 일정한 양의 격려가 필요하다. 우리가 위대하며 위대한 일을 할 수 있다고 전적으로 믿어주는 동료 그리스도인들이 필요하다. 우리는 각자 우리가 성공할 때 박수쳐주고 실패할 때 손잡아 일으켜줄 수 있는 믿음의 동지가 필요하다.

격려는 또한 책망을 수반한다. 책망하는 것은 경고하고, 주의를 주며, 길잡이가 되어주는 것이다. 바울은 골로새교인들에게 이렇게 말한다. "그리스도의 말씀이 너희 속에 풍성히 거하여 모든 지혜로 피차 가르치며 권면하고 시와 찬송과 신령한 노래를 부르며 감사하는 마음으로 하나님을 찬양하고" (골 3:16).

우리는 필요에 따라 서로에게 각자의 삶을 열어 보일 때, 상대방이 자유롭게 경고의 말을 해주기를 기대한다. 언젠가 나는 상호책임 그룹에 속했던 적이 있다. 구성원은 나까지 포함해서 다섯 명이었다. 우리는 매주 삶을 나누는 모임을 가졌다. 도전이 필요한 사람에게 자유롭게 도전하고 서로의 잘못에 대해 지적하는 것이 매우 자연스러웠다. 하지만 절대로 악의를 가지고 하거나, 심술궂게 하지 않았다. 오히려 그 반대였다. 매우 조심스럽고 사랑으로 서로를 대했다.

예를 들면 이렇다. 내가 몇 군데서 강연요청을 받았을 때 일이다. 사역도 좋았지만, 사실 내 삶의 다른 영역들에서 나는 많은 대가를 지불하고 있었다. 내가 피곤해하는 것과, 자주 떨어져서 지내야 하는 것 때문에 내가 늘 가족들과 특히 어린 자녀들한테 미안한 마음을 갖고 있다는 것을, 그 모임 사람들이 눈치를 챘다. 모임 사람들 중 한 명이 부드럽게 내게 말했다. "짐, 자네에게 들어오는 모든 강연 요청에 그렇게 다 응하는 게 좋은 건지 모르겠어. 내 생각에는 그것이 자네의 영혼과 가족을 해치는 것 같아. 물론 자네가 무리없이 사역들을 잘 감당하고 있는 것처럼 보이지만 말이야." 다른 사람들도 동의했다. 그러고는 강연 요청이 들어오면 어떤 것은 수락하고, 어떤 것은 거절해야 할지를 함께 결정하는 일을 도와주었다. 함께 계획을 세웠고, 기도를 통해 내가 어떻게 결정하고, 요청하는 사람들에게 어떻게 반응해야 할지를 도와주었다. 그들이 내 삶에 개입해서 나를 책망할 용기를 내었고, 내 짐을 함께 지겠다고 나선 것이다. 이것이 바로 공동체가 해야 할 최고의 역할이다.

다른 사람과 상호책임의 관계를 맺는다는 것은 결코 쉬운 일이 아니다. 분별력이 필요하다. 바울은 데살로니가 교인들에게 특정한 사람들은 상황에 맞게 특정한 방법으로 대하라고 조언했다. "또 형제들아 너희를 권면하노니 게으른 자들을 권계하며 마음이 약한 자들을 격려하고 힘이 없는 자들을 붙들어 주며 모든 사람에게 오래 참으라"(살전 5:14). 나는 이 구절에 나오는 동사들이 좋다. 권계하며, 격려하고, 붙들어주며, 참으라. 이것이 공동체의 문법이다. 다른 사람들을 돕고 인내하는 데는 확실히 격려가 필요하다. 이것들이 예수님 제자들의 특성이다. 그리고 혼자가 아닌 오직 공동체를 통해서만 할 수 있다. 하지만 첫 번째 동사, '권계'는 우리 대부분이 불편해하는 단어다.

그러나 이 단어는 여전히 사랑의 다른 면을 보여준다.

만일 내가 속했던 상호책임 그룹이 나를 책망하기로 선택하지 않았다면 어떻게 되었을까? 나의 감정을 다치게 할까 봐 두려워서 그냥 지나쳤다면 어떻게 되었을까? 만일 그랬다면 그것은 사랑이 아니었을 것이다. 왜냐하면 사랑은 "상대방의 유익을 구하는 것"이기 때문이다. 그들이 망설이는 이유를 물론 이해할 수 있다. 혹시 우리가 책망하면 이 사람이 화를 내지 않을까? 아예 우리 공동체를 떠나버리는 건 아닐까? 만일 내 판단이 잘못된 것이라면 어쩌지? 이러한 질문들이 좋은 질문들이고 또한 꼭 필요한 질문이기는 하지만, 이러한 생각들 때문에 상대방을 책망하기를 망설여서는 안 된다. 만일 우리가 서로를 사랑 안에서 돌보아야 한다면, 동료 그리스도인들에게 진리를 말하지 못하게 하는 두려움을 극복해야 한다. 중요한 것은 언제나 사랑으로 진리를 말해주어야 한다는 것이다.

아주 극단적인 방법

공동체의 상호책임 능력을 보여주는 가장 좋은 모범은 18세기 무렵의 초기 감리교도들이다. 이 공동체의 지도자였던 요한 웨슬리는 수없이 많은 사람에게 설교했고, 수많은 사람이 회심했다. 그러나 많은 사람이 보기에 횟필드가 웨슬리보다는 훨씬 더 탁월한 설교자였다. 횟필드는 웨슬리보다 더 많은 청중에게 설교했고, 더 많은 회심자를 보았다. 하지만 회심한 이후에 사람들을 가르치는 방법에 있어서 두 사람은 현격하게 달랐다. 횟필드는 아무런 계획이 없었다. 그는 단순하게 그리스도께 삶을 드리기로 결단한 사람들이라면 알아서 교회를 찾아다니며 알아서 기독교인의 삶을 살 것이라고 생각했다.

하지만 웨슬리는 사람들이 신도회(society)에 소속되어야 한다고 주장했다. (웨슬리는 비록 성찬은 안 했지만, 진정한 영국 국교회 일원으로서 사람들이 국교회 소속 교회에 출석하기를 원했다.) 감리교신도회에서는 한 주에도 몇 번씩 웨슬리의 설교나 다른 목회자들의 설교를 듣도록 격려했다. 게다가 그들은 모두 12명으로 이루어진 속회에 참석하도록 권면받았다. 매주 그들은 속회에 나와 자신들의 영혼 상태를 숨김없이 나누도록 도전받았다. 웨슬리는 만일 사람들이 속회에 참석하지 않을 때면 자신에게 와서 왜 빠졌는지를 설명하지 않으면, 다시는 속회 모임에 참석할 수 없게 할 정도로 속회 모임을 강조했다.

비록 웨슬리가 했던 것들이 오늘날 현대사회에서는 더 이상 통하지 않는다 할지라도 당시에는 아주 큰 역할을 했다. 그는 사람들에게 공동체에서 그리스도를 닮아가는 구체적인 방법(method)을 제시했던 것이다(영어로 방법은 'method'로 표기하는데, 바로 여기에서 감리교를 의미하는 'Methodist'라는 말이 파생되었다-역자주). 이 운동은 빠른 속도로 퍼져나갔고, 놀라운 숫자로 성장했다. 수많은 사람에게 도전했고, 수많은 변화가 일어났다. 감리교 운동은 교회에서 위대한 운동 중 하나로 꼽힌다. 웨슬리의 사역은 수세대를 거쳐 지속되었다. 하지만 조지 휫필드는 전설적인 유산을 남기지 못했다. 휫필드는 비록 위대한 설교자 중 한 사람으로 기억되기는 하지만 결코 운동을 만들어내지는 못했다.

웨슬리의 일기장에는 자신이 설교했던 한 지역에서 신도회와 속회를 구성하는 데 실패했던 일이 적혀 있다. 그는 대부흥이 있은지 20년이 지나서야 펨브로크셔(Pembrokeshir)라는 지역을 방문해서 그들의 전도집회의 성공의 열매가 아무것도 남지 않은 것을 보고는 안타까워했다. 그리고는 이런 결론을 내렸다.

> 사람들을 모아서 하나님의 방법으로 훈련하고 각성시키지 않으면 사도처럼 설교한다고 해도 살인자들의 자식들을 낳는 것밖에 안 된다는 확신을 갖게 되었다. 지난 20년 동안 이 펨브로크셔 지역에 얼마나 많은 설교가 선포되었던가? 하지만 정기적인 신도회도 없고, 제자훈련도 없고, 아무런 후속 조치가 없었다. 그리고 그 결과는 깨어났던 10명 중 9명이 이전보다 훨씬 더 빠른 속도로 잠들어버렸다.

비록 "살인자들의 자식을 낳는 결과"라는 표현이 거칠기는 하지만, 그것은 웨슬리가 얼마나 삶 속에서의 제자훈련을 중요하게 여겼는지 잘 보여주는 표현이다. 우리들도 역시 그것들을 중요하게 여겨야만 한다.

준비된 사람들을 도전하기

나는 경험으로 다음의 세 가지를 안다. 첫째로, 사람들은 기대한 만큼만 자란다. 우리가 실패하는 이유는 상호책임과 헌신을 요구하지 않았기 때문이다. 둘째로, 사람들은 모든 게 수월하다면 그 과정에서 그다지 좋은 것을 얻지 못하리라는 사실을 직관적으로 안다. 우리는 기대치를 낮추면 더 많은 사람이 참여할 것이라고 생각하지만, 실제로 그것은 별 도움이 되지 못하고, 대부분의 사람도 그 사실을 금새 알아챈다. 셋째로, 비록 각 교회에 있는 모든 사람이 변화에 헌신할 준비가 되지는 않았지만 그래도 많은 사람이 헌신할 준비가 되어 있다. 그러나 한 번도 도전받아본 적은 없다. 사람들을 교회로 데리고 오는 데까지는 엄청난 관심을 갖지만, 하나님과의 깊은 삶을 배고파 하는 사람들에 대해서는 거의 관심을 갖지 않는다.

내가 처음 이 제자도 시리즈의 교재를 가지고 가르치기 시작했을 때, 나는 교인들 앞에 서서 오히려 도도한 태도로 도전했다. "저는 하나님과 동행하는 삶을 심각하게 추구하고 헌신된 사람들을 모집하려고 합니다. 진짜 어려운 헌신을 하려는 사람들을 찾습니다. 여러분의 시간 중 30주 동안 매주 몇 시간씩 교재를 읽고 영혼의 훈련을 실천하고, 매주일 교회에 와서 소그룹으로 모여 삶을 나누는 일에 헌신할 사람들을 모집하려고 합니다. 30주 동안 단 3번의 결석만 허용됩니다. 만일 그런 헌신을 할 수 없다면 이 훈련에 지원하지 마십시오. 만일 정말 진지하게 이 훈련에 참여하고 싶다면, 왜 이 프로그램에 지원하는지 이유를 설명하는 에세이를 작성하셔서 제출하십시오. 제가 그 에세이를 읽고 등록을 허락할 것인지의 여부를 결정해서 알려드리겠습니다."

나중에 많은 사람이 내게 충격받았다고 말했다. 지금껏 아무도 그런 식으로 도전한 사람은 없었다는 것이다. 많은 사람이 불쾌감을 느꼈다고 했다. 하지만 25명 정원에 40명도 넘는 사람들이 지원하기 위해서 에세이를 써서 제출했다. 선택된 사람들은 마치 자신들이 매우 중요한 임무에 선택된 사람들처럼 흥분된 모습으로 소그룹에 참여했다. 헌신도는 매우 높았다. 책을 읽고, 영혼의 훈련들을 실천하고 소그룹에 와서 삶을 나눌 준비를 해야 했다. 그 훈련에 참가했던 모든 사람은 오랫동안 계속되는 변화를 경험했다. 나는 그와 똑같은 방법으로 3년 동안 훈련생들을 모집했다. 그리고 백 명이 넘는 사람들이 이 훈련 프로그램에 참여했다. 개인의 삶과 교회에 끼친 영향력은 너무나도 분명했다.

달라스 윌라드는 어떤 교회건 10퍼센트의 사람들은 성장할 준비가 되어 있고, 성장을 위해 헌신할 마음이 있다고 했다. 그는 교회들이 90퍼센트의 불씨도 없는 사람들에게 불을 붙이려고 너무 많은 힘을 소진하느라, 불꽃은 있지만 활활 타오르기 위해 도움이 필요한 10퍼센트의 사람들을 무시하고 있다고 생각했다. 달라스에 의하면, 만일 우리가 10퍼센트를 도전하면 그들이 자라서 결과적으로 다른 사람들의 삶에도 영향을 끼치기 시작할 것이다. 이 방법은 기독교 역사를 통틀어 예수님을 포함한 수많은 지도자들이 사용했던 방법이라고 한다. 예수님은 수많은 추종자들 가운데 소수의 사람들만 선택하셔서 집중적으로 훈련시키셨다. 그리고 그 소수들이 이 세상을 변화시킨 것이다.

하지만 내 경험에 비추어 한 가지를 말하고 싶다. 바로 80 대 20의 원리이다. 80퍼센트의 교회 사역은 20퍼센트의 사람들에 의해 이루어진다. 어떤 부르심에도 순종으로 응답할 섬김을 타고난 사람, 타고난 일꾼들이 있다. 우리는 그렇게 무엇이든 시키는 대로 할 준비가 된 사람들을 이용하려는 경향이 있다. 그래서 거의 대부분 그런 사람들을 탈진하게 만든다. 모든 공동체는 구성원 모두가 동참하도록 도전해야 할 필요가 있다. 하지만 각 사람에게 충분히 요청하지 않는다. 그 결과 어떤 요청에도 거절하지 못하는 소수만이 집중적으로 섬김과 헌신을 요구받게 되는 것이다.

많은 공동체에서 교회에서 섬기는 것만을 섬김으로 여긴다. 예를 들면, 위원회를 섬기거나, 교회 행사나 활동들을 돕는 일 말이다. 하지만 이것은 섬김의 한 형태일 뿐이다. 그밖에도 다른 방법들이 많이 있다. 그래서 가끔은 교회 활동을 돕는 것이 병들고 소외된 사람들을 섬기는 것보다 더 중요하게 여겨진다. 섬김은 제자도의 한 특성이다. 하지만 섬김 그 자체가 제자도는 아니다. 지금 우리 교회들의 문제는 교회를 섬기는 사람들이 몇몇뿐이라는 것이다. 결과적으로 대다수의 사람들은 구경만 하고, 소수의 사람들만 지나치게 일하는 불균형을 이루게 되었다. 80 대 20 이론을 뛰어넘어 모든 구성원이 동참할 수 있는 균형 잡히고 총체적인 제자도에 공동체 전체가 참여해야 한다는 것이다.

격려의 해

한 번은 여름에 달라스 윌라드를 도와서 영성과 목회 사역이라는 과목의 조교를 2주 동안 맡게 되었다. 우리는 영성에 대해, 그리고 예수님의 제자로 자라가는 과정에서 직면하는 많은 어려움에 대해 긴 얘기를 나누었다. 우리는 결국, 이 문제의 열쇠는 우리 곁에 함께 서서 우리의 영혼의 상태를 들어주고 우리가 되고 싶어하는 사람이 될 수 있도록 독려해주며 "어떻게 지내고 있는지"를 점검해줄 수 있는 사람을 찾는 것이라고 결론지었다. 잠시 침묵이 흘렀다. 나는 달라스에게 나를 위해 그런 사람이 되어줄 수 있느냐고 묻고 싶었다. 그리고 곧 나도 그에게 같은 일을 해주어야 한다는 사실을 깨달았다. 그리스도를 닮은 멘토 달라스에게, "교수님의 영혼을 내게 의지함으로써 내가 교수님과 상호책임의 관계를 맺어도 괜찮을까요?"라고 묻는 것이 얼마나 터무니 없는 일인지 생각했다.

하지만 그 터무니 없는 질문을 그에게 했다. 놀랍게도 그는 망설이지 않고 동의했다. 공항을 향해 가면서 차 안에서 30분 정도 이야기를 나누었고, 공항에서 또 45분 정도의 시간을 함께 보냈다. 그는 누군가의 조언이 듣고 싶은 자신의 삶의 일부분을 나누었고, 나도 똑같이 그에게 나의 연약한 부분을 나누었다. 물론 내가 가진 연약한 부분이 그의 연약함보다 훨씬 더 컸다. 우리는 서로를 위해 일 년 동안 기도할 것을 약속했고, 매번 만날 때마다 서로가 어떻게 지내고 있는지 그 과정을 점검해주기로 했다. 우리는 그 일 년 동안 같은 장소에서 세 번이나 만나게 되었고, 그때마다 서로의 영적 성장 계획이 어떻게 진행 중인지 묻는 것을 빼먹은 적이 없다.

내가 원하는 것이 무엇인지 달라스가 알고 있다는 사실과, 내가 그와 함께 기도로 서로를 격려한다는 사실은 그 해에 내게 많은 도움이 되었다. 남이 알든 모르든 내게는 몇 가지 영역에서 커다란 발전이 있었고, 달라스도 여러 부분에서 많은 발전이 있었다. 그것은 우리가 누구이거나 또는 우리가 하나님 나라에 얼마나 깊이 젖어 살고 있거나에 상관없이, 그리스도를 닮아가기 위해서는 누구나 격려가 필요하고, 책망과 도전이 필요하다는 사실을 내게 깨닫게 해주었다. 우리는 모두 격려의 공동체를 위해 서로를 책임져야 할 의무가 있다는 것이다.

신뢰할 만한 친구 찾기

이번 주에는 당신을 격려해주고 사랑으로 돌봐줄 사람을 찾으라. 되도록 자신의 소그룹이나 교회에서 찾으면 좋겠다. 또는 신뢰할 만한 친구를 찾으라. 별로 권하고 싶지는 않지만, 필요하다면 자신의 배우자를 선택해도 좋다. 다음 훈련을 함께 하자고 부탁해도 놀라지 않을 만한 믿음직스러운 친구를 찾으라.

무엇보다 그 사람에게 안심하고 안전함을 느낄 수 있는 게 중요하다. 자신의 영혼의 상태를 이야기해야 하므로 편안한 사람이어야 한다. 만일 이 사람이 당신을 정죄하거나 당신이 말한 것에 대해 사랑이 없는 반응을 보일 것 같으면 다른 사람을 선택하는 게 좋다.

한 번 사람을 선택하면 그 사람에게서 기대하는 바를 명확하게 밝혀라. 그 사람이 꼭 화답할 필요는 없다. 그에게 내 영혼의 짐을 함께해 달라는 게 아니라, 질문해주고 들어주고 격려해주고 필요하다면 책망해달라고 요청하는 것이다.

두 사람이 만날 때 다음의 질문들을 사용하라. 상대방이 당신에게 아래의 질문들을 물어보는 게 중요하다. 물론 상대방이 괜찮다고 하면, 상대방에게도 같은 질문을 해도 좋다.

1. 당신의 영혼은 어떠한 상태인가?
2. 지금 어떤 부분에서 어떤 격려가 필요한가?

3. 만일 있다면, 전적으로 하나님을 위해 사는 삶을 방해하는 것은 무엇인가?

아주 좋은 질문들이다. 이 질문들은 좋은 반응과 대답들을 많이 이끌어낼 것이다. 그리고 만일 당신이 마음을 열고 정직하게 나눈다면, 매우 실속있는 토론도 할 수 있다.

만일 친구가 당신에게 단순히 이 질문만 하고는, 당신의 대답은 듣지도 않은 채, 자신이 먼저 대답을 나눈다고 할지라도 놀랄 필요는 없다. 특별히 당신이 관계에서 투명함을 보여준다면 말이다. 사람들은 다른 사람에 대해 알고 싶어하고, 자신을 알리고 싶어한다. 그리고 안전하다고 느껴지면 엄청난 양을 나누기 시작한다. 우리는 말은 많이 하고 듣기는 적게 하는 시대에 살고 있다. 만일 당신이 들어주기로 작정했다면 들어줄 준비를 하라. 사람들은 자신의 깊은 내면에 있는 이야기를 털어놓을 수 있는 안전한 곳을 갈망한다.

하지만 무엇을 얼마만큼 나눌지는 조심해야 한다. 상대방과 오랫동안 알고 지냈을지라도 이런 나눔을 많이 경험해보지 않은 사람이라면, 어떤 반응을 보일지 확신할 수 없다. 만일 당신이 충격적인 내용을 나눈다면, 어쩌면 이 훈련은 아주 나쁘게 끝날 수도 있다. 가장 중요한 원칙은 상대방이 감당할 수 있는 만큼만 나누라는 것이다. 만일 더 깊고 고통스러운 사연을 나눠야 한다면, 목회자나 전문 상담가를 만날 것을 권한다. 보통 사람들이 이해하거나 다루기 힘든 정보들을 다루는 법을 전문적으로 배웠기 때문이다.

무엇보다 마음을 편하게 가지라. 만일 이러한 훈련에 처음으로 참여하는 것이라면, 염려하고 걱정하며 참여하지 말라는 말이다. 이 훈련은 부담을 주려고가 아니라 선물이 되도록 계획된 것이기 때문이다. 기쁨을 가지고, 기대감을 가지고 시작하라. 만일 불편해지면 토론을 좀 더 비공식적으로 하라. 그 친구와 신뢰를 형성하는 데 시간이 걸릴 수도 있다. 다시 강조하지만, 마음을 편하게 가져야 한다. 그러한 신뢰관계는 절대 하루 아침에 이루어지지 않는다. 만일 그러한 신뢰관계가 형성되었다면 금보다 귀한 보물을 발견한 거나 다름없다.

또 하나 조심할 것이 있다. 기존의 소그룹에서 신뢰할 친구를 선택해야 한다면, 그 과정이 누군가에게는 상처를 줄 수도 있다는 점을 명심하라. 어떤 사람은 누구에게도 그런 요청을 받지 못할 수도 있다. 그런 사실들에 민감하려고 노력하라. 어느 누구에게도 요청을 받지 못한 사람에게도 당신의 격려자가 되어 달라고 부탁하라. 신뢰할 만한 친구가 꼭 한 명만 있어야 하는 것은 아니기 때문이다.

chapter

7

하나님의 공동체는 넉넉하게 나눈다

영혼의 훈련 : 청지기 의식 훈련

| The Generous Community |

하루는 교회에서 회의를 하고 있는데 중간에 갑자기 교회 사무직원이 회의실로 들어와 내게 말했다. "목사님, 지금 어떤 남자가 목사님과 꼭 통화를 하고 싶다는데, 전화 좀 받아보시겠어요?"

"회의 끝나면 그때 다시 전화하라고 하면 안 될까요? 아니면 제가 전화를 걸 수도 있구요." 내가 말했다.

"아주 절박해보이는데요." 그녀가 얼굴에 걱정이 가득한 표정으로 내게 말했다. 그래서 전화를 받겠다고 했다.

"뭘 도와드릴까요?" 전화 건 사람에게 물었다.

"예, 목사님. 도움이 필요합니다. 제가 3일 동안 아무것도 먹질 못했습니다. 제가 뭘 좀 사먹을 수 있게 돈을 주실 수 있으신지요?"

"미안하지만, 돈은 드릴 수 없습니다." 내가 말했다. "하지만 식당에 데려가서 음식을 사드릴 수는 있습니다."

상대방은 상당히 고마워하는 것 같았다. 나는 그가 어디에 있는지 물어보고 그곳으로 10분 안에 데리러 가겠다고 말했다. 그가 있는 곳이 안전한 지역이 아니었지만, 저녁 6시를 조금 넘어서 밖은 아직 밝았다. 솔직히 말하면 그 사람을 도우러 그곳까지 간다는 것이 무척 겁이 났다. 나 혼자서 얼굴도 모르는, 어쩌면 사기꾼일지도 모르는 사람을 그 지역까지 만나러 가야 한다는 게 두려웠다. 게다가 그날따라 많이 피곤해서 빨리 집에 가서 편안하게 텔레비전이나 보고 싶었다. 하지만 내 속의 무엇인가가 나를 끌어당기는것 같았고, 결국 그가 누구이든 간에 일단 가서 만나보기로 결정했다.

운전해서 가는 동안 지금까지 나를 속였던 수많은 사람들이 생각났다. 이전에도 전화를 걸거나 교회로 찾아와서 돈이 필요하다며 동정심을 자아내는 슬픈 이야기로 나를 속였던 사람들이 있었다. 돈을 받아서 자신들이 필요하다고 했던 용도가 아닌 다른 데 쓰는 사람들에게 몇 번 속고 나니 그런 사람들의 요청에 지쳤다. 그래서 그 청년이 전화로 돈을 요구했을 때, 돈을 주는 대신 밥을 사주겠다고 대답했던 것이다.

그곳에 도착해서 그를 만났다. 그는 꾀죄죄하고, 마른 체구였으며, 조금 아파보였다. 게다가 안 좋은 냄새도 났다. 우리는 부페식당에 갔는데, 그 청년은 일개 군부대를 먹일 수 있을 만큼의 음식을 먹었다. 말을 많이 하지는 않았지만, 독일 억양이 있었다. 말 그대로 음식을 빨아들이고 있었다. 돌아가는 길에 그는 미국에 온 지 두 달 정도 되었으며, 친구들 집에 얹혀서 생활하다가 더 이상 갈 곳이 없어져서 차를 얻어타고 도착한 곳이 위치타(Wichita)

였다고 했다.

저녁식사를 마치고 그가 묵고 있다는 싸구려 호텔에 데려다주었다. 차에서 내리면서 그는 저녁식사를 사주어서 고맙다고 인사했다. 그는 내 이름과 교회 이름을 물었다. 그래서 내가 이름을 써주었다. 그는 나와 악수를 한 다음, 아주 배가 불러서 만족한 모습으로 차에서 내렸다. 집으로 돌아오면서 심정이 무척 복잡했다. 한편으로는 좋은 느낌이었고, 또 다른 한편으로는 내가 옳은 일은 한건지 궁금하기도 했다. 혹시 또 사기당한 건 아닐까? 물론 배가 고픈 사람을 데려다 저녁식사를 먹인 것은 잘한 일이다. 하지만 자기 방에 돈을 쌓아두고도 나를 이용한거라면 어쩌지? 아니면 자신이 가진 돈으로 마약이라도 사면 어떡하지? 아주 불안한 생각이 들었다. 하지만 하나님께 맡기고 더 이상 걱정하지 않기로 했다. 그렇지만 여전히 잠자리에 들 때까지 내가 옳은 일을 한 건지 아닌지 확신이 서지 않았다.

- 슬픈 현실이지만, 가난한 노숙자가 구걸하는 모습은 이제 더 이상 보기 드문 광경이 아니다. 구걸하는 모습에 대해 지금 특별히 기억나는 것이 있다면 일기장에 적어보라. 가장 기억에 남는 일은 무엇인가? 돈을 줄 것인지 안 줄 것인지를 결정하는 기준이 무엇이었다고 생각하나?

세 가지 잘못된 생각들 : 판단, 결핍, 자격

진실을 말해야겠다. 솔직히 말하면, 내가 가진 선입견 때문에 그 젊은이를 돕고 싶지 않았다. 그는 다른 나라에서 왔고, 지저분하고 냄새가 났다. 그가 머물고 있다던 곳은 그 지역에서도 아주 위험한 동네였다. 이 모든 것이 그 사람에 대한 고정관념을 갖게 했고, 그 사람을 돕지 않아도 될 분명한 핑계거리를 제공해주었다. 어쩌다 이 젊은이에게 도움을 주기는 했지만, 이전에 이와 같은 상황에 처했을 때는 절대로 도움을 줄 생각조차 하지 않았다. 나중에 깨달았지만, 우리는 도움을 필요로 하는 사람들의 요청을 거절해도 죄책감을 느끼지 않을 수 있는 적당한 핑계거리를 구한다. 그 세 가지의 잘못된 생각 때문에 우리는 다른 사람들을 돕지 않는다. 판단, 자격, 부족이 그 세 가지 요소이다. 그 세 가지가 합쳐서 우리의 생각을 주도하면(대개의 경우 그렇지만), 이런 생각을 가지고 사는 사람들은 절대로 다른 사람들과 넉넉하게 나누는 삶을 살 수 없다.

하나님은 스스로 돕는 자들을 도우신다. 첫 번째 생각은 아주 잘 알려진 것이다. "하나님은 스스로 돕는 자를 도우신다."는 것이다. 많은 사람이 이 경구가 성경구절인 줄 안다. 아니다. 이것은 벤 프랭클린(Ben Franklin)이라는 사람이 1757년에 쓴 『가난한 리차드의 연감 Poor Richard's Almanac』이라는 책에 나오는 글귀다. 프랭클린은 기독교인이 아니라, 이신론자(deist)였다. 그는 좋은 말을 많이 남겼지만, 이 구절만큼은 좋은 말이라고 볼 수 없다. 이 말은 어려움에 처한 사람들을 돕고자 하는 마음을 거칠게 막아서고, 그들을 향한 사람들의 너그러움을 막는 장벽이 되었다. 어떻게 보면 하나님은 마치 마음을 다잡고 할 수 있는 힘을 다하여 열심히 일하는 사람만 골라서 도와주신다는 말인듯하다. 만일 하나님이 게으른 사람들은 돕지 않으신다면, 나조차도 하나님의 도움을 받을 자격이 없다. 이 말대로라면 어려움에 처한 사람들을 돕지 않을 때 죄책감을 느끼는 대신, 우리는 그 사람들을 정죄할 수 있게 된다. 정죄와 판단은 죄책감을 사라지게 한다.

또한 우리가 마치 열심히 일해서 그것을 얻을 자격이 있어서 잘살게 되었다고 생각할 수도 있다. 만일 일이 잘 풀리면 뭔가 그럴 만한 일을 했기 때문이라고 여긴다. 이것은 정의에 대한 잘못된 생각의 또 다른 이면이다. 우리의 상태가 행위와 연관이 있다는 믿음이다. 물론 죄를 저지르면 우리의 영혼을 파괴하는 결과를 초래하지만, 남은 우리 삶을 즉각적인 재앙으로 내몰지는 않는다. 성경은 거듭해서 악인의 형통을 부러워하지 말라고 강조한다. 그렇기 때문에 절대빈곤의 상황에 처한 사람도 함부로 판단해서는 안 된다. 물론 그것이 그 사람의 죄나 게으름 또는 잘못된 결정 때문일 수도 있겠지만, 그 사람의 직접적인 책임이 아닐 수도 있다.

다른 사람들과 나누면, 내 것이 줄어든다. 다른 사람들과 너그러이 나누고 후하게 베푸는 것을 방해하는 두 번째 잘못된 생각이 있다. 우리가 나누고 베풀면 우리가 가진 것이 줄어든다는 생각이다. 이 핍절의식은 주는 것은 잃는 것이며, 무엇이든 나누는 것은 사라지고, 다른 사람에게 무엇인가를 더해주면, 자신의 것은 모자라게 된다는 생각이다. 다른 사람의 유익을 나의 손실로 여긴다. 이것은 단순한 산수이다. 뭔가를 빼면 전체의 합에서 줄어든다는 계산이다. 이 생각이 우리의 너그러움을 막는 또 다른 잘못된 생각과 짝을 이룬다.

내가 가지고 있는 것은 내 것이기 때문에 나 좋은 데 사용한다. 우리의 넉넉한 나눔을 방해하는 또 하나 잘못된 사고방식은 내가 가지고 있는 것은 내 것이니까 내 맘대로 사용한다는 사고방식이다. 이 권리주장의 사고방식은 내가 소유한 돈이건 시간이건 재능이건 내 소유이기 때문에 내 마음대로 사용할 수 있으며, 다른 사람들과 나누기 위해서가 아니라 내 자신의 유익을 위해 사용해야 한다는 사고방식이다. 내가 노력해서 얻었으니 내 마음대로 사용할 권리가 있으며, 언제 어떻게 얼마나 줄지는 내가 결정한다는 것이다.

이 세 가지 사고방식이 합쳐지면 사람들이 다른 사람들과 나누고 베푸는 일을 가로막는 엄청난 장벽을 형성한다. 이 잘못된 생각을 바로잡으려면 성경의 가르침을 살펴봐야 한다. 여기에서 이러한 사고방식들은 잘못된 것일 뿐만 아니라 진리와는 전혀 거리가 멀다. 또 우리가 추구하는 선한 공동체나 선한 삶으로 인도하지 못한다.

- 세 가지 사고방식 중 다른 사람들과 아낌없이 나누려는 우리의 마음의 문을 닫는 사고방식은 무엇인가? 왜 그렇다고 생각하는가?

올바른 생각 : 절망, 공급, 청지기

하나님은 스스로를 돕지 못하는 사람들을 도우신다. 모든 잘못된 생각과 마찬가지로, "하나님은 스스로 돕는 자를 도우신다."라는 말에도 부분적인 진리는 있다. 하나님은 스스로 돕는 자를 도우신다. 하지만 하나님은 자기 스스로를 도울 수 없는 사람도 도우신다. 복음서는 절망하고 깨어지고, 소외된 사람들의 이름으로 가득한 명예의 전당이다. 하나님이 그들도 도우신다! 간음하다 현장에서 잡혀온 여인, 죽은 나사로, 약속하고 지키지 못하는 베드로 등. 사실 많이 가지고 있는 사람보다 가진 것 하나 없는 절박한 사람이 하나님 입장에서는 돕기가 훨씬 쉽다. 왜냐하면 어려움에 처한 사람들일수록 두 손을 활짝 펴고, 그분이 베푸시는 축복을 받을 수 있기 때문이다. 우리가 넉넉해지고 싶다면 잘못된 선입견과 고정관념을 극복해야만 한다.

성경은 우리가 죄로 인해 깨어진 존재임을 거듭해서 강조한다. 시편은 우리가 타락하고, 깨어지고, 다루기 힘든 존재라는 사실을 끊임없이 가르치고 있다. 우리가 솔직하다면 우리가 얼마나 절망적인 존재인지를 인정할 수밖에 없다. 그렇다. 살아보려고 발버둥치고 집을 사고 먹을 것을 위해 열심히 일했을지는 모른다. 하지만 매순간 하나님의 은혜와 자비에 의존할 수밖에 없는 것이 현실이다. 숨쉴 수 있는 공기가 없고, 생명을 유지하게 하는 태양이 없다면 나는 단 한순간도 버틸 수 없을 것이다. 사실 우리 중 누구도 자기 스스로를 도울 수 없다. 우리는 모두 도움이 필요한 존재들이다. 우리 모두 절망 가운데 있지만, 하나님이 도우신다. 재미있는 것은 하나님은 다른 사람을 통해 그 일을 하신다는 사실이다.

우리가 나누면, 모두가 충분히 가지게 된다. 이스라엘의 자녀들이 약속의 땅을 향해 갈 때 그들에게는 먹을 음식이 없었다. 하나님은 '만나'로 그들을 먹이셨다. 그들은 만나가 무엇인지 몰랐다. 우리도 만나가 어떤 것인지 알 수 없다. ('만나'의 문자적 의미는 '이게 무엇이냐?' 라는 뜻이다.) 그들은 만나가 자신들의 생명을 유지할 수 있도록 내려주신 음식이라는 사실을 깨달았다. 하지만 저장할 수는 없었다. 내일 먹으려고 모아놓으면, 다음날이면 그 음식들은 썩어버리곤 했으니까 말이다. 이것은 매일 매일 공급하시는 하나님을 의지해야 한다는 사실을 가르쳐준다. 만나에 대한 규칙 중 그동안 성도들에게 많이 가르쳐지지 않은 진리가 있다. 바로 넉넉함에 대한 깊은 통찰이다. 하나님은 이스라엘에게 자신들이 먹을 만큼만 취하라고 명령하셨다. 바로 이 방식으로 모두가 부족함 없이 먹을 수 있었다. 그들은 오멜이라는 도구를 이용해 자신들이 먹을 만큼 거두었는지 잴 수 있었다. 한 오멜은 만나를 대략 2리터 정도 담을 수 있는 양이다(출애굽기 16:16-18을 보라.)

인간에게는 자신에게 필요한 것 이상으로 모아서 비축하고 저장하려는 경향이 있다. 어떤 사람은 자신의 필요보다 더 많이 거두었고, 그 결과 다른 사람은 자신들에게 필요한 것보다 덜 거두었다. 하지만 오멜로 재어 나누면 많이 거둔 사람도 남지 않고 적게 거둔 사람도 모자라지 않는다.

왜 우리는 자신에게 필요한 것보다 더 많이 거두려고 하는가? 그것은 모든 사람이 가질 만큼 충분하지 않다고 생각하고, 할 수 있을 때 더 많이 거두어야 한다고 믿기 때문이다. 이것이 바로 핍절의식이다. 하지만 이 핍절의식은 우리가 하나님 나라의 경제원리를 깨닫게 될 때 나눔의식으로 바뀔 수 있다. 오멜의 원리는 우리가 공평하게 배분할 때, 모든 사람이 필요한 만큼 거둘 수 있는 충분한 양이 있다는 것을 가르쳐준다. 하지만 중요한 것은 우리가 공평하게 분배해야 한다는 사실이다. 기아문제 전문가들은 지구상에 있는 음식의 총합은 지구촌 기아문제를 해결하고도 남는다고 말한다. 하지만 일부(대부분 서구권, 선진국들)가 자신들에게 필요한 것 이상을 확보하고 있어서, 나머지 나라들이 부족현상을 겪는다는 것이다. 하루는 늦은 밤에 텔레비전을 보니 살빼는 다이어트에 관한 광고를 하고 있었다. 한 달에 150달러만 있으면 하루에 1파운드씩 살을 뺄 수 있다는 광고였다. 하루 5달러면 된다는 말이다! 채널을 돌렸더니 다른 채널에서는 한 구호단체의 광고가 나오고 있었는데, 배가 불룩한 어린아이들의 모습을 보여주며 하루 3달러면 굶어죽는 어린이 한 명을 살릴 수 있다고 했다. 지금도 그 아이러니는 잊혀지지 않는다.

물론 오멜의 원리가 강요되면 안 된다. (그러면 공산주의가 될 테니까.) 만일 강요가 되면 더 이상 좋은 것이 아니라 악한 것이 되어버린다. 하지만 사람들이 성령의 이끄심에 따라 오멜의 결정들(예를 들면, '이걸 사지 않았다면 좀 더 기부할수 있었는데' 하는 생각)을 할 수 있다면, 우리는 더 좋은 결과를 얻을 수 있다. 하나님이 애초에 기획하셨던 이 세상은 우리가 필요한 만큼만 취한다면 모든 사람의 필요를 채우고도 남을 만큼 충분한 세상이었다.

내가 가진 것은 하나님의 소유이며 그분의 영광을 위해 사용한다. "내가 가진 것은 내 소유다."라는 사고방식과는 반대로, "내 것처럼 보이지만 사실은 하나님 소유다."라고 생각하는 것이 올바른 사고방식이다. 내가 가진 것 중 그 어떤 것도 내 것이 아니다. 모든 것은 하나님이 주신 선물이다. 우리는 우리의 소유가 우리 것이고, 그렇기 때문에 어떻게 사용할지도 우리 마음대로 결정한다는 생각에 쉽게 속을 수 있다. 사실은 하나님께서 우리의 인생을 설계하실 때 이러한 환상을 쉽게 믿을 수 있도록 만드셨다. 하나님은 각자에게 스스로 선택할 권리가 있는 자신만의 작은 세상을 허락하셨다. 이것이 하나님의 계획이다. 하나님은 우리가 청지기가 되기를 원하신다. 그래서 우리에게 몸과 재능과 돈을 허락하셔서, 우리가 그것들로 선한 일을 많이 하기를 원하신다.

하지만 우리의 작은 세상은 우리 것이 아니다. 우리는 하나님의 선물들을 맡은 청지기일 뿐이다. 모든 것은 하나님의 소유이다. 그것이 모든 가치관을 바꾼다. 더 이상 "내가 가진 모든 것은 내 것이기 때문에 내 마음대로 쓰겠다."는 말을 할 수 없다. 대신 "내가 가진 것은 내 것이 아니라 하나님의 것이다."라고 말하고, 그렇기 때문에 "주님, 제게 허락하신 이 선물들을 어떻게 사용하기를 원하십니까?"라고 주님께 물어야 한다. 이 근본적인 변화가 우리가 매일의 삶 속에서 결정을 내릴 때마다 영향을 끼친다.

너그러움은 내면에 스며들어 있는 기질이다. 이것은 하나님이 우리를 향해 베푸시는 자기희생의 행동을 우리도 할 수 있게 만드는 태도이다. 내 동료인 매트 존슨(Matt Johonson)은 이렇게 표현한다.

> 욕심이 '자기중심적'이라면, 너그러움은 '타인 중심적'이다. 이것은 세 번째 올바른 사고방식을 다른 방법으로 표현한 말이다. 내가 내 자신을 먼저 생각하고 나 자신만 생각하게 되면, 다른 사람에게 어떤 것도 나누어 줄 수 없다. 하지만 내가 하나님과 하나님이 공급하심과 하나님이 허락하신 물질들을 생각하는 '하나님 나라 중심' 사고방식을 갖는 날들에는, 내가 가진 것들과 사람들의 필요를 연결하는 것이 쉬워진다. 그리고 나는 그 과정에서 축복의 통로로만 사용되는 것이다.

- 하나님은 사람들의 손과 발과 마음을 사용하셔서 다른 사람들을 돕게 하신다. 자신에게 이런 경험이 있는가? 하나님께 다른 사람을 돕는 도구로 쓰임 받았거나, 다른 사람을 통해 하나님의 도움을 경험한 적이 있다면 언제였는가?

- 6장에서 우리는 하나님 나라의 경제원리가 이 세상의 경제원리와 어떻게 다른지에 대해 배웠다. 하나님의 풍요의식을 가지고 사는 것과 우리의 핍절의식을 가지고 사는 것이 우리의 삶에 어떠한 차이를 가져다주는가?

충분함의 신학

오늘날 사람들은 돈과 소유에 대해 양극단으로 치닫고 있다. 어떤 사람들은 번영신앙을 전파한다. 번영신앙은 좋은 삶이란 우리의 돈과 소유를 우리 자신의 행복을 위해 사용하는 것이라는 생각이다. 그런데 이 물질은 우리가 옳은 일을 할 때 (이를테면, 어떤 사역에 헌금을 한다든지, 30일 동안 특별기도를 한다든지) 하나님께서 공급해 주시는 것이라는 것이다. 우리의 돈과 소유를 우리 자신의 행복을 위해 사용하는 것이라는 생각이다. 그런데 이 물질은 그와는 반대로 어떤 사람들은 가난을 예찬한다. 진정으로 영적인 삶은 가난함을 유지하는 것이라고 가르치는 것이다. 두 가지 모두 극단적이고 위험하다. 번영신학은 종교라는 포장지로 꾸며 놓은 욕심에 지나지 않는다. 또한 가난을 예찬하는 복음도 역시 위험하다. 가난에 영적인 것이 있을리 없다. 사실 아무도 가난해져서 더 좋아졌다는 사람은 없다. 달라스 윌라드는 이렇게 말한다.

가난을 이상화하는 것은 현대 기독교인들에게 가장 위험한 환상이다. 진정한 영성은 청지기 의식인데, 청지기 의식은 부와 관계가 깊다. 청지기 의식은 소유와 나눔을 전제로 한다. 일반적으로 함께 가난해짐으로 가난한 사람들을 돕는 것은 가장 불쌍한 방법 중 하나이다.

번영과 빈곤은 둘 다 우리가 가진 유일한 선택은 아니다. 저자이며 의사인 쉐인 클레이본(Shane Claiborne)은 또 다른 선택의 여지를 제공한다. 그는 이렇게 말했다. "우리는 번영의 신학도 아니고 빈곤의 신학도 아닌 세 번째 방법이 필요하다. 하지만 풍요의 복음은 충분함의 신학에 뿌리를 두고 있다."

풍요의 복음은 하나님 나라에서만 찾아볼 수 있다. 그곳에서는 우리가 필요한 것을 우리가 필요할 때 얻을 수 있다. 하나님 나라는 우리가 쓰고 싶은 대로 끊임없이 인출해서 사용하는 현금인출기(ATM)가 아니다. 그것은 하나님 나라의 원리를 이해하는 사람들에게 제공되는 특별한 인출기와 같다. 필요가 있는 곳에 그 필요를 채워줄 사람이 있다면, 공급은 절대로 끊기지 않는다.

하지만 현재 미국이 가진 가장 큰 문제는 안주하려는 태도이다. 우리는 가치관이 무너진 풍요로운 사회 속에 살고 있다. 우리는 "성령님은 개인의 삶을 어떻게 인도하시며, 공동체를 어디로 인도하시는가?"라는 중요한 질문을 해야 한다. 이것은 개인적이고 공동체적인 분별력을 요구한다. 기독교인들은 모든 것이 차고 넘치는 문화 속에서 '충분함의 신학'이 어떤 의미를 갖는지 진지하게 씨름할 수 있어야 한다. 어느 정도가 '충분한 것'인지 어떻게 결정하는가? 누가 어떤 기준을 가지고 그것을 결정하는가? 만일 우리의 문화적 기준으로 그것을 결정한다면, 오멜이 아니라 큰 양동이를 사용하게 되지 않을까 두렵다.

예를 들면, 『포브 Frobes』라는 온라인 잡지에서는 한 사람이 얼마의 돈을 가져야 '잘사는 것'인지에 대해 발표한 적이 있다. 그들의 기준으로, 잘사는 것이란 약 120평 크기의 집에 살고, 바닷가나 산처럼 아름다운 곳에 별장을 짓고, 세 대의 고급 승용차를 소유하고, 한 주에 한 번씩 최고급 식당에서 외식을 하고, 일년에 세 번 휴가를 가고, 자녀들을 사립학교에 보내고, 최고급 대학을 졸업시키고, 1퍼센트의 현금 예금을 가지는 정도라고 한다. 이 정도의 삶을 영위하려면 매년 최소 2억 원의 소득이 필요한데, 만일 이것이 좋은 인생의 기준이라면, 우리 대다수는 나눔과 기부를 하지 않아도 된다. 왜냐하면 이에 비하면 우리는 사람 사는 게 아니기 때문이다. 최소한 잘살고 있는 것이 결코 아니다.

분별은 '하나님께서 내 재정을 어떻게 사용하기를 원하실까?' 하는 질문을 하는 것으로부터 시작된다. '하나님은 나와 예수님의 제자도를 추구하는 내 동료들이 이러한 문화 속에서 물질과 소유에 대해 어떤 기준을 가지고 살기를 원하실까?'라고 질문할 필요가 있다. 그렇다고 해서 우리가 가진 모든 것을 팔아서 기부한 후 가난하게 살라는 뜻이 아니다. 하지만 우리의 소득과 수입에 대해 새로운 관점으로 볼 필요가 있다는 말이다. 다시 말해 하나님 나라의 관점과 기준으로 보는 것을 의미한다.

청지기의 기본적인 영역

우리가 넉넉함을 배울 수 있는 영역은 비단 돈과 재물에 국한되지 않는다. 하나님은 우리에게 다른 많은 능력을 맡겨주셨다. 청지기로의 부르심은 다음에 소개되는 다섯 가지의 영역을 통해 표현될 수 있다.

마음(Soul) : 하나님은 우리에게 여러 가지 능력을 갖고 있는 마음을 주셨다. 우리는 마음으로 생각하고, 추론하고, 상상하고, 느끼고, 기억한다. 지성과 감성은 마음이 가진 중요한 특성이며 동시에 놀라운 선물이다. 마음을 통해 시를 쓰고, 교향곡을 작곡하고, 삶을 개선하기 위한 방법들을 기획하고, 우리를 괴롭히는 문제를 해결하며, 더 나은 내일을 꿈꾼다. 다른 사람들의 상실에 애도를 표하기도 하고, 우리의 죄를 슬퍼하며, 우리의 삶을 형성해가는 기억을 생성하며, 그것들에 의미를 부여하기도 한다. 우리의 마음은 다른 사람들을 축복하기 위해 사용될 수 있는 놀라운 선물이다.

몸 : 하나님은 우리에게 몸을 허락하셨다. 이 놀라운 선물은 보고, 냄새 맡고, 듣고, 만지고, 맛을 보는 등 믿을 수 없는 능력들을 가지고 있다. 우리의 몸은 잡고, 집고, 망치질하고, 쓸 수 있는 손을 가지고 있고, 좋은 곳에 걸어갈 수 있는 발도 가지고 있다. 만일 몸을 다쳐서 움직일 수 없었던 경험이 얼마간 있었다면, 이 능력들이 얼마나 소중한지 알 수 있을 것이다. 우리의 몸은 하나님이 주신 선물이다. 사람들에게 소망을 가져다주고 그들을 치유하도록 말이다.

재능 : 몸과 마음을 주신 것만으로도 하나님께 감사하는 태도로 살기에 충

분하지만, 하나님은 우리에게 더 많은 것을 주셨다. 우리 각자에게 독특한 재능을 주신 것이다. 하나님은 독특한 재능을 통해 우리가 하나님께 영광을 돌리게 하셨다.

시간 : 우리가 늘 부족하다고 불평하기는 하지만 우리는 시간이라는 특별한 선물을 하나님께 받았다. 사실 우리 대부분은 우리의 힘과 관심을 쏟을 수 있는 많은 시간이 있다. 사람들은 시간이 돈이라고 말한다. 어느 정도 사실이기는 하지만 돈을 버는 것만이 시간을 사용하는 최선의 방법은 아니다. 삶의 마지막에 가서 돈이 조금 더 있으면 좋겠다고 바라는 사람은 거의 없다. 대부분 우리가 사랑하는 것들에 조금 더 관심을 보일 수 있도록 시간이 더 있으면 좋겠다고 바란다. 최근에 내 딸 소망이가 내게 물었다. "아빠, 저랑 게임하실래요?" 나는 몇 가지 중요한 일을 마감하느라 시간에 쫓기고 있었기 때문에 딸과 한 두시간 여유롭게 모노폴리 게임을 하는 것은 현명하지 않다고 생각했다. 하지만 성령님께서 내게 딸 아이와 놀아주는 것보다 토요일 오후를 더 잘 보낼 수는 없을 거라고 말씀해주셨다. 나는 하던 일을 멈추고 딸아이와 놀았다. 딸아이는 그 한 시간 동안 생기가 넘쳤다. 그 모습을 보고 나는 회개했다. 시간은 우리에게 가장 중요한 일에 잘 사용하라고 하나님이 허락하신 선물이다.

보물 : 우리는 돈과 물질의 청지기다. 적게 가졌든지 많이 가졌든지, 돈은 다른 사람들의 유익을 위해 사용하라고 주어졌다. 물론 우리 자신의 기본적인 필요를 돌보는 곳에 우리의 돈을 사용할 수 있지만, 그렇게 사용하고 남은 돈은 다른 사람들을 축복하는 데 사용되어야 한다. 돈 자체가 악하거나

악의 뿌리가 아니다. 돈을 사랑하는 것이 일만 악의 뿌리다(딤전 6:10). 돈은 위대한 축복의 재료로 사용될 수 있다. 돈이 있어야 헐벗은 사람을 입히고, 배고픈 사람을 먹이고, 어려움에 처한 사람들을 돌보고, 아픈 사람들을 치료해 줄 수 있다. 우리가 버는 돈은 우리의 공동체를 더 좋은 공동체로 만드는 데 사용될 수 있다.

사도행전 2장에 보면 넉넉함과 베푸는 삶에 대한 엄청난 모형이 소개되어 있다. "믿는 사람이 다 함께 있어 모든 물건을 서로 통용하고 또 재산과 소유를 팔아 각 사람의 필요를 따라 나눠주며"(행 2:44-45).

예수님의 제자들은 이 구절을 대할 때 신중하고 조심스럽게 읽어야 한다. 왜냐하면 이 구절에 대한 해석에 따라 사람들이 쉽게 실수를 저지를 수 있기 때문이다. 그 중에 하나는 이러한 삶의 양식을 기독교 공동체의 모델로 삼고 삶의 기준이라고 여기는 것이다. 그것은 명백한 실수다. 첫째로, 초대교회는 이것을 오랫동안 지속하지 않았다. 둘째로, 이 특별한 사례를 모든 상황에 일반화시켜서 무조건 강요하는 것은 율법주의로 흐를 수 있다. 셋째, 그것이 이상적이기는 하지만, 본문에서 몇장 뒤에 소개되는 것처럼 실제 상황에서는 많은 문제를 일으킬 여지가 있다. "그때에 제자가 더 많아졌는데 헬라파 유대인들이 자기의 과부들이 매일의 구제에 빠지므로 히브리파 사람을 원망하니"(행 6:1). 제자들은 불균등한 배분의 문제에 개입해야 했고, 결국 사람들이 공평하게 돌봄을 받기 위해 새로운 질서가 세워져야 했다(행 6:2-7). 그들은 몇몇 신실한 사람들을 선택해서(그들은 '집사'라고 불렸다.) 물질들이 어떻게 쓰여지는지를 관리하게 했고, 제자들은 말씀을 전하고 가르치는 일에만 전념할 수 있도록 했다.

또 흔하게 저지르기 쉬운 실수는, 사도행전 2장의 사건을 현대에서는 절대 일어날 수 없는 일이라며 철저하게 무시하는 것이다. 사실 그와 비슷한 일이 오늘날에도 일어날 수 있다. 그리고 의도적으로 공동체를 이루고 사는 사람들이 있다. 그 정도에 있어서 차이는 있겠지만, 어느 정도 성공적으로 이러한 가치들을 실현하며 살고 있다. 나는 개인적으로 그런 공동체 삶을 살라는 특별한 부르심은 없지만, 나는 내 소유를 다른 사람들과 나누어 쓰며, 필요한 사람들이 사용할 수 있도록 나누다가 실패하는 것이, 애초부터 실패가 두려워 시도하지 않는 것보다는 낫다고 생각한다. 교회사를 살펴보면 사도행전 2장에 나온 모델과 비슷한 놀라운 일이 일어났던 때가 여러 번 있었다. 내 개인적으로는 실천하기 상당히 힘든 일이기는 하지만 말이다.

- 돈과 마찬가지로, 시간을 사용하는 데도 성령님의 인도를 받으면 하나님 나라의 경제원리가 적용된다. 시간을 사용할 때 그런 경험을 한 적이 있는가?

넉넉하게 나누는 공동체

주는 것은 단순한 개인의 활동이 아니다. 또는 어떤 특별한 단체에만 해당되는 일이 아니다. 지역 교회들도 이 나눔의 기쁨에 동참할 필요가 있다. 내가 출석하는 교회는 넉넉함에 대해 가르쳐준 교회다. 위치타(Wichita)에 있는 채플 힐 연합감리교회(Chapel Hill United Methodist Chruch)는 하나님 나라의 경제원리를 깨달은 예수님의 제자도를 따르는 사람들 덕분에 개척 당시부터 나누고 베푸는 일에 넉넉했던 교회다. 개척 초기부터 교회재정의 10퍼센트는 우리 교회에 출석하는지 여부에 상관없이 어려움에 처한 사람들을 돕는 예산으로 따로 떼어놓기로 했다. (우리는 그것을 '첫 열매 기금'이라고 부른다). 몇 년 전에 우리 청소년부 사역자의 누나가 네 명의 자녀를 두고 먼저 하늘 나라로 갔다. 유가족들은 너무 가난해서 장례식을 치를 돈이 없었다. 우리 교회는 장례식 비용을 지불했을 뿐만 아니라, 자녀들의 학자금과 양육비를 위한 기금도 만들어주었다. (돌아가신 분은 우리 교회 성도가 아니었다.)

또 얼마 전에는 우리 동네로 안식년을 보내기 위해 오시는 목사님 한 분이 계셨다. 그 목사님과 사모님이 위치타에 도착했을 때, 전혀 예상치 못한 상황 때문에 예약했던 집이 다른 사람에게 넘어갔다는 소식을 접하게 되었다. 우리 교인들이 그 소식을 접하고는 바로 첫열매 기금을 사용해서 그분들의 머물 곳을 구하기로 결정했다. 그리고 사람들이 회의를 소집해서 가구들을 모았다. 하루도 채 되지 않아 가구와 살림도구가 완벽하게 갖추어진 아파트를 준비할 수 있게 되었다. 나눔을 통해 누리는 축복의 기쁨을 깨달은 교회 사람들의 넉넉한 나눔과 베품 때문에, 이 모든 일을 할 수 있었다. 물론 많은 교회가 이렇게 하고 있다. 그리스도를 따르는 사람들의 공동체는 하나님 나라의 경제원리를 알고 있기 때문에 나누고 베푸는 삶이 자연스러운 공동체이다.

넉넉함의 여러 가지 방법들

예수님은 주는 것이 받는 것보다 복되다고 말씀하셨다(행 20:35). 많은 사람이 받는 것보다 차라리 주는 것을 마음 편하게 생각한다. 리처드 포스터는 우리 자신이 다른 사람들의 섬김을 받는 것이 얼마나 힘든지에 대해 이렇게 말했다. "섬김을 받는 것도 섬김이다." 다른 사람의 섬김을 받으려면 우리 자신을 포기하는 내려놓음의 과정이 필요하다. 다른 사람들이 우리에게 호의를 베풀면, 우리는 그 사람의 호의를 갚아야 할 것 같은 느낌을 갖는다. 나는 다른 사람들이 내게 호의를 베풀 때 그것을 받아들이는 법을 배웠다. 그리고 그들의 호의를 생각할 때마다 내가 얼마나 축복을 받은 사람인지를 깨닫게 되었다. 한 가지 예를 들어보자. 내 아내 메간(Meghan)은 삶에 대한 끊임없는 기쁨과 열정과 신뢰를 보이는 것으로 나를 축복한다. 내 아들 제이콥은 조용한 성격이다. 하지만 아들의 미소를 볼 때마다 놀라운 선물을 받은 기분이다. 내 딸 소망이는 소망의 원천이다. 한 번은 내가 딸 아이가 내 서재에서 퍼즐 놀이를 하고 있었는데, 그 애가 함께 있어서 그런지 글이 더 잘 써진다고 말한 적이 있다. 그랬더니 내 옆에 앉아서 조용히 자기 퍼즐 놀이를 하다가, 한 시간마다 와서는 나를 껴안아주었다. 비록 지금은 우리와 함께 있지는 않지만, 내 딸 메들린(Madeline)은 우리 생각 속에 함께 있으며 하나님의 신실하심과 약할 때 강함을 주시는 것을 계속해서 생각나게 해준다.

내 친구 패트릭(Patrick)은 내가 시간과 에너지를 어떻게 사용하는지를 곁에서 지켜보며 기꺼이 보호해주며, 내가 그리스도 안에서 어떤 사람인지를 기억하게 해주는 사람이다. 또 다른 친구 씨제이(C.J.)는 나를 끊임없이 격려해주면서 우리가 흔들림 없는 하나님 나라에 거하고 있음을 날마다 떠올려준다. 내 친구 매트(Matt)는 내게 지혜를 나눠주며, 그리스도를 닮아가는 좋은 본보기가 되어준다. 내 친구 지미(Jimmy)는 내가 힘들어할 때마다 힘을 주고, 내가 이루지 못한 것보다 이미 이룬 것에 초점을 맞출 수 있도록 도와주는 격려자다. 내 친구 트레버(Trevor)는 내 인간적인 면을 꾸밈없이 받아줄 수 있는 신뢰하고 진정한 친구이다. 그 친구는 늘 판단하지 않는 우정을 선물해준다.

내 친구 앤드류(Andrew)는 필요할 때마다 겸손한 태도로 자신의 깊은 지혜를 제공해준다. 나의 담임목사 제프 가논(Jeff Gannon)은 설교를 통해 내게 영감을 준다. 비록 그의 설교가 나뿐 아니라 교인들 전체를 위한 것이지만, 나는 자주 꼭 나를 두고 설교하는 것 같다는 생각이 든다. 밥(Bob)과 알로(Arlo)는 내가 관여하는 사역에 재정적 후원을 해주는 친구들이다. 그들의 후한 재정 후원은 나를 놀라게 한다. 하지만 내가 고마움을 표하려고 할 때마다, 그들은 하나님이 주셨기 때문에 하나님께 돌려드리는 것뿐이라고 한다. 지면관계상 일일이 거명하지는 못했지만, 수많은 사람들이 자신들의 선물을 후하게 나누고 베풀고 있다. 그렇게 하는 것은 결코 쉬운 일이 아니다. 나는 그들에게 갚아야 한다는 부담을 느끼지 않으면서 그들에게 감사하는 법을 배우고 있다.

때로는 이름조차 모르는 이들의 나눔이 우리에게 축복이 되기도 한다. 내 딸 메들린은 이 땅에 있는 동안 대부분의 삶을 병원에서 보냈다. 한 번은 내가 아무것도 먹지도 못하고 마시지도 못한 채로 오랫동안 차가운 병원 의자에 앉아 있어서 무척 피곤했던 적이 있었다. 그때 간호사 한 명이 내게 '로날드 맥도날드'(Ronald Mcdonald)라고 불리우는 병원 복도 끝에 있는 작은 방을 소개해주었다. 그 방에 들어갔더니 마치 집처럼 잘 꾸며져 있었다. 편안한 의자, 소파, 텔레비전, 커피와 간식까지 준비되어 있었다. 그곳은 나와 내 아내가 피곤할 때마다 찾는 안식처가 되었다. 시간과 돈을 들여 그 방을 꾸며놓은 사람들을 우리는 전혀 알지 못한다. 하지만 자신들의 물질을 우리 가족을 비롯한 수많은 사람들을 위해 사용한 그 사람들에게 고마움을 느낀다.

- 자신의 재능과 선물을 생각할 때, 누구의 공동체에 축복의 통로가 되어주었는가? 또한 누가 당신이 속한 공동체의 축복의 통로가 되어주었는가?

너그러운 나눔의 공동체가 되기 위한 계획

나눔의 기쁨을 배우라. 한 번은 어떤 교회를 방문했는데, 마침 그 주일은 일 년에 한 번 갖는 제직헌신 예배를 드리는 주일이었다. 예배를 마친 후에 어떤 남자가 자신의 친구에게 이렇게 말하는 것을 듣게 되었다. "난 교회가 돈 이야기를 하는 게 정말 싫어. 교회가 나를 원하는 게 아니라 내 지갑만 원하는 것 같은 느낌이 든단 말야." 그 말을 듣고 마음이 서글퍼졌다. 그 목사님의 설교는 성도들이 그런 느낌을 가질 만한 내용이 전혀 없었기 때문이다. 오히려 나는 그 목사님이 성도들에게 그런 느낌을 안 주려고 애쓰고 있다는 느낌을 받았다. 이 남자는 분명 나눔의 기쁨을 전혀 모르는 사람이다. 어찌 된 영문인지 나눔이 주는 축복에 대한 메시지가 이 사람 마음에는 감동을 주지 못한 것이다. 나는 우리가 나눔의 축복에 대해 더 많이 설교하고 더 자주 가르쳐야 한다고 믿는다.

청지기 의식에 대한 설교들 중 내가 들은 최고의 설교는 내 친구이며 나의 멘토이기도한 제리 복(Jeerry vogt) 목사님의 설교다. 강단에 서서 거침없이 자신과 자신의 아내가 나눔과 드림을 통해 받은 축복에 대해 이야기했다. 결코 자기 자랑이 아니었다. 그와 그의 아내는 자신들에게 주어진 물질의 관리를 맡은 청지기였던 것이다. 단 한 번도 죄책감을 불러 일으키지 않았다. 하지만 그가 설교를 마쳤을 때는 할 수 있는 한 많이 드리고 나눠야겠다는 열망이 더 커졌다. 이것은 돈에 대한 것뿐 아니라 그밖의 모든 자원도 마찬가지다. 우리는 거듭해서 나눔의 기쁨을 기억해야 한다. 그리고 그 기쁨을 경험한 이들의 살아 있는 체험을 들었을 때는 그 진실성이 더욱 잘 전달된다.

여유를 만드는 법을 배우라. 넉넉하게 나눌 수 있으려면 반드시 여유가 있어야 한다. 주기 위해서는 먼저 줄 것이 있어야 한다. '여유'는 나가는 것보다 들어오는 것이 많다는 의미이다. 그래야 나눌 수 있기 때문이다. 재정이 되었든 다른 것이 되었든, 대부분의 미국 사람들은 여유가 너무 없다. 여유가 없는 사람들에게 "당신의 시간과 돈을 좀더 필요한 다른 사람들을 위해서 더 나누고 베풀어야 합니다."라고 말하는 것은 말이 되지 않는다. 나누기 전에 먼저 여유를 만들어야 한다. 여유를 만드는 최선의 방법은 절약이다. 많은 사람들에게 이 단어는 부정적으로 들릴 수도 있지만, 그렇다면 그 의미를 다시 생각해볼 필요가 있다. 절약한다는 것은 책임 있는 삶을 산다는 것이다. 또한 적당한 경계선을 긋는다는 말이다.

절약한다는 것은 우리의 시간과 물질을 사용할 때 더욱 조심스러워진다는 말이다. 절약은 결코 인색함과 같은 말이 아니다. 또한 절약한다고 해서 싸구려 인생을 산다는 것도 아니다. 절약하는 사람이라고 해서 항상 싸구려 물건만 사라는 법은 없다. 절약은 원하는 것을 사는 것이 아니라 필요한 것을 사는 것이다. 달라스 윌라드의 표현처럼, "절약(또는 검소함)을 실천한다는 것은 일반적인 선한 판단에 따라 하나님께서 인도하시는 삶에 필요하다고 여겨지는 것의 범주 안에 머무는 것을 의미한다." 검소한 소비는 빚을 줄이고 경제적인 여유를 갖게 해준다. 우리 시대의 절약 또는 검소함은 불필요한 것에 대해 "아니오."라고 말함으로써 우리에게 필요한 것들에 "예."라고 말하는 법을 배우는 것이다. 우리가 재정적인 여유를 갖지 못하는 한 넉넉하게 나누고 베푸는 일은 할 수 없다.

나누는 법을 배우라. 많은 사람들이 언제 어디에 어떻게 베풀어야 하는지를 모른다. 사람들에게 기부하고 나누는 다양한 방법들이 있다는 사실을 가르쳐주어야 한다. 내가 아는 어떤 교회는 교인들에게 자신이 마음만 먹는다면 섬길 수 있는 기회들은 많이 있다는 것을 끊임없이 알려준다. 예를 들어, 한 달에 두 번 장애를 가진 자녀를 둔 부모들을 위해 "부모님들 나들이의 밤(Parent's Day Out)"을 준비할 수 있다. 매주 토요일에는 노숙자들에게 음식을 제공하는 일도 할 수 있다. 그들은 또한 지역의 침체된 구역을 살려내기 위해 시간과 물질을 투자할 수도 있다. 예배시간에 광고를 통해 성도들에게 도움이 필요한 영역들을 알려주고 어떻게 도울 수 있는지에 대해 설명해준다.

- 이 장에 소개되는 이야기들이 절약을 실천하는 데 도움을 주는가? 왜 그렇게 생각하는가? 아니면 왜 그렇지 않다고 생각하는가?

부자와 나사로 : 딱 한 번밖에 없는 기회

이러한 놀라운 자원들의 청지기 노릇은 우리가 이 땅에 살아 있는 동안에만 할 수 있다. 우리가 죽는 순간, 우리에게 주어진 시간과 재능과 능력과 소유라고 하는 선물을 다른 이들과 나눌 수 있는 기회는 사라진다. 예수님의 비유 중 잊혀지지 않는 비유가 있다면, 부자(전해 내려오는 바에 의하면 이름이 다이브스 'Dives' 라고 한다)와 거지 나사로(죽었다가 살아난 그 나사로가 아니다)의 이야기이다. 이 비유는 비교적 길지만, 주의깊게 읽어볼 필요가 있다.

한 부자가 있어 자색 옷과 고운 베옷을 입고 날마다 호화롭게 즐기더라 그런데 나사로라 이름하는 한 거지가 헌데 투성이로 그의 대문 앞에 버려진 채 그 부자의 상에서 떨어지는 것으로 배불리려 하매 심지어 개들이 와서 그 헌데를 핥더라 이에 그 거지가 죽어 천사들에게 받들려 아브라함의 품에 들어가고 부자도 죽어 장사되매 그가 음부에서 고통중에 눈을 들어 멀리 아브라함과 그의 품에 있는 나사로를 보고 불러 이르되 아버지 아브라함이여 나를 긍휼히 여기사 나사로를 보내어 그 손가락 끝에 물을 찍어 내 혀를 서늘하게 하소서 내가 이 불꽃 가운데서 괴로워하나이다 아브라함이 이르되 얘 너는 살았을 때에 좋은 것을 받았고 나사로는 고난을 받았으니 이것을 기억하라 이제 그는 여기서 위로를 받고 너는 괴로움을 받느니라 그뿐 아니라 너희와 우리 사이에 큰 구렁텅이가 놓여 있어 여기서 너희에게 건너가고자 하되 갈 수 없고 거기서 우리에게 건너올 수도 없게 하였느니라(눅 16:19-26).

이 비유에서 배울 수 있는 한 가지 중요한 교훈은 우리가 죽고 나면 절대로 나누고 베풀 수 없다는 것이다. 부자 다이브스는 오가면서 나사로를 매일 보았지만 한 번도 의식하지 않았다. 죽은 후에 자신의 인색함에 대해 깨달았지만, 후회하기에는 이미 너무 늦어버렸다.

예수님은 양과 염소의 비유에서 같은 것을 가르쳐주신다(마 25:32-46). 예수님께서 영광 중에 다시 오실 때, 주님은 사람들을 두 그룹으로 나누실 것이다. 한쪽은 어려움에 처한 사람들을 도와주었던 사람들이고, 또 다른 한쪽은 돕지 않았던 사람들이다. 우리가 돌볼 수 있는 시간이 지나고 나면 우리는 뿌린 대로 거두게 될 것이다. 이 비유들은 의로운 일을 해야 한다는 부르심으로만 읽혀서는 안 된다. 선행이 우리를 구원하지 못한다. 하지만 믿음에는 반드시 실천이 따른다. 그리고 은혜는 우리로 하여금 섬기고 싶도록 감동을 준다. 만일 우리가 감사하는 마음과 감사하는 태도로 하나님께 영광돌리는 삶을 살려고 한다면 자연스럽게 우리의 시간과 재능과 물질을 어려움에 처한 사람들에게 나누고 베풀수 있게 된다. 우리가 나누고 베풀 수 있는 기회가 제한되어 있다는 사실을 깨닫는다면, 어쩌면 우리는 넉넉한 나눔의 삶을 실천하는 것을 더 이상은 미루지 않을 것이다.

기대하지 않았던 전화 한 통

이 장의 처음에 소개했던 이야기에서 그 젊은이를 도와준 지 일 년쯤 지난 후의 일이다. 내게 전화 한 통이 걸려왔다. "스미스 목사님?" 전화기 속의 목소리가 물었다. 내가 도움을 주었던 바로 그 청년이었다. 그는 내가 그에게 저녁을 사주었던 그날 이후로 삶에 변화가 생기기 시작했다고 한다. 세차장에서 일할 수 있게 되었고, 아파트를 구할 수 있는 돈도 모을 수 있었다고 한다. 그리고 더 나은 직장을 구하게 되었다고 한다. 오랫동안 사귀었던 여자 친구가 독일에서 미국으로 올 수 있게 되었고, 두 사람은 약혼했다. 그는 내게 신세진 것을 갚겠다고 했지만, 내가 정중히 사양했다. 그가 말했다. "좋습니다. 하지만 제가 정말 도움이 필요했을 때 목사님이 저를 도와주셨습니다. 그 고마움을 항상 간직하고 살 거라는 걸 꼭 알아주셨으면 해요."

비록 이 이야기는 좋은 결말로 끝이 났지만, 나누고 베풀었던 결과가 항상 이번처럼 좋은 것만은 아니다. 바울이 유명한 말을 남겼다. "각각 그 마음에 정한 대로 할 것이요 인색함으로나 억지로 하지 말지니 하나님은 즐겨 내는 자를 사랑하시느니라"(고후 9:7). 분명히 밝혀둘 것이 하나 있다. 그 청년에게 저녁식사를 사줄 때, 나는 즐거운 마음으로 베풀지 못했다. 하나님은 즐겨내는 자를 사랑하신다고 하지만, 주저하는 마음으로 베푼 것도 축복이 되게 하신다. 이 젊은 청년에게서 작은 선물도, 심지어는 마지못해 베푼 선행마저도 커다란 변화를 만들 수 있다는 사실을 배웠다. 결국 그날 밤 가장 큰 도움을 받은 사람은 바로 나 자신이었다.

영혼의 훈련

청지기 의식 훈련

이 장에서 다루었던 원리 중의 하나는 절약은 여유를 만들고, 여유가 있을 때만 넉넉하게 나누고 베풀 수 있다는 것이다. 그 원리는 청지기의 5가지 영역에도 적용된다(마음, 몸, 시간, 재능, 보물). 우리가 인색함이 없이 절약할 때, 넉넉하게 나누고 베풀 수 있는 더 많은 자원들을 확보하게 된다. 우리의 몸과 마음을 절약하거나 나누는 방법이 마땅하지 않기 때문에(비록 그것들이 영적인 삶에서는 중요하지만), 이번 주에는 시간, 재능, 보물의 영역에서 검소함과 절약을 실천해서 다른 사람들과 넉넉하게 나누고 베푸는 훈련을 해보기 바란다. 이 세 가지 영역을 모두 실천해보라. (어디에 있는지 있는 곳에서 실천해볼 수 있는 도움이 될 만한 네 번째 훈련 과제도 있다.) 항상 그렇듯이 어떤 훈련 과제를 얼마나 해야 할지 기도하고 결정하는 것이 좋다. 가장 중요한 것은 "내가 처한 상황에서 할 수 있는 가장 사랑스러운 일이 무엇일까?"하고 질문하는 것이라는 것을 기억하라.

시간을 아끼고 절약해서 넉넉하게 나누고 베풀기

절약하기 : 이번 주에는 자신의 삶속에서 불필요한 활동들을 줄여라. 실천하기가 매우 힘들지도 모른다. 업무, 가족과의 시간, 또는 다른 사람들을 돌보는 일들로 스케줄이 빡빡하게 채워져 있을지도 모른다. 하지만 그것들 중 일부를 줄이거나 취소할 수는 있을 것이다. 예를 들면, 미국 사람들은 일주일에 평균 28시간을 텔레비전을 시청하는 데 사용한다고 한다. 그리고 하루

에 몇 시간씩을 인터넷을 사용하는 데 사용한다고 한다. 만일 나 자신이 이렇다면, 이러한 활동들에 사용하는 시간을 하루에 1-2시간으로 줄일 수 있다. 그래서 얻은 남는 시간들을 그동안 미루어두었던 일을 하는 데 투자하도록 하라.

나누기 : 시간의 여유를 확보하면 다른 사람들에게 축복이 되도록 사용하는 방법이 무엇일까 연구해보라. 어쩌면 그동안 소홀했던 친구나 가족들과 조금 더 시간을 보낼 수도 있다. 함께 산책을 하든지 커피를 마시든지, 아니면 그냥 집안에서 함께 어울리며 시간을 보낼 수도 있다. 어쨌든 그들과 함께 시간을 보내라. 또한 여유시간을 활용해 노숙자들을 위한 식사봉사에 참여하거나 교회가 후원하는 봉사활동에 참여할 수도 있다.

재능을 아끼고 절약해서 넉넉하게 나누고 베풀기

절약하기 : 재능에 있어서는 많은 사람이 지나치게 많이 사용하고 있다. 나는 사람들의 요청을 거절하지 못해서 거의 탈진 상태로 살아가는 사람들을 알고 있다. 하지만 이럴 경우 여유가 없기 때문에 다른 사람들에게 베풀 수 있는 것이 없고, 오히려 혹사당한다는 느낌을 받는다. 이번 주에는 "아뇨, 지금은 그걸 해드릴 수 없겠는데요."라고 말해보라. 만일 당신이 '어떤 요청도 거절하면 안된다'는 잘못된 생각을 가지고 살아왔다면 그렇게 말하는 것이 죄책감이 들 것이다. 하지만 반드시 여백을 만들어야 한다. 그렇지 않으면 절대 다른 사람들에게 관대해질 수 없다. 모든 친구들을 도와주고, 모든 회의에 참석하고, 모든 찬양팀에서 봉사할 수는 없다. 당신을 필요로 할 때 자

유함과 즐거움으로 나누고 베풀 수 있도록, 당신의 재능의 영역에 있어서 여유를 찾을 방법을 찾아보라. 물론 이것을 잘하기 위해, 분별하기 위해 깊이 생각할 시간이 필요할 수도 있다.

나누기 : 당신의 재능에 관해 여유를 찾았다면, 하나님께서 당신의 은사를 좀더 균형잡힌 방법으로 사용하실수 있도록 기다릴 수 있는 입장이 되었다. 경청하고 분별하는 기간 동안 하나님께서 당신의 은사를 새로운 방법으로 사용하실 수 있도록 열린 마음으로 기다리라.

보물을 아끼고 절약해서 넉넉하게 나누고 베풀기

절약하기 : 재정적인 영역에서 절약할 수 있는 다양한 방법들이 있겠지만, 가장 쉬운 방법은 꼭 필요한 데가 아니면 적게 쓰거나 심지어는 아예 쓰지 않는 것이다. 예를 들면, 내 친구 중 한 명은 쉽게 상하지 않는 물건들(옷, CD, 전자제품 등)은 일정 기간동안 아무것도 구입하지 않기로 결정했다. 물론 음식물은 구입해야 했지만, 당분간 어떤 새로운 물건도 구입하지 않았고, 덕분에 다른 사람들에게 기부하고 나눌 수 있는 돈을 모을 수 있었다. 또 다른 방법은 일주일 동안 자신의 소비행태를 분석해서, 꼭 필요한 물건만 구입하는 것이다. 절약하기 위한 이 작은 노력들이 다른 사람들에게 넉넉하게 나누고 베풀기 위한 재정적 여유를 만드는 데 큰 도움이 될 것이다.

나누기 : 이 친구는 예기치 못한 재정적 어려움을 겪고 있는 친구 둘에게 재정적인 도움을 줄 수 있었다. 그들이 돈을 요구한 것은 아니었지만, 그들의 필요를 알게 된 후로 얼마동안 기도하고, 그들을 돕기 위해 돈을 주었다고

한다. 그가 절약하지 않았다면 그렇게 베풀 수 없었을 것이다.

그밖에도 시간과 재능과 물질을 절약할 수 있는 다양한 방법들이 있을 것이다. 결과적으로 이전에는 하고 싶어도 할 수 없었던 일들을 할 수 있도록, 나누고 베풀 수 있는 기회를 하나님께서 허락하신다.

넉넉하게 나누고 베푸는 공동체

이 장에서 나는 섬김을 받는 것도 섬김이라고 말했다. 내 삶 속에서 자신들의 사랑과 후원, 보호와 지혜, 격려 등으로 내게 넉넉하게 베풀었던 사람들에 대해 말했다. 도움이 될 만한 또 하나의 영성훈련 과제는 내가 썼던 것처럼 자신의 삶 속에서 축복의 통로가 되어준 사람들의 이름을 구체적으로 적어보는 것이다. 이 훈련은 하나님께 깊은 감사의 태도를 갖게 해줄 것이다. 어쩌면 그 사람들에게 편지나 카드, 이메일을 통해 감사의 마음을 전하고 싶어질지도 모른다.

chapter
8
하나님의 공동체는 함께 예배한다

영혼의 훈련 : 준비된 예배를 드리기

| The Worshiping Community |

처음 부목사 사역을 시작하는 사람에게 가장 중요한 일 중 하나는 아무도 하고 싶어하지 않지만 누군가는 꼭 해야 하는 일을 찾아서 하는 것이다. 신학대학원을 졸업하고 처음 교회로 부임한 나는 바로 그 일을 해야 했다. 담임목사님은 우리 교회의 재적 교인수가 주일 출석수보다 많다는 사실에 대해 염려하셨다. 이는 많은 사람이 스스로 교인이라고 생각하기는 하지만 실제로 교회에 참석하지는 않는다는 뜻이다. 나는 '교인'으로 등록되어 있지만 지난 2-3년 동안 교회에 나오지 않은 사람들에게 전화를 거는 임무를 맡았다. 곧 교적부를 들고 사무실로 가서 전화를 걸기 시작했다. 어떤 사람은 이사를 갔고, 어떤 사람은 이미 이 세상 사람이 아닌 분도 있었다. 아직 그 동네에 살고 있는 사람들에게는 혹시 내가 심방을 해도 괜찮은지를 물었다. 백여 명과 통화했는데 그 중 네 명만 심방에 관심을 보였다. 그 네 명 중 두

가정은 교회로 돌아왔고, 한 명은 다른 교회에 출석하기로 했다.

네 번째 통화했던 사람은 정말 인상 깊었다. 이혼한 후 혼자 자녀를 다 키운 어르신이었다. 그녀는 전화통화에선 별 말이 없었지만 꼭 자신의 집에 들러 차라도 한 잔 하고 가라고 했다. 그 댁에 심방을 갔을 때, 그녀는 내 개인적인 영적 생활부터 시작해서 여러 가지 질문을 했다. 점차 나도 비슷한 질문을 했고 그때부터 그녀가 매우 활기찬 모습으로 변했다. "하나님과의 관계는 제겐 전부라고 할 수 있어요. 전 매일 아침 한 시간씩 기도하고 묵상을 한답니다. 그리고 잠들기 전에도 꼭 한 시간씩 그분과 교제를 해요. 제가 기도하는 곳을 한번 보실래요?" 그녀가 물었다. 그녀는 자신의 집에서 아주 특별한 의미가 있는 그 곳으로 나를 데려갔다. 방은 온통 종교적인 이미지로 가득했다. 십자가, 성상 같은 종교적인 그림들 말이다. 한쪽 구석에는 무릎꿇고 기도할 수 있는 작은 기도 의자와 제단 같은 게 놓여 있었다. 그녀는 활기찬 표정으로 말했다. "이곳이 바로 제가 하나님과 접속하는 곳이에요."

다시 응접실로 돌아와 차를 마시며 이런 저런 이야기를 나누었다. 그러다가 내가 물었다. "앞으로 교회에 다시 나오실 수 있나요? 주일예배 때 뵐 수 있을까요?" 그녀는 재빨리 대답했다. "오, 아니요. 전 교회 체질은 아니에요. 제가 필요로 하는 건 모두 기도방에 있어요. 사람들하고 예배드리는 건 많이 힘들어요. 그냥 지금이 좋아요. 하지만 초대해주셔서 고맙습니다. 제 이름은 이제 교적부에서 빼주시면 좋겠어요." 나는 머뭇거리며 무슨 말을 해야 할지 고민했다. 하지만 달리 할 말이 없었다. "정말 다시 교회로 오지 않으시겠어요?" 다만 다시 한 번 물어볼 뿐이었다. 그녀는 정중하게 말했다.

"고맙지만 사양할께요. 목사님. 보셨듯이 제게 필요한 건 여기도 다 있어요. 목사님이 하나님을 찾아가는 영적인 이야기를 들려주신 건 고맙습니다."

교회로 돌아오는 길에 마음에 실망감이 몰려 왔다. 교회를 섬기기 위해 수년동안 훈련받았는데 교회가 필요없으며, 교회가 없어도 아무 문제가 없다는 사람에게 어떻게 말해야 할지 몰라 당황했던 것이다. '그 할머니 생각이 맞을까? 예배하는 공동체가 없어도 신앙생활을 제대로 할 수 있고, 기독교인이라고 할 수 있을까?' 나 역시도 교회와 예배에 대해 잘못 알고 있던 부분이 있었기 때문에 그 질문에 제대로 답을 하지 못했던 것이다.

예배에 대한 잘못된 생각과 올바른 생각

자신의 집에서 예배를 드리고 있는 할머니에게 적잖은 도전을 받은 건 사실이다. 그녀는 예배에 헌신했고, 집중했고, 개인적인 예배생활이 삶에 긍정적인 영향을 미치는 듯 했다. 내성적이고 묵상을 좋아하는 나는 그 예배가 의미 있고, 변화의 능력도 있다는 걸 충분히 이해할 수 있었다. 내 개인적인 체험을 비춰봐도 그렇다. 오랫동안 나는 매일 아침 한 시간 이상씩 고독, 침묵, 기도, 성경 읽기, 일기 쓰기를 하며 하루를 시작했다. 촛불까지 켜놓고 말이다. 그 시간은 내게 아주 깊이 있는 시간이었다. 그리고 나와 하나님의 관계를 더욱 깊게 해주었다. 할머니가 다른 사람들과 함께 교회에서 예배드리는 걸 망설이는 이유도 이해할 수 있다. 나도 다른 사람과 함께 교회에서 예배드릴 때 하나님께 집중하기가 오히려 어렵기도 했으니까 말이다. 내 개인적으로는 할머니가 혼자서 예배를 드리는 건 찬성하는 편이다. 하지만 여전히 할머니가 믿는 사람들의 공동체인 교회에 나와 함께 드리는 공예배도 참석하는 것이 좋다고 권하고 싶다. 그 이유를 설명해 보자.

그 할머니는 내가 오랫동안 그랬던 것처럼 예배에 관해 불완전한 사고방식에 빠져 살고 있었던 것 같다.

잘못된 생각 :
예배는 개인적인 영감을 얻기 위한 지극히 개인적인 행위이다

그 할머니에게 예배란 개인적이었다. 그리고 정서적인 자극을 얻기 위해서 예배를 드렸다. 할머니가 한 일은 홀로 있기에 조용한 장소를 찾은 것이었다. 우리가 개인 예배를 드린다면(당연히 개인 예배 시간도 가져야 한다!), 그 시간에 영감을 체험할 수도 있다. (올바른 예배라면 반드시 그래야 한다.) 하지만 영감을 얻는 것이 공동체 예배의 궁극적인 목적이 아니다. 예배의 궁극적인 목적은 개인의 영감을 얻기 위해서가 아니라 공동체에 속한 사람이 공동체에 의해 공동체를 위해 변화하는 것이다.

사람들은 가끔 "나는 교회에 영감을 얻기 위해 간다."고 말한다. 아주 좋은, 어쩌면 경건한 욕구라고 생각한다. 우리는 하나님과 더욱 깊은 삶을 갈망한다. 그리고 우리가 예배할 때 그러한 접속이 이루어지는 것을 느낀다. 그 갈망이 죄는 아니다. 하지만 그렇게 느낌이 좋다 안 좋다의 개인적인 감정 때문에 더 큰 것을 추구하지 못할까 봐 염려스럽다. 물론 교회의 예배가 지루해서는 안 되지만, 그렇다고 예배가 우리 정서를 기분 좋게 해주기 위해 기획되어서도 안 된다. 교회가 지나치게 세속적인 오락프로그램의 형식들과 경쟁하려고 노력하다 보니 종종 어설프게 세속 프로그램을 흉내내고는 한다. 예배를 통해 영감을 얻는 것은 예배가 주는 부산물이지, 예배의 중심 목적이 아니다.

올바른 생각 :
예배는 사람들을 가르치고 인도하기 위한 공동체 활동이다

유대교부터 초대 교회인 예수님의 에클레시아 공동체에 이르기까지, 예배는 항상 공동체 활동이었다. 우리는 미래에 뿌리를 둔 독특한 사람들이기 때문에 예배한다. 우리는 이야기를 나누고 우리의 독특한 언어를 배우고, 그리스도를 따르는 사람들의 임재 속에서 삶을 찾는다. 우리는 교회에 스트레스를 풀어가는 게 아니라 훈련을 받으러 간다. 교회야말로 하나님이 누구시며, 우리가 누구이고, 우리 인생의 의미는 무엇인지에 대한 진실한 이야기를 들을 수 있는 유일한 곳이다.

또 하나 예배에 대한 잘못된 생각이 있다. 그것은 첫 번째 잘못된 생각과는 정반대이다. 하지만 그만큼 더 파괴적일 수 있다.

잘못된 생각 : 예배는 우리가 하나님께 빚진 자로서 반드시 이행해야 하는 의무이다

우리는 하나님께 반드시 예배드려야 한다는 말을 흔히 듣는다. 이 말은 사람들이 교회에 출석하도록 동기를 부여한다. 하지만 사실 하나님은 우리 예배를 필요로 하지 않으신다. 그분은 우리가 예배하지 않아도 하나님이시다. 우리가 예배하지 않아도 전혀 문제될 게 없으신 분이시다. 하지만 우리 입장에서는 그렇지 않다. 예배는 필요하다. 우리가 예배할 때 우리 삶이 진리에 조율되고, 진리에 젖어들어야 우리 영혼이 제대로 기능을 한다.

올바른 생각 : 예배는 하나님의 초대이다

예배는 의무가 아니라, 은혜로우신 하나님께 나아오는 초청이다. 예배는 하나님께서 우리를 위해 하신 일과 하고 계신 일에 대한 우리의 반응이다. 예배는 우리가 와서 그분의 아름다움과 선하심을 누리라고 부르시는 은혜로운 초청이다. 시편 기자는 이렇게 기록한다.

> 주의 궁정에서의 한 날이 다른 곳에서의 천 날보다 나은즉 악인의 장막에 사는 것보다 내 하나님의 성전 문지기로 있는 것이 좋사오니(시 84:10).

예배는 모든 준비 과정을 포함해서, 독특한 언어와 활동으로 하나님이 사람들을 빚으시는 강력한 방법이다.

예배는 선물이다. 예배는 축복이며, 한 번 경험하면 다시 갈망하게 되는 특별한 경험이다. 알프레드 노스 화이트헤드(Alfred North Whitehead)는 유명한 말을 남겼다. "종교란 각 사람이 자신의 홀로 있음 속에서 행하는 것이다." 내가 지적하고 싶은 예배에 대한 잘못된 생각이 바로 이것이다. 홀로 하는 것은 종교행위이다. 기독교는 종교가 아니다. 복음으로 사람들을 변화시키는 것이다. 복음은 하나님께서 그리스도 안에서 세상과 화목케 하셨다는 소식이다. 종교가 인간이 신을 찾아가는 노력이라면, 기독교는 하나님이 인간을 찾아오신 사건이다. 그런데 문제는 우리가 거기에 걸맞는 반응만큼 하나님께 예배하지 않고 있다는 것이다. "우리는 성령 안에서 그리스도를 통해 아버지의 사랑에 반응한다. 이것이 기독교 예배의 가장 기본적인 바탕이다."

- 7장을 다시 생각해보라. 다른 사람이 당신을 어떻게 축복하고, 당신은 다른 사람을 어떻게 축복하는지 생각해보라. 공동체 안에서 서로를 세우기 위해 어떤 역할을 하고 있는지 생각해보라. 공동체의 지체들과 이 생각을 나누어보라.

미학을 넘어서

혼자서 예배하는 삶을 고집하는 할머니를 방문했던 날의 기억은 아주 고통스러웠다. 그 할머니의 고집에 어떻게 반응해야 할지 몰랐기 때문이다. 몇 년이 지나서야 그 상황에 탁월한 대답이 될 수 있는 C. S. 루이스의 글을 접했다. 그는 친구에게 이렇게 편지를 썼다.

> 14년 전 내가 처음 기독교를 받아들였을 때, 난 신앙생활은 혼자서도 할 수 있다고 생각했었어. 내 방에서 혼자 조용히 신학서적을 읽고, 교회나 다른 모임은 갈 생각이 없었어. 사실 그 사람들이 부르는 찬송가가 싫었어. 5등급의 시를 6등급의 음악에 얹은 형편없는 노래 같더군. 시간이 지날수록 난 그들에게 놀라운 장점을 발견하게 됐어. 나와는 겉모습도 많이 다르고, 교육수준의 차이에도 거부감을 가졌었는데, 내 교만이 점차 무너지기 시작했어. 비록 6등급 같은 음악이어도 그 안에는 기도하는 마음이 담겨 있더군. 교회 구석에 앉아 고무장화를 신고 앉아 있는 늙은 노인에게나 도움이 되는 게 아니었어. 오히려 내가 그 사람의 신을 닦을 자격도 없는 사람인 걸 깨달았지. 결국 혼자 신앙생활을 할 수 있다는 교만에서 빠져나오게 되었다네.

루이스의 깨달음에서 배울 것이 많다. 첫째, 루이스는 신앙이 자신의 방에서 홀로 신학서적들을 읽으면서도 누릴 수 있는 거라고 생각했다. 하지만 그것으로 충분하지 않다는 걸 깨달은 것이다. 둘째, 물론 뛰어난 작곡자들의 작품과 비교할 때 찬양이 음악적으로는 형편없을 수 있다. 하지만 루이스는 겉이 아니라 예배자들의 마음을 보게 되었다. 그 안에 화려한 공연에서는 볼 수 없는 고동치는 하나님의 사랑이 움직이고 있다는 사실을 알게 되었다. 촌스럽고 별 볼일 없게 보였던 "고무장화를 신고 앉아 있는 늙은이"를 보면서 그 늙은 신자 안에 있는 하나님을 향한 열정과 헌신이 거룩함으로 이어지는 것을 보았다.

루이스가 말한 '혼자만의 교만' 때문에 그는 하나님의 사람들의 모임에 참여하지 못했다. 그것이 '혼자만의' 자신감이었던 이유는 그가 홀로 신앙생활을 할 수 있다고 생각했기 때문이고, '교만'이었던 까닭은 기독교 예배가 가치 있는 것이라고 여기지 않았기 때문이다. 하지만 하나님께서 개입하셔서 새로운 생각을 가르쳐주셨을 때, 루이스는 공적인 예배의 말로 표현할 수 없는 크나큰 가치를 발견하게 되었다. 우리가 이걸 꼭 기억했으면 좋겠다. 서로가 다르다고 할지라도 우리는 서로를 필요로 한다. 예배는 겉으로 드러나는 공연의 질보다는 예배를 하는 사람들의 마음이 중요하다. 예배는 '개인적인 채움'이 아니라 '사람들의 연합'이다.

예배가 지루할 수 있다

오늘날의 교회는 한 부류가 빠져 있다. 적어도 나이로 봐서는 아주 특별한 그룹이다. 바로 18살에서 29살까지의 젊은이들이다. 어떤 교회학자들은 이들을 '잃어버린 세대'라고 부른다. 젊은이들이 일단 18세가 되면 교회 출석을 중단한다고 한다. 그러다 12년쯤 지나면 마치 강남 갔던 제비들이 돌아오듯이 교회로 돌아온다고 한다. 결혼하고 첫 아이를 낳게 되면 교회에 가야 할 것처럼 느껴지기 때문이란다. 하지만 그들은 왜 18세가 되면 교회를 떠나는 걸까? 17살짜리 아이를 둔 부모로서 내가 내 아들이 교회 예배를 어떻게 생각하는지 알아내는 게 아주 중요하다는 것을 깨달았다. 어느 토요일 오후에 아들과 앉아서 주일예배에 대해 무엇이 좋고 무엇이 싫은지에 대해 대화를 나누었다.

"제이크(Jake), 교회가 좋은 점이 있다면 뭐라고 생각하니?" 내가 물었다.

"어떤 때는 설교가 제일 좋아요." 아들이 대답했다. "하지만 모든 설교가 다 좋은 건 아니에요. 내가 공감할 수 있는 설교, 위로와 격려의 메시지가 있는 설교가 좋아요."

"가장 별로인 건 그럼 뭐야?" 내가 이어서 물었다.

"노래하는 건 별로 안 좋아요. 다른 사람들이 노래하는 걸 듣는 건 좋은데, 다른 사람들하고 다같이 큰 소리로 노래하는 건 좀 별로에요. 그다지 중요한 것 같지도 않구요."

"모든 노래가 다 안 좋으니?"

"아뇨, 찬송가는 좋아요. 하지만 록밴드 음악으로 하나님을 찬양한다는 건 좀 이해가 안 되요. 예수님이 리드기타 치는 모습은 상상이 안가요. 저는 오히려 전통예배에 참석했을 때가 좋았어요. 고풍스러운 성가곡들(chanting)이 아주 멋졌어요. 하지만 예배 시간이 너무 길고, 오랫동안 서 있어야 하는 게 싫었어요. 저는 서 있는 게 싫거든요." 아들이 대답했다.

"예배의 다른 부분들 중 또 좋아하는 게 있니? 얻어지는 것이라든가?" 내가 물었다.

"기도가 좋아요. 하지만 어떤 때는 목사님 기도가 너무 길어요. 성경봉독을 듣는 것도 좋구요. 함께 성경을 교독하거나 합독하는 것도 좋아요. 사도신경을 함께 소리내어 고백하는 것도 좋아요. 왜냐하면, 함께 배우니까요."

아들이 대답했다.

"우리가 그룹으로 하는 것들, 세례를 베풀거나 성찬식을 하는 건 언제?"

"사람들이 세례를 받는 모습을 보는 건 좋아요. 아주 좋아요. 성찬식도 상당히 좋아해요. 하지만 빵이 그냥 비스킷 같은 것이 아니라 진짜 빵이었으면 좋겠어요. 성찬용 비스킷은 맛이 없어요."

"넌 지금 네가 출석하고 있는 교회에서 세례를 받았단다. 그리고 그 공동체에서 자라왔지. 우리 교회 공동체 사람들에 대해서는 어떻게 생각하니?" 내가 물었다.

"우리 교회가 많이 성장했잖아요. 그래서 사람들을 다 알지는 못해요. 하지만 제가 아는 사람들이 '제이콥, 네가 5살 때 교회에서 뛰어다니던 생각이 나는구나.'라고 말해주는 건 참 정감있어 좋아요. 연세드신 분들도 좋구요. 그분들이 제일 좋아요."

짧은 대화였지만, 아들과의 대화를 통해 많은 것을 배웠다. 아들 제이크가 찬송가를 좋아한다는 사실에는 놀랐다. 더 놀랐던 것은 밴드 음악을 좋아하지 않는다는 사실이었다. 내가 자랄 때만 해도 찬송가를 별로 안 좋아했고, 예배 시간에 전자기타를 연주하는 걸 좋아했는데 말이다. 어쩌면 변화가 생기고 있는지도 모르고, 아니면 그냥 아들녀석의 개인적인 취향인지도 모르겠다. 하여간 내 아들이 요즘 세상에 살고 있는 사람들이 별로 관심없어 하는 것들을 더 좋아한다는 사실이 흥미로웠다. 아무도 사도신경을 고백하지 않고, 예수님에 대해 설교하지도 않고, 교회 밖에서의 날마다의 삶 속에서는 성찬 예식에 참여하지도 않는데 말이다. 혹시 내 아들도 다른 많은 사람들처럼 12년 동안 교회에 나가 예배하는 것으로부터 안식년을 갖는다 해도, 여기에 소망을 두고 싶다.

어떤 사람들은 이렇게 말할지 모른다. "아드님이 18살이 되어도, 무조건 교회에 나가게 해야 합니다." 그것은 내가 이해하고 있는 하나님 나라의 성격과 또한 사람들의 마음의 특성과 정면으로 배치되는 생각이다. 나는 아들 제이크의 삶 속에서 일하시는 하나님을 전적으로 신뢰한다. 아들이 들었던 그 설교들은 결코 나쁜 땅에 떨어지지 않았다. 성찬에 참여했던 시간들, 하나님의 말씀이 봉독되는 것을 듣고 사람들과 함께 기도했던 시간들이 결코 헛되지 않을 것이다. 억지로 교회에 남아 있게 하느니, 나는 이 장의 뒷 부분에 소개되는 것들을 읽게 하고 싶다. 교회에 나가지 않는 것에 대해 죄책감을 느끼게 하는 대신 예배가 얼마나 흥분되는 일인지 스스로 느끼게 해주고 싶다. 이러한 변화는 진정한 예배의 의미가 무엇인지를 깨달을 때만 일어날 것이다.

- 자신이 속한 공동체의 예배에 대해 묵상하고 그 내용을 적어보라. 무엇이 더 하나님께 가까이가도록 도와주는가? 바꿀 수 있는 게 있다면 무엇을 바꾸고 싶은가? 바꾸고 싶은 것들로부터 무엇을 배울 수 있는가?

예배는 가치 있는 일이다

예배에 대해 자세히 살펴보자. 그러면 예배가 자기 만족이나 하나님에 대한 신적인 의무라고 가르치는 잘못된 생각을 극복하는 데 도움이 될 것이다. 또한 하나님의 집에 거하기를 갈망하게 될 것이다.

초대교회의 기독교인들은 유대교의 전통에서 자랐다. 유대교의 예배 형식들을 변형시켜 자신들의 새로운 신앙에 맞춘 것이다. 수백 년에 걸쳐서 기독교의 예배가 응집된 모습을 갖추게 되었다. 어떤 사람들은 우리가 초대교회의 예배 형식을 모방해야 한다고 하지만, 나는 지난 수세기 동안의 예배가 형성되어 온 과정이 이미 하나님의 백성들 가운데 하나님께서 역사하신 증거라고 생각한다.

신약성경은 모든 시대의 기독교인들이 모범으로 따라야 할 어떤 정해진 형식의 예배를 소개하지 않는다. 예배의 형식에는 사실 엄청난 자유가 있다. 사실 수세기 동안 예배의 형식은 어떻게 하면 진리를 새로운 세대들에게 전수할 것인가에 초점을 맞추고 변형되어 왔다. 예를 들면, 챈팅(chanting)에서부터 찬송가로, 찬송가에서 복음성가로 발전되고 변형되어 온 것이다.

예배의 형식이 핵심은 아니지만, 한편으로는 형식이 중요하지 않다는 의미도 아니다. 형식도 중요하다. 우리와 하나님의 관계, 그리고 다른 사람들과의 관계를 더욱 깊어지도록 돕는 데 필요한 기독교 예배의 요소들이 있다. 비록 모든 기독교 공동체가 예배의 요소들을 동일하게 사용하지는 않지만, 많은 예배 공동체가 자신들의 모임들에서 이 모든 요소나, 또는 그 일부분을 적용하고 있다. 이제 예배의 요소들이 우리의 영성개발에 각각 어떠한 영향을 주는지 하나씩 간단하게 설명하려고 한다. 나는 그것을 내 아들에게 왜 예배가 중요한지를 설명하는 편지 형식으로 쓰려고 한다.

예배의 중요성을 설명하기 위해 아들에게 보내는 편지

사랑하는 제이콥에게,

네가 매주일 교회에서 예배하며 자라기는 했지만, 네가 장성하면 스스로 교회를 계속 다닐지 말지를 결정할 때가 오리라 생각한다. 네 엄마와 나는 강제로 너를 교회에 출석시키지는 않기로 했다. 또한 만일 네가 교회에 다니지 않기로 결정해도 너의 죄책감을 자극하지 않으려고 최선을 다할 거란다. 하지만 네가 우리가 최고의 기쁨을 누리는 예배를 드리기 위해 알아야 할 몇 가지를 한 번 스스로 곰곰이 생각해볼 수 있길 바란다.

아빠도 교회가 페인트칠을 해놓고 마르기를 기다리는 시간처럼 지루할 수 있다는 걸 잘 안단다. 사람들이 천국에 가면 끝도 없이 예배만 드릴 거라는 말을 들을 때마다 몸서리를 치곤 했단다. 하지만 그런 일은 없을 거다. 아빠는 우리가 함께 모여 예배드리는 일이 특별하고 거룩하며 꼭 필요하다고 믿는단다. 왜 그런지 예배 형식의 각 요소들을 하나씩 예로 들어 설명해주고 싶구나.

환영과 인사 : 우리가 모일 때 가장 먼저 하는 일이 서로의 안부를 묻는 일이다. 초대교회 성도들은 "거룩한 입맞춤"을 통해 인사했다고 하더구나. 나중에는 사라졌지. 인사는 단순히 서로의 안부를 묻고 누가 왔는지 안 왔는지를 확인하는 거야. 우리는 모두 누가 자신을 알아주고 다른 사람에 대해 알아가는 것에 목말라한단다. 텔레비전 프로그램이지만 「치어스Cheers」

에 나오는 말처럼 서로 이름을 알고 있는 곳에 가고 싶어하는 거지. 세상은 매우 냉정하고 거침없는 곳이기도 해. 하나님 나라의 바깥 세상은 서로 먹고 먹히는 그런 치열한 곳이야. 그래서 자신들이 정말 환영받는 곳에 가는 걸 좋아하는 거야. 문 앞에서 웃으며 맞이해주는 사람, 커피를 권하는 마음씨 좋은 아줌마도 모두 너를 환영해주는 거야. 어느 도시에 있든 어떤 나라에 있든 만일 교회의 예배 공동체에 가면 누군가 너를 반갑게 맞아줄 거야. 그러면 넌 꼭 집에 와 있는 듯한 편한 느낌이 들겠지. 물론 그곳이 네게 집이 되어줄 거야!

고백과 죄사함 : 네가 아무리 노력해도 완벽한 삶을 살 수는 없을 거야. 그리고 가끔은 실수도 할 것이고 네 감정을 추스려야 할 때가 필요할 거란다. 만일 우리가 하나님과 다른 사람들 앞에서 정직하다면, 우리의 실패를 고백할 시간과 장소가 필요하지. 어떤 공동체들은 이것을 기도문에 적어서 목회자가 인도하거나, 함께 공동 기도하는 식으로 낭독하기도 하지. "자비하신 하나님 우리가 우리의 말과 행동과 생각에 있어, 또한 해야 할 것을 하지 않고, 하지 말아야 할 것을 하는 죄를 통해 주님께 득죄하였나이다." 이렇게 기도하고 나면 대개 인도자가 사죄의 확신을 선포한단다. "복된 소식을 들으십시오. 그리스도는 우리가 아직 죄인 되었을 때에 우리 죄를 위해 죽으셨습니다. 그것이 우리를 향한 하나님의 사랑입니다. 예수 그리스도의 이름으로 우리는 용서받았습니다. 아멘!" 어떤 공동체는 이것을 비공식적으로 하기도 해. 조용한 침묵기도의 시간을 갖는 거지. 어떤

방법이든지 이 예식은 우리가 정직하게 되고, 경건함을 추구하게 하며, 제자도를 따르는 다른 사람들에게 서로 위로의 말을 나누게 해주지. 죄를 짓는 것에 그치는 것이 아니라 용서함을 받는 것이지. 사죄의 확신은 우리가 모두 절박하게 경험하고 싶은 것이란다.

신앙고백, 십계명, 주기도문 : 초대교회 성도들은 자신들이 믿는 바들을 모아서 짧은 형식의 문서로 표현하는 신조를 만들었단다. (라틴어로 '크레도'는 "내가 믿사오니"라는 뜻이다.) 사도신경에서 니케아 신조에 이르기까지, 그리스도를 따르는 사람들이 자신들의 신앙을 고백하며 이단의 신앙을 경계하며 거부하는 의미로, 축약된 믿음의 고백을 암송해오고 있단다. 오랜 시간 동안 신앙고백을 암송하는 것을 통해 우리가 기독교인임을 드러내고 그리스도의 몸에 소속됨을 확인해주는 거지. 모든 공동체가 신앙고백을 암송하지는 않지만, 많은 경우 신앙고백은 모든 사람이 이해할 수 있는 언어로 우리의 신앙을 전달하는 방법이란다. 주기도문과 십계명 또한 같은 목적으로 사용될 수 있지.

네가 어렸을 때 이것들을 다 배웠지. 아빠와 엄마가 네 침대 머리맡에 십계명과 주기도문과 사도신경을 걸어두었던 거 기억나지? 그때부터 지금까지 그것들을 그대로 간직하는 네 모습에 아빠는 감동받았단다. 네가 어렸을 때 매일 밤 우리가 함께 암송하고 그 의미들에 대해 대화를 나누던 기억이 나는구나. 너는 십계명을 먼저 외우곤 했지. 하나님 외에 다른 신을 두지 말라는 게 무슨 뜻인지, 안식일의 의미는 무엇인지, 왜 거짓 증거하지 말아야 하는지에 대해 물어보곤 했지. 주기도문과 사도신경도 마찬가지였고. 그때 아빠가 네게 해준 대답들은 아빠의 개인 생각이 아니라 수백 년 전의 '기독교 교리문답'(구교와 신교)에 근거한 거란다. 바로 그 고백들 위에 교회가 세워졌단다. 이 세상은 옳고 그름은 다만 주관적이고, 신앙은 개인적인 사안이라고 말하지만, 그 교리들은 확실한 답을 제시해준단다.

성경과 설교 : 네 인생은 한 편의 이야기란다. 예배 공동체는 예배 중에 우리의 이야기를 전달하는 방법으로 성경을 읽고 설교를 한단다. 그것은 바로 네가 세례를 받고 공동체의 일원이 된 너의 이야기이기도 하단다. 네가 세례를 받을 때 온 교회가 너를 기독교 신앙, 즉 우리를 하나로 묶어준 그 이야기를 바탕으로 키우겠다고 맹세했단다.

어떤 공동체들은 하나님의 말씀을 설교의 형태, 그러니까 성경 본문을 설명해주고 적용해주는 형태로 듣는다. 성경은 우리에게 공동의 교과서이지. 우리를 하나로 묶어주고. 설교가 하나님의 말씀에서 비롯된 것이라면, 그것은 우리에게 믿음의 진리를 선포하지. 또 하나님께서 우리에게 위로하시고 확신을 주시고 때로는 기쁨을 주기도 하는 은혜의 방편이기도 하지.

설교자가 성령님의 능력에 사로잡혀 있었기 때문에, 나 또한 하나님의 위엄 앞에 아무 말도 못하고 그냥 앉아 있을 수밖에 없었던 경험이 내 생애 가운데 몇 번 있었단다. 내 친구이며 동료인 빌 바스윅(Bill Vaswig) 목사는 내가 들었던 아주 탁월한 설교자 중 한 명이란다. 가끔은 그분의 설교가 내 마음과 생각을 상상만 했던 지경까지 올라가게 해주곤 했지. 과연 성경이 왜 "복음을 전하는 사람들의 발길이 아름답다."고 했는지 알 것 같더구나(롬 10:15; 사 52:7).

아빠는 네가 우리 가운데 찾아온 복음의 전하는 사람들의 발걸음에 감사하는 마음을 잊지 않았으면 한다. 이 세상 어디에도 네 이야기를 이렇게 나눌 수 있는 곳은 없단다.

성찬식 : 사도행전을 보면 초대교회 성도들이 모일 때마다 함께 떡을 떼었다고 쓰여 있단다. "그들이 사도의 가르침을 받아 서로 교제하고 떡을 떼며 오로지 기도하기를 힘쓰니라"(행 2:42). 바울이 이방인들을 위해 교회를 개척했을 무렵에는 우리가 성찬이라고 알고 있는 것이 예배의 일부분이었다고 한다(고전 11:23-26). 성찬은 예수님의 죽으심과 그것이 의미하는 모든 축복을 기억하는 과정이란다. 성찬식 참여는 내가 사랑하는 기독교 공동체에 대한 모든 것을 상징화한 순간이란다.

첫째로, 성찬은 그들이 그리스도에게 소속된 영원한 공동체임을 기억하게 해주었단다(고전 10:16). 떡과 잔은 '위의 것을 찾는' 방법이었지. 왜냐하면 그들도 함께 죽었고, 그들의 생명이 그리스도와 함께 하나님 안에 감추어졌기 때문이란다(골 3:1-4). 함께 십자가에서 죽고 함께 부활하는 기적의 사건이 예수님의 살과 피를 상징하는 떡과 잔을 통해 체험되는 것이란다.

둘째로, 초대교회 사람들은 이기적이지 않고 넉넉하게 베푸는 공동체가 되는 것을 훈련했단다. 주님의 성찬은 모든 사람이 충분히 먹고 마실 것을 가지고 있는지를 확인하게 해주었단다. 만일 어떤 사람들이 너무 많이 먹거나 마셔서 모든 사람이 먹을만큼 충분하지 않은 경우가 생기면 바울이 그들을 꾸중했지(고전 11:20-22, 33-34). 바울이 "합당하지 않게 먹고 마시는 것"에 대해 언급한 까닭은 많은 사람이 생각하는 것처럼 '고백하지 않은 죄를 간직한 채 성찬에 참여하는 것'을 말하는 것이 아니라, 사실은 이것을 두고 한 말이란다(고전 11:27).

셋째로, 성찬은 그들이 하나된 공동체라는 것을 보여주는 것이란다. 바울은 그들이 하나라는 것을 상기시키기 위해서 떡의 비유를 사용했지. "떡이 하나요 많은 우리가 한 몸이니 이는 우리가 다 한 떡에 참여함이라"(고전 10:17). 그들이 모두 다양한 배경을 가진 사람들이었는데도(유대인과 이방인, 남자와 여자, 종과 자유인) 그들은 모두 그리스도 안에서 하나였단다. 그들이 하나의 떡을 떼었다는 것은 한 몸이라는 사실을 상징하는 거란다. 일상생활에서 늘 볼 수 있는 떡과 잔은 그들의 일상적인 삶을 기억하게 해주는 것이기도 하지.

넷째로, 잔은 그들이 화해의 공동체임을 기억하게 해주는 거란다. 예수님이 이렇게 말씀하셨어. "이것은 죄 사함을 얻게 하려고 많은 사람을 위해 흘리는 바 나의 피 곧 언약의 피니라"(마 26:28). 성찬은 그들의 죄사함을 기억하게 해주는 것인 동시에 그들이 서로를 용서할 수 있고 용서해야 하는 것을 기억하게 해주지. 또한 이 성찬을 통해 그리스도가 그들 안에 거하는 것은 그들이 선한 일을 위해 구별된 거룩한 공동체라는 사실을 기억하게 해주는 거야. 떡과 잔을 나누는 이 아주 간단한 성찬의식이 그들의 이야기를 전해주고, 자신들이 누구인지 어떠한 삶을 살아야 하는지를 기억하게 해주는 역할을 하는 거지. 하나님이 만드신 평범한 요소인 떡과 잔이 주님께 올려 드려지면 새롭고 특별한 것으로 변하게 된단다.

떡과 잔이 상징하는 것이 무엇인지에 대한 논쟁도 있고 심지어는 싸움과 분열도 있단다. 아이러니하게도 우리를 하나로 묶어주어야 할 성찬이 오히려 우리를 분열시키고 있다니. 네가 나중에 어디에서 예배를 하게 되든지 이 예식을 감사함으로 누리게 되기를 바란다.

노래 : 예배 중에 노래하는 것이 네가 그다지 좋아하는 것은 아니라는 것을 알지만, 노래는 예배에 있어서 중요한 거란다. 떡을 떼는 것과 함께 초대교회 성도들은 함께 찬양했단다.

그리스도의 말씀이 너희 속에 풍성히 거하여 모든 지혜로 피차 가르치며 권면하고 시와 찬송과 신령한 노래를 부르며 감사하는 마음으로 하나님을 찬양하고(골 3:16).

시와 찬송과 신령한 노래들로 서로 화답하며 너희의 마음으로 주께 노래하며 찬송하며(엡 5:19).

교회사를 통틀어 노래는 중요할 뿐 아니라 삶을 드리는 행위였다. 노래를 통해 우리의 이야기를 나누고, 찬양을 올리고, 음악을 통해서만 느낄 수 있는 기쁨을 경험하지. 하나님은 소리와 리듬을 통해 감동받고 동기를 부여받을 수 있도록 우리를 창조하셨단다. 음악은 우리의 정서와 육신을 함께 만지고, 하나님께 찬양으로 드려질 때는 설교나 성경공부를 통해서는 경험할 수 없는 삼위일체 하나님과 연결시켜주고, 다른 사람들과도 연결되도록 도와주지. 노래는 우리 몸 전체를 움직여야 해. 혀, 폐, 배도 말이다. 손뼉을 치거나 손을 올릴 때는 손을 사용하지. 이런 면에서 보면 예배는 전인적인 훈련이란다.

침묵 : 우리는 소음으로 둘러쌓인 세상에 살고 있지. 그리고 우리의 영혼이 쉼을 경험하거나 하나님과의 접속을 경험하고 싶을 때는 침묵을 위한 공간이 필요하단다. 많은 교회가 살아 숨쉬도록 침묵의 시간을 갖게 하는데, 아빠가 많이 좋아하는 거란다. 우리가 잠잠히 침묵할 때 성령님의 인도하심을 느낄 수가 있지. 우리가 사는 세상에서는 침묵의 기회가 많지 않단다. 그리고 우리의 영혼의 잘됨을 위해서 침묵은 반드시 필요한 거란다. 예배 중의 침묵은 기독교의 특이함을 나타내는 또 다른 증표가 되지. 침묵, 또는 몇 분 동안의 묵상은 하나님의 말씀이 우리 마음과 생각에 스며들수 있도록 도와준단다. 언젠가 너도 침묵을 소중하게 여기는 예배 공동체를 찾게 되기를 바란다.

헌금 : 네가 어렸을 때 가족의 헌금을 봉투에 넣는 일을 너에게 시킨 적이 있었지. 그리고 가끔은 네가 네 용돈을 헌금함에 드린 적도 있었단다. 어떤 사람들은 돈과 예배는 아무런 관계가 없다고 생각한다. 하지만 상관이 있

단다. 주님께 드리는 것 자체가 예배의 행위이기 때문이란다. 헌금은 입장료를 내는 것이 아니라 하나님께 드리는 우리의 선물이란다. 아빠는 네가 드리는 즐거움을 배우면 좋겠다. 또한 하나님 나라의 사역이 확장되는 것을 위해 드리는 헌금은 결코 헛되지 않다는 것을 배울 수 있으면 좋겠다.

축도 또는 파송 : 대개 예배의 마지막은 공식적인 파송으로 마무리한다. 그걸 우리는 축도라고 부르지. 목사님이나 지도자가 축복을 해서, 그러니까 회중들을 위로하고 격려하며 파송하는 거야. 예를 들면, "주는 네게 복을 주시고 너를 지키시기를 원하며 그의 얼굴을 네게 비추사 은혜 베푸시기를 원하며 주는 그 얼굴을 네게로 향하여 드사 평강 주시기를 원하노라."(민 6:24-26) 같은 기도문을 말하지. 이것은 우리가 어두운 세상의 빛이 되어야 한다는 사실을 기억하게 해준단다. 예배로 부름을 받았다면, 세상으로 보냄을 받는 거란다.

예수님에 의해 삶이 바뀐 아빠로서 아들인 네게 예배하는 삶보다 더 물려주고 싶은 건 없단다. 네가 유명해지거나 성공하는 것보다 예배하는 걸 더 원한다. 언젠가 네가, "아빠, 정말 좋은 직장을 구했어요. 제게 딱 맞는 일이구요, 게다가 월급도 많아요"라고 말하는 걸 듣고 싶구나. 하지만 내가 더 듣고 싶은 말은, "아빠, 아주 좋은 교회를 찾았어요. 사랑이 넘치는 사람들을 만났구요, 설교도 도전이 되고 영감을 줘요. 예배는 내 힘의 원천이고, 제 삶을 온전하게 빚어가요. 아빠, 저를 교회에서 키워주셔서 고마워요." 그런 날이 온다면 얼마나 행복하겠니!

일상 속에서 영원을 맛보기

웬델 베리(Wendell Berry)라는 소설가는 자신의 역작 『포트윌리엄의 이발사 Jayber Crow』라는 책에서 목회자가 되려던 소명을 거스르고 이발사가 된 한 남자의 이야기를 소개한다. 주인공 제이버(Jayber)는 비록 목사가 되진 않았지만 한 번도 교회를 향한 사랑을 잊은 적이 없다. 하루는 자신이 자란 교회를 청소하다가 예배를 드릴 때 교회가 영원의 세계에 도달하는 모습을 보는 꿈을 꾼다. 알렉산더 슈메만(Alexander Schmenmman)은 '예배는 세상에 모습을 드러내는 주님(epiphany)'이라고 했다. 소설 속에서 제이버 크로우는 세속적이고, 인간적이고, 깨어지고, 교만한 모습의 교회가 영원의 관점으로 보였던 그 순간을 생생히 묘사한다.

하루는 내가 그곳에 일하러 갔을 때였다. 졸음을 이기지 못하고 긴의자 뒤에 마루바닥에 낮잠을 자기 위해 몸을 눕혔다. 아직 잠결이었는지 깨어 있었는지(확실히 모르겠다) 교회에서 본 적이 없었던 사람들이 보였다. 예배당 뒷쪽 의자에 오디(Othy) 아저씨와 내가 함께 앉아 있었고, 코디(Cordie) 아줌마가 성가대에서 노래를 부르고 있었다. 마치 내가 그분들을 평소에도 주일마다 교회에서 본 것처럼 전혀 낯설지 않은 장면이었다. 그런데 그분들의 과거와 미래가 다 보였다. 어찌 된 일인지 시간과 공간을 초월해서 모든 장면이 한꺼번에 다 보였다. 열심히 일하고 노래하는 아주머니들, 조용하고, 망설이는 건지 수줍은 건지 아니면 피곤한 건지 모르겠지만 지친 영혼들도 보였다. 병든 사람들, 몸이 불편한 사람들, 절박한 사람들, 죽어가는 사람들, 어른들 옆에 끼어 앉은 어린아이들, 비전으로 가득한 젊은 부부들, 꿈을 간직한 노인들, 자녀들을 자랑스럽게 여기는 부모님들, 눈에 눈물이 가득한 할머니 할아버지, 세상의 끝에서 오직 서로의 배우자만 보이는 사랑스러운 젊은 부부들, 슬픔에 찬 미망인들, 자녀를 잃은 지 얼마 되지 않은 엄마와 아빠의 표정, 교만한 사람들, 겸손한 사람들, 경청하는 사람들, 산만한 사람들…, 이 모든 게 다 보였다. 남자들의 목뒷살의 쭈글쭈글한 주름살이 보였고, 일하느라 두꺼워진 굳은살 잡힌 손이 보였고, 하도 빨아서 닳아진 주일에만 입고 오는 그들의 옷이 보였다. 그들이 그저 거기에 서 있었다. 그들도 아무런 말을 하지 않았고, 나 역시 아무런 말도 하지 않았다. 나 역시 그들 중 한 사람이었다. 그 모습이 너무나 사랑스러웠던 것 같다. 나와 함께한 이들, 그들을 향한 내가 가질 수 있는 모든 사랑의 감정이 올라왔다. 다시 정신을 차리고 보니, 내 얼굴이 눈물로 젖어 있었다.

나는 이 이야기가 좋다. 왜냐하면 교회가 지극히 인간적인 모습(망설이고, 힘들어하고, 산만한)과 영원한 모습을 모두 갖고 있기 때문이다. 이 장을 시작할 때 "예배 공동체 없이 우리가 진정한 그리스도인의 삶을 살 수 있겠는가?"라는 질문을 던졌다. 내 대답은 이렇다. 물론 하나님과 함께라면 모든 것이 가능하다. 하지만 이젠 이렇게 묻는 게 나은 것 같다. "예배 공동체 없는 신앙생활을 애초부터 왜 하려고 하는가?"

영혼의 훈련

준비된 예배를 드리기

이번 주 영혼의 훈련은 리처드 포스터의 말대로 '거룩한 기대'를 가지고 교회에 가기를 과제로 하겠다. 교회 가는 걸 전쟁처럼 여기고 짜증나고 산만할 때가 많다. "늦겠다, 서둘러!" 아니면, "다른 사람이 내 자리에 앉았네!" 또는, "저런 옷을 입고 교회에 오다니, 믿을 수가 없어!" "오늘 설교는 정말 길구나."

이 장에서 우리는 예배에 대한 올바른 생각에 대해 토의했다. 예배는 의무가 아니라 초청이며, 내 필요를 채우는 것이 아니라, 영혼을 가꾸는 것이라고 했다. 또한 예배의 기본적인 요소들도 살펴보았다. 각 요소들이 갖는 의미와 역할에 대해서도 알아보았다.

그런 까닭에, 몇 가지를 미리 준비함으로써 더욱 의미 있는 예배를 드릴 수 있기를 바란다. 다음은 놀라운 예배 경험을 위해 도움이 될 만한 몇 가지 가이드라인이다. 다시 말하지만, 반드시 지켜야만 하는 규율은 아니다.

의미있는 예배를 위해

1. 여유시간에 미리 준비하라.

올바른 태도를 가지고 예배를 드리기가 말처럼 쉽지는 않다. 문제는 우리의 열정이 부족한 것이 아니라 시간적 여유가 부족하다는 것이다. 올바른 예배를 위한 올바른 태도는 예배당 입구를 향해 걸어가는 짧은 시간에 갑자기 형성되는 것이 아니다. 그것보다는 훨씬 더 미리 준비해야 한다. 그중에 하나가 주일 전날 밤에 일찍 잠자리에 드는 것이다. 그러면 다음날 일찍 일어날 수 있고, 예배하러 가기 전에 준비할 시간도 충분하게 확보될 것이다. 아침 식사를 하고, 옷을 챙겨입고, 예배를 위한 마음을 준비하는 데 적어도 몇 시간이 필요하다. 그러므로 마음의 여유를 갖기 위해서는 시간의 여유가 필요하다.

2. 일찍 도착하라. 예배에 집중할 수 있는 간단하지만 효과적인 방법은 예배 시작 시간보다 일찍 도착해서 마음의 준비를 하는 것이다. 리처드 포스터는 이렇게 조언한다. "예배에 적어도 10분 먼저 들어가라. 영광의 왕을 찬양하기 위해 마음을 준비하라." 이 원칙을 지켰을 때 나도 예배를 즐거워하며 예배에 늦게 도착해서 방해받는 것들을 줄이는 데 많은 도움을 얻을 수 있었다.

3. 거룩한 기대감으로 예배에 임하라. 앞에서 언급했듯이, 포스터는 예배자들에게 거룩한 기대감을 키우라고 말한다. 다음과 같은 간단한 기도를 드릴 때 우리는 예배에 기대감을 가질 수 있게 된다. "성령님 말씀하옵소서. 예수님 가르쳐주옵소서. 아버지, 당신의 사랑과 능력을 경험하게 하옵소서." 나는 하나님께서 이 기도에 응답하시고 싶어하신다고 믿는다. 또한 이 기도는 우리의 열망을 깨우는 기도이다.

4. 예배 순서에 집중하라. 예배에는 많은 순서들이 있다. 설교, 성경봉독, 노래, 성찬 등등 말이다. 그 순서들 중에서 이번 주에는 어느 특별한 순서에 집중

해보라. 예를 들면, 찬양에 집중하기로 선택해보자. 그랬다면 찬양의 가사나 리듬에 자신의 몸이 어떻게 반응하는지 주의깊게 살펴보라. 의미를 묵상해보라. 우리는 왜 찬양하는지, 우리가 찬양할 때 공동체에는 어떠한 일들이 일어나는지를 생각해볼 수 있다. 매주 각각 다른 예배 순서를 돌아가면서 선택할 수 있다. 매주 이렇게 해서 몇 달 정도 지나면 예배의 모든 순서를 한 번씩 묵상할 기회가 생긴다. 그렇게 되면 모든 예배의 순서들에서 하나님을 높이는 예배를 드릴 수 있게 될 것이다.

5. 하나라도 적용하라. 예배는 우리를 변화시키며 새로운 삶의 방식으로 이끈다. 포스터는 그것을 이렇게 표현한다. "예배는 거룩한 기대감으로 시작해서 거룩한 순종으로 마무리된다." 이번 주 예배를 통해 하나님께서 자신에게 무엇을 하기를 원하시는지 주의깊게 묵상하고 찾아보라. 누군가 당신과 대화가 필요한 사람이 있는 것은 아닌지? 어떤 영역에서 변화를 주어야 하는지? 하나님과 동행하는 삶을 위해 새로운 훈련과제를 시작해야 하는 것인지? 복잡하게 생각하지 말고 단순하게 생각하고 하나님께서 요구하시는 그 한 가지가 무엇일지 분별하도록 하라. 그리고 그것을 실천에 옮기면서 한 주를 살아보자.

chapter
9

함께 변화하기 위한 훈련 계획 세우기

| Writing a Soul-Training Plan |

때로는 끝이 새로운 시작을 의미한다. 내 경험에 비추어보면, 내게 많은 도움이 되었던 성경공부를 마무리할 때나 수련회나 세미나를 마칠 때쯤 되면, 앞으로 어떻게 해야 하나 하는 걱정에 어쩔줄 몰라할 때가 있다. 성경공부가 끝나면 이제 혼자서 어떻게 해야 하지? 내 안에서 역사하시던 하나님과 함께 했던 그 수많은 선한 것들을 혼자서 지속할 수 있을까? 제자도 시리즈를 마치면서, 이 책을 읽는 독자들도 동일한 질문을 할지도 모른다. "이젠 혼자서 어떻게 해야 하는가" 첫 번째 대답은 할 수 있는 한 모든 일에 하나님과 동행하라는 것이다. 그리고 다음에는 예수님의 가르침이 지속적으로 자신의 마음을 다스리고 빚어가실 수 있도록 자신을 내어드리라는 것이다.

내가 제안하고 싶은 마지막 훈련이 있다. 그것은 자신과 하나님, 그리고 다른 사람들과의 관계 속에서 지속적으로 성장을 경험할 수 있는 계획을 세우는 훈련이다. 돌에 기록된 것처럼 확정된 것이 아니라, 당신의 삶의 정황에 따라서 바뀔 수도 있는 계획들이다.

구체적인 계획과 전략과 공동체의 도움이 개인의 영적 성장에 엄청나게 커다란 도움이 된다는 사실을 깨달았다. 하지만 소수의 기독교인들만 훈련을 실천한다. 왜 그럴까? 두 가지 잘못된 생각 때문에 계획을 세우고 다른 사람들과 함께 훈련하는 것을 망설인다. 첫째, 계획은 필요없다. 둘째, 얼마든지 혼자서도 할 수 있다.

무슨 이유에서인지 사람들은 하나님과 동행하는 삶은 계획이나 노력이 필요하지 않다고 생각한다. 그냥 자연스럽게 일어날 것이라고 생각하는 것이다. 불행스럽게도 절대로 그렇지 않다! 계획이 필요없다는 생각은 잘못된 생각이다. 계획하는 데 실패한다면 실패를 계획하는 것과 다름없다. 인생에 그 어떤 것도 계획이나 전략 없이 벌어지는 일은 없다. 정원을 가꾸는 일이건, 살을 빼는 일이건, 또는 스페인어를 배우는 일이건 반드시 계획이 필요하다. 그것은 영성개발에 있어서도 마찬가지다.

두 번째 주장에 대해서는, 혼자서는 절대 이룰 수 없다. 시도조차 하지 마라. 우리는 고립되어 혼자 살도록 지음받지 않았다. 우리는 다른 사람들을 통해 후원받고, 격려받고, 지혜와 분별력을 얻는다. 기독교인의 삶은 공동체의 삶이다. 의도적으로 공동체를 이루고 그 안에서 더불어 살면서 믿음이 자라가도록 후원받고 도움을 받는 것이 공동체 삶의 특징이다. 당신과 함께 걸어가줄 사람이 많이 있다. 어쩌면 이미 그런 그룹에 속해 있을지도 모른다. 그렇지 않다면 지역교회에 출석하거나, 온라인에서 다른 지체들의 지원을 받을 수도 있다. 자신이 사는 지역에서 가까운 교회에 제자훈련 모임이 있는지 찾아보라.

어떻게 영적인 성장을 지속시킬 것인가? 두 가지를 시도해볼 것을 권한다. 첫째로, 예수님의 핵심 사상을 계속해서 공부할 수 있는 계획을 수립하고, 새로운 배움과 함께 실천해볼 수 있는 영성훈련을 지속해서 실시하라. 그리고 이러한 노력에 함께 동참해줄 믿을 수 있고, 격려와 위로가 되어주는 동반자를 찾아라.

오래된 훈련방법

초기 기독교공동체들은 성장을 위한 전략을 '규칙'(rule) 이라는 말로 표현했다. 규칙(rule)이라는 말은 원래 라틴어 '레귤라(regula)'에서 나왔다. 그 뜻은 한 개인의 의도를 진술해놓은 언약 또는 규정이라는 뜻이다. 첫 번째 레귤라는 아마 2세기 초반에 쓰여진 것으로 추정되는 '디다케(Didache)' 라고 불리는 초기 기독교 문서다. 그 문서는 초기 기독교인들의 삶의 방식에 대해 상세하게 적고 있다. 또 다른 규정집으로는 성 어거스틴이 5세기 무렵에 쓴 것이 있다. 가장 잘 알려져 있고 오랫동안 사랑받는 레귤라로는 6세기 무렵에 성 베네딕트(Saint Benedict)가 쓴 것이 있다. 그밖에도 구교나 신교에서나 시대마다 다른 많은 규정이 쓰여졌다. 하지만 나는 '규정'이라는 단어는 율법주의적이고 제한적인 느낌을 주는 것 같아서, '계획과 전략'이라는 말이 더 도움이 된다고 생각한다.

전략은 사람들에게 어떠한 도움이 되는가? 그것은 우리가 살고 싶은 삶을 살아갈 수 있도록 도움을 주는 균형잡히고 유익한 양식이다. 우리가 어떻게 살아야 할지를 지속적으로 상기시켜주는 것이다. 좋은 의도를 갖는 것에 그치는 것이 아니라 실천까지 할 수 있도록 돕는다. 그것은 법칙 모음집이나, 강제성을 띠거나 죄책감을 불러일으켜서 인생을 비참하게 느끼도록 만드는 문서가 아니다.

성 어거스틴이나 베네딕트의 규정들과는 달리, 제자가 되려는 모든 사람들에게 똑같은 기준과 규정을 제시하지 않으려고 한다. 대신 스스로가 균형잡힌 예수님의 제자로 살아가기 위해 도움이 되는 프로그램을 기획하는 데 도움이 될 만한 가이드라인을 제시하고 싶다. 이렇게 해서 자신의 계획과 전략을 수립했다면 다른 사람들과 나누도록 하라. 될 수 있으면, 이 시리즈를 함께 공부한 소그룹의 일원들이면 더욱 좋겠다. (이 책을 함께 공부했다면 용어와 개념들이 새롭지 않고, 또한 이 훈련을 그 사람들과 함께할 수 있어 좋을 것이다). 명심할 것은 내가 제안하는 전략은 따라야 할 법칙들의 모음이 아니라, 삶의 리듬이다. 적어도 지속적으로 성장하고 싶은 열망만 있다면 융통성 없다고 무시하지 말고 이 제안을 귀기울여 들어주길 바란다.

1. 삶의 레귤라(Regula) : 영혼의 훈련연습 계획을 작성하기

가장 큰 계명이 무엇이냐는 질문에 예수님은 이렇게 대답하셨다.

> 예수께서 이르시되 네 마음을 다하고 목숨을 다하고 뜻을 다하여 주 너의 하

나님을 사랑하라 하셨으니 이것이 크고 첫째 되는 계명이요 둘째도 그와 같으니 네 이웃을 네 자신 같이 사랑하라 하셨으니 이 두 계명이 온 율법과 선지자의 강령이니라(마 22:37-40).

크고 첫째 되는 계명은 우리의 존재 전부를 드려 하나님을 사랑하는 것이다. 마음을 다하고, 목숨을 다하고, 뜻을 다하는 하나님 사랑이다. 둘째 계명은 우리 이웃을 우리 자신같이 사랑하는 것이다. 이 말은 우리가 우리 자신을 사랑해야 한다는 것을 전제로 한다. 이 시리즈에서 정의했던 것처럼, 사랑은 "상대방이 잘되는 것을 바라는 것"이다. 우리는 우리 자신을 돌보고 또한 서로를 돌보는 데 힘써야 한다.

위의 본문은 "하나님을 사랑하고, 자신을 돌보고, 서로서로를 돌보라."는 것으로 요약될 수 있다. 만일 이것이 위대한 사명이라면, 우리는 최선을 다해서 그 일을 할 수 있도록 확실하게 계획하고, 전략을 세워야 한다. 이것을 실천하기 위해 도움이 되는 길, 그러니까 위의 세 가지 모두를 잘할 수 있는 방법은 이 제자도 시리즈마다 각 장 끝에 소개된 영혼의 훈련연습들을 실천하는 것이다. 이 훈련연습들은 바로 그 세 가지 영역으로 구성되어 있기 때문이다. 하나님을 향한 우리의 사랑을 키우는 방법, 우리 자신을 돌보는 방법, 다른 사람들을 사랑하는 방법으로서의 섬김과 나눔의 방법들이 그것이다. 아래에 이 시리즈에 소개되었던 33가지의 영혼의 훈련 방법들을 하나님 사랑, 자기사랑, 이웃사랑의 세 가지 영역으로 분류했다.

하나님 사랑	☐ 침묵과 피조물 감상하기
	☐ 받은 복을 세어보기
	☐ 시편23편으로 기도하기
	☐ 렉시오 디비나
	☐ 요한복음 읽기
	☐ 홀로 있음의 훈련
	☐ 하나님께 편지 쓰기
	☐ 하루를 경건하게 사는 법
	☐ 경건서적 고전읽기
	☐ 자투리 시간에 성경 읽기
	☐ 하나님과 함께 보내는 두 시간
	☐ 예배

건강한 자기사랑	☐ 잠 잘자기
	☐ 침묵
	☐ 삶의 여백 훈련
	☐ 속도 늦추기
	☐ 놀이
	☐ 안식일 지키기
	☐ 미디어 금식
	☐ 침묵 훈련

	☐	믿을 만한 친구 찾기
	☐	용서 훈련
이웃사랑	☐	환대
	☐	경쟁자의 성공을 위해 기도하기
	☐	은밀한 섬김
	☐	가진 것을 나누기
	☐	기도
	☐	험담하지 않고 하루 보내기
	☐	네 가지의 독특한 선행
	☐	자신의 믿음을 나누기
	☐	보물을 소중히 여기기
	☐	나와 뜻이 다른 사람도 사랑하기
	☐	물질의 청지기 훈련

목록들을 살펴보고 각 훈련들에 대한 기억들을 되짚어보자. 각 항목에 별표를 하거나, 자신의 삶에 영향을 가장 많이 끼친 순서대로 1부터 10까지 점수를 매겨봐도 괜찮다.

제1단계 : 목록에서 고르기. 자신의 훈련 계획을 작성하는 첫 번째 단계는 자신을 가장 많이 변화시켰다고 생각하는 영혼의 훈련연습 과제들을 5개에서 10개 정도 고르는 것이다. 자신이 좋아했던 훈련과제가 아니라, 하나님과 동행하는 삶을 살도록 변화로 이끌고 성장하도록 도울 만한 과제를 고르는 것이다. 예를 들면, 48시간 동안 미디어 금식을 하는 것이 마음에 들지 않았을지는 모르지만, 매우 유익한 훈련과제였을 수도 있다. 또한 훈련과제 목록을 6개나 7개로 좁혀보려고 노력해보라. 처음 시작 단계에는 적게 시작하는 게 좋다. 규정을 작성할 때 주의할 사항 하나는 성취할 수 있는 것, 즉 작은 일을 목표로 하는 게 중요하다. 사람들이 저지르기 쉬운 흔한 실수는 너무 많은 것을 한꺼번에 많이 하려고 계획해서, 계획을 지키는 일에 실패한다는 것이다. 그러므로 각 영역에서 최소 2가지 훈련과제를 균형이 깨지지 않게 선택하기를 권하고 싶다.

제2단계 : 목록에 없는 훈련과제 더하기. 훈련과제 목록에 소개된 것들만이 하나님과 동행하는 삶에 도움이 되는 유일한 방법들이 아니다. 사람들에게 도움이 되는 수많은 다른 영혼의 훈련들도 있다. 예를 들면, 나는 요한 웨슬레, 마틴 루터, 조지 맥도날드의 설교집을 읽는 것을 좋아한다. 왜냐하면 내게 영감을 줄 뿐 아니라 하나님을 향한 사랑과 헌신을 키워가는 데 도움이 되기 때문이다. 또한 개인적으로는 『다락방 *The Upper Room*』이라는 매일묵상집을 좋아한다.

영혼의 훈련연습들 외에도, 가끔씩 실천하면 개인의 영적 성장과 개발에 도움이 될 만한 다른 훈련들도 있다. 대개 그러한 훈련과제들은 두 번째 항목인 자기사랑 항목에 포함된다. 나는 승마를 아주 좋아한다. 개를 데리고 산책하는 것도 좋아하고, 오래된 소설책도 즐겨 읽는다. 내 친구들 중에는 배 타고 바다로 가는 것을 좋아하는 사람도 있고, 뜨개질을 좋아하는 사람도 있다. 내가 가르치는 학생 중에 한 명은 오래된 영화를 보는 것을 좋아한다고 했다. 자신이 정말 좋아하지만 자주 할 수 없는 일들 몇 가지를 훈련 목록에 포함하는 것도 좋다. 어떤 면에서 보면 그것들은 그다지 '영적인 것' 처럼 보이지 않을지도 모르지만, 그것들이 자신의 '건강한 삶' 에 영향을 미친다면, 그것들도 영적인 것들이다.

제자도 시리즈에서 소개된 훈련과제들 중 자신이 선별해놓은 것들에, 추가로 세 개에서 다섯 개 정도의 훈련과제들을 더하면 대략 열 개에서 열두 개 정도의 훈련과제가 하나님 사랑, 건강한 자기사랑, 그리고 이웃사랑을 더욱 키워나갈수 있도록 도와줄 것이다.

제3단계 : 시간과 빈도. 다음 단계는 얼마나 자주, 그리고 한 번에 얼마나 긴 시간을 영성훈련과제를 실시하는 데 사용할 것인가를 결정하는 것이다. 예를 들면, 성경 읽기가 자신의 영혼을 관리하는 데 도움이 되는 훈련과제라고 하자. 한 주에 몇 번 성경을 읽을 것인지 생각해보라. 어쩌면 매일 조금씩 읽을 수도 있고, 일주일에 두세 번 정도 읽는 시간을 가질 수도 있다. 그러고 나서 한 번에 얼마 정도의 시간을 할애할 것인가를 결정하라(한 번에 15분? 아니면 30분?). 아니면 읽을 분량(한 장, 두 장, 아니면 다섯 장?)을 정하도록 하라. 또다른 예로 든다면, 승마를 한 주에 한 번 할 것인가, 아니면 한 달에 한 번 할 것인가? 최대의 효과를 누리기 위해서, 또 너무 지나치게 몰입하지 않고, 지치거나 포기하지 않도록 시간 배분을 잘해야 한다.

제4단계 : 균형과 조화를 바탕으로 계획 세우기. 지금까지 작성한 훈련과제

목록을 살펴보면서 다음의 두 가지 기준을 염두에 두면 좋다. 첫째, 지금 작성된 훈련과제 목록이 균형이 잡혀 있다고 생각하는가? 다시 말하면, 하나님 사랑, 자기사랑, 이웃사랑의 항목에 골고루 훈련과제가 분배되어 있는가? 둘째, 작성한 규정들을 실천할 수 있는가? 정말 성장하기 원한다면, 모든 과제는 균형잡혀 있어야 할 뿐 아니라, 계속해서 실천할 수 있어야 한다. 지금 당장 위 두 질문에 대답할 필요는 없다. 내가 처음에 작성했던 규정을 다시 보면 균형도 없고, 실천할 수 있어 보이지도 않았다. 처음에는 너무 많은 훈련과제들을 목록에 포함시켰고, 그마저도 하나님과의 개인적 관계를 개발하는 부분에만 집중적으로 훈련과제들이 몰려 있었다. 훈련의 빈도수도 처음부터 너무 크게 잡았다. 처음에 "하루에 매일 세 시간씩 하나님과의 교제시간을 갖는다."라고 적을 때부터, 실천할 수 없다는 것을 알았어야 했다. 내 하루 일과를 보면 그 일은 전혀 할 수 없는 일이었다. 하지만 하나님과의 교제는 내게 있어 가장 필요한 영성훈련의 과제이기도 하다. 이렇게 시도해 보기 전에는 할 수 있을지 없을지를 판단하기가 쉽지 않다. 다른 사람들이 당신의 계획을 점검하고 조언을 해줄 수 있다면 큰 도움이 될 것이다.

다음 표는 내 동료인 매트 존슨(Matt Johnson)의 영성훈련 계획이다. 표를 보면 알겠지만, 매트는 묵상 중심적인 사람임을 알 수 있다. 그는 하나님과의 시간을 매우 즐기는 사람이며, 그 시간을 통해 많은 유익을 누린다.

표에서 보다시피, 매트의 영성훈련 계획은 개인기도 시간과 홀로 있는 훈련의 시간이 여러 번 포함되어 있다. 그의 규정에는 하나님의 임재를 경험하기 위해 매일 15분씩 하나님과 시간 보내기가 포함되어 있고, 월요일에는 한 시간 동안의 기도 시간, 일주일에 두 번의 렉시오 디비나, 그리고 한 시간씩의 거룩한 놀이 시간이 한 달에 세 번 계획되어 있다. 모두 아주 좋은 영적훈련 과제들이다. 하지만 홀로 있는 시간이 익숙하지 않은 대부분의 사람들에게는 매우 실천하기 힘든 과제들이기도 하다.

비록 매트의 훈련계획들이 하나님과의 개인적인 관계 개발에 치우쳐 있는 듯해 보이지만, 그러한 훈련과제 시간들을 줄이라고 말하지 않는 이유는 그가 그런 훈련들을 통해 얼마나 큰 유익을 경험하는지를 잘 알기 때문이다. 그는 자신의 훈련계획에 충분한 자기 돌봄의 과제들(정원 가꾸기, 기타 연주, 아내와 데이트 하기, 영성지도)을 포함시킬 뿐 아니라, 이웃 사랑(매일 설거지하기, 일주일에 세 번 선행 베풀기)의 훈련과제들도 포함시켰기 때문이다. 매트가 자기 자신을 위해 하는 훈련과제 중에 가장 좋은 것 하나는 그를 도와 그의 훈련 계획이 얼마나 유익한지를 분별해주고, 필요하다면 조절해줄 수 있는 영적 지도자와 한 달에 한 번 멘토링 받는 시간을 갖는다는 것이다.

〈매트의 훈련계획표〉

☐	매일 15분씩 두 번에 걸쳐 설거지하기 (오전과 오후)
☐	매일 하나님의 임재 연습하기 (오전 6:45-7:00)
☐	일주일에 세 번 30분씩 정원 가꾸기, 집 주변 정리하기 (월, 화, 목 오전 7:00-7:30)
☐	일주일에 네 번, 매 20분씩 기타 연주하기 (월~목, 오전 9:20-9:40)
☐	일주일에 한 번, 월요일마다 관상기도와 중보기도하기

- ☐ 일주일에 두 번, 화요일, 목요일, 렉시오 디비나 훈련
- ☐ 매주 수요일에 두 시간씩 홀로 있음을 훈련하기 (오전 7:20-9:20)
- ☐ 환영의 기도 – 일주일에 한 번 훈련 사항 점검하기 (목요일 오전 8:30)
- ☐ 캐서린과 일주일에 한 번 데이트 하기 (목요일 저녁 한 시간 동안)
- ☐ 한 달에 세 번 안식일 지키기 (금요일 저녁부터 토요일까지)
- ☐ 섬김 – 일주일에 3가지 착한 일하기
- ☐ 스케줄에 따라 한 달에 한 번 영성지도 받기

2. 계획을 작성할 때 다른 사람의 도움받기

경험에 비추어보면 예수님의 제자도를 따르는 다른 동료들의 도움을 받는 것이 큰 도움이 된다. 특별히 균형 잡힌 계획인지, 실천할 수 있는 계획인지를 확인하는 데는 더욱 그렇다. 우리는 항상 객관성을 유지할 수 없기 때문에, 때로는 다른 사람들이 우리가 놓치는 부분을 발견해줄 수 있다. 한 번은 내가 이끄는 소그룹의 어떤 사람의 영성훈련 계획표를 보고는 단번에 균형 잡히지 않았다는 것을 알아봤다. 하나님과 보내는 시간에 관한 훈련과제가 두 개 있었고, 자기 자신을 위한 훈련과제는 전혀 없고, 이웃사랑을 위한 훈련과제는 10개나 적어놓았던 것이다. 이 사람은 남에게 베푸는 데 아주 큰 열정을 가지고 있었고, 다른 사람들을 사랑하고 섬기기 위해 존재하는 사람 같았다. 하지만 나는 그 형제가 볼 수 없었던 영적 불균형에 대해 지적해줄 수 있었다. 이것이 영성을 지도하는 한 방법이다. 우리의 훈련 과정에 다른 사람들이 개입하여 그들의 의견을 들을 수 있다는 것은 아주 좋은 선물이다.

또 다른 방법은 그룹 내의 모든 사람의 영성훈련계획을 다 적어놓고, 일정한 기간 동안만이라도 모두가 함께 실천하겠다고 동의하는 훈련들만 모아 적는 것이다. 내 친구 중 한 명은 이 시리즈를 함께 공부했던 소그룹 구성원 8명과 함께 위의 방법대로 해보았다고 한다. 시리즈를 마치고, 한 달 동안 각자의 영성훈련계획을 작성하기로 했다. 그러고 나서 모두 함께 모여 각자 써온 것을 발표했다. 그리고 모두가 함께 한 달 동안 연습하기로 한 영성훈련 과제목록을 작성했다(아래 표 참조). 두 주에 한 번 만나서 서로가 어떻게 실천하고 있는지를 점검했다. 이메일을 통해 어떤 것이 잘 진행되고 있으며, 어떤 부분이 어려운지에 대한 진행상황을 나누기도 했다. 그렇게 함으로써 자신의 훈련과정에서 깨달은 것들을 서로에게 알려주었다.

함께 실천하겠다고 동의한 훈련과제 목록과 얼마나 자주 그 과제를 실천하겠다고 약속했는지 빈도수를 살펴보라. 예를 들면, 안식일 지키기 훈련은 모두에게 공통적으로 중요하다고 여겨지는 훈련과제이지만, 함께 동참하는 모든 사람이 매주 실천하기 힘들다고 판단했다. 그래서 안식을 지키는 훈련과제는 매달 셋째 주일만큼은 반드시 지키기로 약속했다. 이렇게 준비 과정에서부터 서로가 서로에게 도움을 주며 각자에게 맞는 훈련과제가 무엇인지를 나눌 수 있었다. 실제로 몇몇 훈련 과제들은 모든 사람이 같은 날에 실천하기가 힘들다는 결론을 얻기도 했다.

〈함께하는 훈련계획〉

☐	매달 세 번째 주일에 안식일 지키기 훈련

□	한 달에 한 번 요한복음 읽기 (한번 앉으면 끝까지)
□	매일 산상수훈 읽기 (대략 하루에 15분, 월요일부터 금요일까지)
□	매일 10-15분 침묵의 시간 갖기
□	속도 늦추기, 운전하면서 제한속도 지키기, 하나님의 임재를 느끼기, 지나가는 차의 운전자를 위해 축복해주기
□	한 주에 최소한 한 번 메모를 전하거나, 이메일을 쓰거나, 전화를 걸어 새로운 인간관계를 맺거나 기존의 인간관계를 강화하기
□	매일의 기도 중에 다른 사람을 위한 중보기도하기

그룹 훈련과제는 대부분 실천가능한 것이었지만, 산상수훈을 매일 읽기로 했던 훈련과제는 각자의 스케줄이 너무 달라 어려웠다고 한다. 어떤 사람들, 특히 점심 시간을 자유로이 활용할 수 있었던 사람들에게는 앉아서 읽는 것이 쉬웠다고 했다. 다른 훈련과제들이 자신들의 삶에 끼친 영향이 매우 컸다는 사실에 놀랐다. 예를 들면, 운전할 때 제한속도 지키기(물론 법으로 정해져 있지만) 같은 훈련과제는 그룹의 구성원들에게 큰 영향을 끼쳤다. 비록 어떤 사람들은 5분에서부터 시작해서 10분 그 다음은 15분, 이런 식으로 점점 시간을 늘려가야 했지만, 매일 10-20분 동안의 침묵시간을 갖는 것도 매우 도움이 되었다.

이 사례들은 균형과 조화가 얼마나 중요한지를 보여준다. 이것들은 참조해서 가이드라인으로 삼으라고 제시한 것이지, 어떤 일이 있어도 반드시 따라 해야 하는 것은 아니다. 하지만 여전히 우리보다 경험이 있는 사람들의 사례에서 배울 만한 가치는 있다. (심지어 일정기간 동안 잠시 흉내내는 것도 그렇다.) 바울은 고린도교인들에게 다음과 같이 썼다.

> 그리스도 안에서 일만 스승이 있으되 아버지는 많지 아니하니 그리스도 예수 안에서 내가 복음으로써 너희를 낳았음이라 그러므로 내가 너희에게 권하노니 너희는 나를 본받는 자가 되라(고전 4:15-16).

바울이 자신을 본받는 자가 되라고 말한 것은 자신이 완벽한 모범이라서가 아니라, 그들에게 보여줄 유일한 모델이었기 때문이다. 우리가 처음 시작할 때는 우리보다 앞서서 예수님의 제자도를 경험해본 사람들을 따라 노력하는 것도 좋은 생각이다.

나는 이것을 내 영적 스승인 리처드 포스터(Richard Foster)와 달라스 윌라드(Dallas Willard)와 함께 보낸 시간들을 통해서 배웠다. 내가 젊었을 때는 그분들의 영성훈련 과정을 흉내내며 따라했다. 특별히 리차드 포스터의 기도 생활은 내게 영감을 주었다. 그래서 그분이 기도하는 모습을 볼 때마다 나도 그렇게 기도했다. 심지어는 그분이 의자에 앉을 때 두 손을 무릎에 올려놓는 모습까지도 흉내냈다. 달라스 윌라드 교수와 함께 지내며 동역할 때는 그분이 성경 암송하는 모습에 큰 도전을 받았다. 상당히 많은 구절들을 암송하셨다. 은퇴하시기 전까지 매일 저녁 늦게까지, 어떤 때는 아주 밤 늦게까지 암송을 하셨는데, 큰 감동을 받아서 나도 말씀 암송을 시작했다. 하지만 시간이 지나면서 내게 꼭맞고 필요한 훈련이 무엇인지를 발견하게 되었다. 그리고 오랜 시간에 걸쳐 나만의 훈련방법을 가질 수 있게 되었다. 그래서 내가 이것을 다른 사람들과도 나눌 수 있게 된 것이다. 기도하며 어떻게 자신에게 꼭맞는 훈련방법을 찾을 수 있을지 고민해보기 바란다.

3. 공동체 속에서 자신의 훈련과제를 실천하기

균형과 조화를 이룬 영성훈련계획을 작성한 후에는 그것을 직접 실천해야 한다. 계획을 하는 것만으로는 아무런 유익이 없다. 그것을 실천해야 한다. 이것이 무슨 의미인가. 첫째로, 자신의 일정을 확인하고 언제 훈련과제들을 실천할 수 있을지 시간을 잘 계획해야 한다는 뜻이다. 시간을 계획하는 것은 아주 중요할 뿐 아니라, 많은 사람들이 실패하는 부분이기도 하다. 계획하지 않고 시간을 정하지 않는다면 결코 실천할 수 없다. 예를 들면, 매주 안식일을 지키는 훈련을 하기로 했다면, 일정표에 기록하고 그 일정표대로 시행해야 한다. 둘째로, 될 수 있다면 훈련과제 목록을 항상 지니고 다니는 것이 도움이 된다는 사실을 깨달았다. 몇 장을 복사해서 냉장고나 화장실 거울 같은 곳에 붙여놓는 것도 좋다. 눈에서 멀어지면 마음에서도 멀어진다는 말이 있다. 훈련계획서가 눈에 띄인다면 계속 자극을 받아서 실천하게 될 것이다.

다음은 정기적으로 만나서, "계획대로 잘 진행되고 있어요?"라고 물어줄 친구를 정하라는 것이다. 누군가 이렇게 점검해줄 사람이 있으면 굉장한 도움이 된다. 한 연구에 의하면, 상호신뢰를 바탕으로 점검해주는 사람이 있으면 목표를 달성하는 성취도가 증가한다고 한다. 열정이 아직 뜨거운 처음 두 주간 정도는 다른 사람들의 점검이 필요없을 수도 있다. 하지만 시간이 지날

수록 계획을 지속할 수 있도록 도전하고 점검해줄 사람이 필요할 것이다. 중간점검 질문서를 만들어 훈련계획이 어느 정도 효과가 있는지, 어떤 부분이 잘 진행되고, 또한 어떤 부분이 힘든지, 어떤 변화를 주어야 조금 더 효율성이 높아질지를 점검하는 것도 좋은 방법이다. 다음에 소개되는 질문들이 자신의 영성개발훈련 프로그램을 통해 하나님께서 어떻게 역사하고 계시는지를 점검하는 데 도움이 될 것이다.

개인을 위한 점검

1. 내가 지금 하고 있는 일 속에서 하나님은 어떻게 역사하고 계신가?
2. 내가 가장 즐기고 있는 훈련과제는 무엇인가? 가장 별로인 것은?
3. 내 자신의 규정들 중에서, 만일 필요하다면 바꾸거나 조절이 필요한 것이 있다면?

그룹을 위한 점검

1. 지난 만남 이후로 가장 힘들게 하는 잘못된 생각(편견이나 오해)이 있다면 무엇인가?
2. 자신의 훈련계획을 얼마나 잘 실천하고 있는가?
3. 자신의 훈련계획에 있는 영성훈련 과제들을 통해 하나님께서 가르치시려고 하는 것이 있다면 무엇이라고 생각하는가?
4. 우리가 당신에게 어떤 도움을 줄 수 있겠는가?

아래에 소개되는 예수님의 제자들의 가치관은 제자도 시리즈에서 발췌한 것이다. 그것들은 예수님을 따르는 사람들이라면 누구나 붙들어야 할 가치관이다. 제자도를 추구하는 소그룹이라면 함께 이 가치관을 통해 개인적으로나 그룹에서 어떤 상태로 어떻게 진행되고 있는지를 점검해봐야 한다.

〈예수님 제자를 위한 가치관 목록〉

· 잘못된 것과는 타협하지 않는 자세

· 이웃을 섬김에 민감함

· 자신의 삶 속에 연관된 모든 사람과 모든 영역에 대한 기도의 생활화

· 나를 해치려는 사람들에게 복수하지 않겠다는 태도

· 탐욕이나 성욕의 지배받기를 거부함

· 내게 있는 물질을 사용해 하늘 보화를 위해 투자함

· 다른 사람을 정죄하거나 험담하지 않기

· 어려움에 처한 사람들을 의식하고 양심에 따르기

· 격려와 칭찬

· 하늘에 계신 아버지를 영화롭게 하기 위해 모든 일에 최선을 다함

마지막 격려의 말

제자도 시리즈 세 권의 책을 모두 읽고, 거기에 소개된 영성훈련 연습들을

다하고 여기까지 왔다면, 당신은 아주 엄청난 일을 해낸 것이다. 이 책이 출판되기까지 지난 10년 동안 백여 명의 프로그램 참여자들과 소그룹 훈련을 통해서 제자훈련 과정은 결코 쉽지 않다는 것을 잘 알게 되었다. 그러나 놀라운 것은 훈련이 분명하게 효과가 있다는 것이다. 이 책을 읽고 있는 독자라면 동의하리라 생각한다. 오늘날 좋은 책들도 많고, 커리큘럼들도 많다. 그리스도와 동행하는 법에서부터 시작해 제자도의 핵심, 그리고 성경공부를 통해 제자가 되는 법에 이르기까지 수많은 자료들이 우리 주변에 널려 있다. 그런 까닭에 자료가 없어서 또는 능력이 없어서 제자도를 이루기 어렵다는 핑계는 이제 통하지 않는다. 정말 중요한 것은 이것이다. 우리가 실천할 것인가? 끝까지 최선을 다할 것인가? 하나님을 향한 사랑과 건강한 자기 사랑, 그리고 다른 사람들을 섬기는 일에 있어 깊이가 더해질 때까지 지속적으로 노력할 것인가?

  이 책을 통해 독자들이 우리 주 예수 그리스도의 지식과 은혜 안에서 지속적으로 성장해 나가는 데 도움을 주는 훈련과 지혜를 받았기를 기도한다.

The Good and Beautiful
COMMUNITY

이 책은 우리 자신의 영적인 여정을 통해 배운 진리를 바탕으로 쓰여졌다. 그 진리는 바로 우리에게는 공동체가 필요하다는 사실이다. 이 지침서도 줄곧 공동체라는 상황 속에서 개발되었다. 공동체는 하나님 나라가 우리의 삶 속에서 어떻게 역사하고 있는가를 발견하는 기쁨을 나누는 곳이다. 이 책을 읽으면서 새로운 통찰을 발견한 기쁨을 나누는 곳이 바로 공동체이며, 또한 글쓴이의 의견에 맞서 반박할 수 있는 곳도 공동체이다. 우리 각자에게 하나님이 주신 선물을 깨닫는 곳이 공동체이며, 내 자신이 그리스도 안에서 형제와 자매들에게 선물이라는 사실을 깨닫는 곳도 공동체이다. 우리 안의 상처와 문제를 성령님의 인도하심으로 드러내는 곳도 공동체이다. 공동체는 얼마나 놀라운 선물인가!

앞서 두 권의 책들(『선하고 아름다운 하나님』, 『선하고 아름다운 삶』)과 마찬가지로, 이 책에서도 소그룹 인도자 지침을 만들었다. 개인들이 공동체로 변화해가도록 돕는 도구로서 말이다. 각 장은 다시 여러 작은 부분들로 나뉘어져 있다. 그 부분들은 각각의 소모임의 성격과 맞게 얼마든지 변형해서 사용할 수 있다. 원한다면 얼마든지 질문들을 건너뛰거나 새로운 질문들을 덧붙여도 좋다. 책을 읽다가 발견했던 좋은 구절이나, 특별히 도움이 되었다고 생각했던 구절과 질문, 또한 책의 내용 중간 중간에 나오는 질문들을 소그룹 토의에서 사용해도 괜찮다.

소모임 참여 인원에 따라 다르겠지만, 이 지침을 이용해서 진행하면 60분에서 90분 정도 걸린다. 각 부분을 진행할 때 얼마 정도의 시간이 소요되는지도 대략 표시했다. 만일 소모임에 참여 인원이 6명 이상일 경우 최소 90분 정도가 소요될 것이다. 만일 당신이 이 책을 교재로 사용하는 소그룹의 인도자라면, www.apprenticeofjesus.org 을 방문해서 블로그, 비디오 자료, 음성 듣기와 그밖의 필요한 자료들을 구할 수 있다. 하나님 나라를 경험하기 원할 때 사랑이 넘치고 특별한 공동체를 통해 하나님의 축복을 경험하게 되기를 소망한다.

매튜 존슨

부록

소그룹 토의를 위한 인도자 지침

매튜 존슨과 크리스토퍼 제이슨 폭스 함께 지음

chapter 1
하나님의 공동체는
독특하다

하나님께 마음 열기 ^{5분}

5분 정도의 침묵 시간을 가져 일상의 분주함과 긴장을 내려놓고 소그룹 모임에 집중할 수 있도록 분위기를 만들라. 침묵 시간을 마무리하면서 조원 중 한 사람이 짧은 기도를 인도하고, 묵상 종을 치거나 '아멘'이라고 말함으로 마무리하라.

영혼의 훈련 나눔 ^{15-20분}

한 그룹에 6명 이상의 사람들이 참여하면, 그룹을 다시 3명이나 4명으로 나누라. 아래의 질문을 활용해서 하나님과 두 시간, 그리고 독특한 실천으로 네 시간을 어떻게 사용했는지 자신의 영혼의 훈련 경험을 나누어보자.

 하나님과 두 시간

- 하나님과의 두 시간을 어떻게 보냈는지 나누어보자. (한꺼번에 두 시간을 보냈는가? 아니면 15분씩 여덟 번에 나누어서 보냈는가? 한 시간의 예배를 드렸는가?)
- 글쓴이가 제안한 조용한 경건의 시간을 위한 8가지 단계를 어떻게 활용했는가? 혹시 한 단계라도 건너뛴 항목이 있다면, 왜 그 활동을 건너뛰었는가?
- 하나님과 두 시간을 보내는 과정 중에 어떠한 어려움을 경험했는가?

- 하나님과 보낸 두 시간이 당신에게 어떠한 영향을 주었는가?

🦋 4가지의 독특한 실천
- 4가지의 독특한 실천이 당신에게 어떠한 영향을 주었는가?
- 이 영혼의 훈련을 하면서 어떠한 것이 도전이 되었는가?
- 당신의 독특한 실천을 통해 독특한 하나님이 어떻게 표현되었는가?
- 이 세상의 가치에 '순응하지 못하는' 훈련과제가 당신이 이 땅에 속한 것이 아니라 다른 곳의 시민권을 가진 사람이라는 것을 느끼게 해주었는가? 자신의 경험을 나누어보자.

책 내용 살펴보기 ^{30-40분}

영혼의 훈련 나눔을 위해 그룹을 나누었다면, 책 내용 토의를 위해 다시 모이도록 하라. 시간에 쫓긴다면, 아래의 질문들을 먼저 읽고, 어떤 질문을 특별히 토의하고 싶은지 결정하고, 그 질문들부터 먼저 토의하도록 하라.

🦋 교회에 대한 가장 오래된 기억은 어떤 것인가? 교회에 대한 기억이 하나님에 대한 이해에 어떠한 영향을 주었으며, 다른 사람들과 나누는 삶에 또 어떤 영향을 주었는가?

🦋 선하고 아름다운 공동체를 만난 경험이 있는가? 만일 있었다면 자신의 경험을 설명하고 그 공동체의 특성이 무엇이었는지 나누어보자.

🦋 39-40쪽에 있는 아테나고라스의 인용문을 소리내어 읽어보라. 기독교인들에 대한 그의 설명 중 가장 인상깊은 표현은 무엇인가? 만일 아테나고라스가 당신이 지금 속해 있는 공동체를 묘사한다면 무엇이라고 표현할 것 같은가?

🦋 글쓴이는 하나님의 독특한 백성들을 다음과 같이 묘사한다.

"예를 들면, 만일 내가 (성령님의 능력으로 인해) 내 자신의 삶에 대해 사실대로 이야기하기 시작하면, 나는 이상한 사람으로 여겨질 것이다. 만일 내가 느리게 사는 법을 배울 수 있고, 어떤 상황에서도 분노하지 않고, 오히려 나를 화나게 하는 사람들을 위해 기도해줄 수 있다면 사람들은 나를 이상한 사람이라고 생각할 것이다." (37-38쪽)

코넬 웨스트(Cornerl West)는 우리가 어떻게 이 세상의 방법들에 순응하지 않고 살아가는지에 대해 다음처럼 설명한다. "욕심에 순응하지 않고, 두려움에 순응하지 않고, 허영에 순응하지 않는 기독교인들은 항상 있어왔다." (48쪽). 그리고 글쓴이는 "모든 기독교인은 반드시 불의, 욕심, 물질만능주의, 인종차별과 같은 것들에 타협하지 않고 부적응자가 되어야만 한다."라고 덧붙인다.

- 기독교인들은 "독특하고" 또한 "순응하지 않는" 사람들이어야 한다는 주장에 동의하는가? 왜 그렇게 생각하는가?
- 글쓴이는 43쪽 에서 "예수님이 드러내신 하나님은 아주 독특하시다."고 썼다. 이 문장에 어떻게 반응하겠는가?
- 49-50쪽에 나온 「성령님의 이끄심을 의지하라」 단락의 처음 네 문단을 다시 읽어보라.
- 칼을 찰 것인지 말 것인지 고민하는 윌리암 펜에게 조지 폭스가 조언한 대답에서 어떠한 지혜를 얻었는가?
- 자신의 삶 속에서 어떻게 해야 할지를 누군가 말해주면 좋겠다는 생각이 드는 영역이 있는가? 그곳에 폭스의 원리를 어떻게 적용할 수 있겠는가?

말씀과 연결하기 10-20분

한 사람이 자원해서 로마서 12장 1-2절을 소리내어 읽어보자. 그리고 아래의 질문들을 활용해 토론하자.

🦋 본문에서 기독교인들의 독특함을 가리키는 단어나 표현들을 찾아 목록을 작성해보자. 왜 그 단어나 표현을 선택했는지 이유를 설명해보자.

🦋 "마음을 새롭게 함으로 변화를 받아"라는 표현은 무슨 의미라고 생각하는가? 어떻게 그것을 할 수 있는가?

🦋 어떻게 마음을 새롭게 하는것이 "이 세대를 본받지 않게" 할 수 있다고 생각하는가?

평강 가운데 일상으로 돌아가기 5분
소그룹에서 한 명이 자원해서 아래의 성경본문과 책에서 발췌한 내용을 소리내어 읽어보자.

> 사랑하는 자들아 우리가 서로 사랑하자 사랑은 하나님께 속한 것이니 사랑하는 자마다 하나님으로부터 나서 하나님을 알고 사랑하지 아니하는 자는 하나님을 알지 못하나니 이는 하나님은 사랑이심이라 하나님의 사랑이 우리에게 이렇게 나타난 바 되었으니 하나님이 자기의 독생자를 세상에 보내심은 그로 말미암아 우리를 살리려 하심이라 사랑은 여기 있으니 우리가 하나님을 사랑한 것이 아니요 하나님이 우리를 사랑하사 우리 죄를 속하기 위하여 화목 제물로 그 아들을 보내셨음이라 사랑하는 자들아 하나님이 이같이 우리를 사랑하셨은즉 우리도 서로 사랑하는 것이 마땅하도다 어느 때나 하나님을 본 사람이 없으되 만일 우리가 서로 사랑하면 하나님이 우리 안에 거하시고 그의 사랑이 우리 안에 온전히 이루어지느니라 (요일 4:7-12).

> 원리는 단순하다. 하나님이 그런 분이시라면, 그분의 백성들도 그래야 한다는 것이다. 만일 우리가 사랑하지 않는다면, 그것은 하나님을 모른다는 것이다. 그 이유는 "하나님의 사랑이 그로 말미암아 우리가 살 수 있도록" 자기의 독생자를 보내심으로 사랑을 나타내셨기 때문이다. (45쪽)

다음 주 과제

다음 장에서는 기독교 공동체의 소망의 원천을 공부한다. 한 주 동안 당신이 연습할 영적 훈련은 '믿음 나누기'이다. 글쓴이는 믿음을 효과적으로 나누기 위해 몇 가지 방법을 소개한다. 하지만 다음 모임 전까지 그 방법들의 효과를 경험해보려면 이번 주 초부터 훈련을 시작해야 한다.

chapter 2
하나님의 공동체는
소망이 넘친다

하나님께 마음 열기 5분

시작하기 전에 5분 정도 침묵기도의 시간을 가지라. 침묵 시간을 마무리하면서 조원 중 한 사람이 짧은 기도를 인도하고, 묵상 종을 치거나 '아멘'이라고 말함으로 마무리하라.

영혼의 훈련 나눔 15-20분

한 그룹에 6명 이상의 사람들이 참여하면, 그룹을 다시 3명이나 4명으로 나누라. 아래의 질문을 활용해 하나님과 두 시간, 그리고 독특한 실천으로 네 시간을 어떻게 사용했는지 자신의 영혼의 훈련 경험을 나누어보자.

- 믿음을 나누는 7가지 단계 중 이 장을 읽기 전에 실천해 본 항목이 있는가? 다른 사람들에게 복음을 전하는 데 중요한 역할을 이미 감당하고 있었다는 사실에 어떤 느낌인가? 격려가 되는가?

- 7가지 중에서 어떤 항목이 가장 도움이 되었는가? 왜 그렇다고 생각하는가?

- 그 단계들을 훈련하면서 어려움이 있었다면 무엇이었는가? 그 어려움들을 통해 무엇을

배울 수 있었는가?

🦋 이 공부를 마치고 나서 그 7가지 단계를 어떻게 적용하겠는가?

🦋 이 훈련을 통해 하나님과, 자기 자신, 그리고 다른 사람들에 대해 배우게 된 점이 있다면 무엇인가?

책 내용 살펴보기 30-40분

영혼의 훈련 나눔을 위해 그룹을 나누었다면, 책 내용 토의를 위해 다시 모이도록 하라. 시간에 쫓긴다면, 아래의 질문들을 먼저 읽고, 어떤 질문을 특별히 토의하고 싶은지 결정하고, 그 질문들부터 먼저 토의하도록 하라.

🦋 본인의 믿음을 나누거나 전도했던 경험은 어땠는가?

🦋 전도할 수 없는 6가지 핑계들 중에서(66쪽) 자신이 핑계거리로 자주 사용했던 것은 어떤 것이었나? 왜 그랬나?

🦋 존 D. 지지울라스(John D. Zizioulas)는 기독교 공동체를 "뿌리는 미래에 내리고, 가지들은 현재에" 둔 공동체라고 표현했다 (71쪽). 이 표현과, 이 표현에 대한 글쓴이의 해석이 미래와 현재에 대해 어떻게 느끼게 하는가?

🦋 "소망의 네 가지 이야기"를 다시 한 번 살펴보라(72-76쪽). 이 부분에서 새롭거나 도전이 되는 것이 있는가? 자신을 이 거대담론(더 큰 이야기)에 놓고 볼 때, 어떠한 느낌이 드는가?

🦋 그리스도의 이야기가 우리 이야기가 될 때, 우리는 우리의 행동을 결정하는 새로운 정체성을 부여받는다. 하지만 우리는 대개 그렇게 생각하지 못한다. 글쓴이는 이렇게 설명한다.

"하지만 우리는 거의 매번 거꾸로 한다. 행동을 바탕으로 정체성을 규명하는 것이다. 우리는 무엇인가를 하면 그런 사람이 된다고 말한다. 하지만 바울은 반대로 말한다. 어떤 사람인가를 먼저 말해주고, 그렇기 때문에 어떻게 살아야 한다고 말해준다. 우리가 이야기 속으로 들어가면 들어갈수록, 이야기가 우리 안에서 자라난다." (77쪽)

그리스도 안에서의 새로운 정체성이 당신의 행동을 어떻게 변화로 이끄는가?

글쓴이는 우리의 삶 자체가 증인의 삶이 되어야 한다고 했다.

"친구가 가장 어려울 때, 또는 상처받았거나 두려움에 사로잡힌 친구와 함께 대기실에 앉아 있어줄 때, 부담스러운 일을 앞두고 있을 때, 우리와 동의하지 않는 사람들과 조화를 이루려고 애쓸 때, 더 많이 나누기 위해 절약할 방법을 찾을 때, 우리를 저주하는 사람을 축복할 때, 우리 안에 계시고, 우리를 통해 일하시는 예수님의 진가가 드러난다." (82쪽)

잠시 동안 침묵하면서 묵상하라. 지난 주간을 한 번 돌아보라. 그리고 자신의 삶이나 당신이 알고 있는 사람의 삶 속에서 예수님의 진가가 드러난 적이 있었는지 생각해보라. 부담이 되지 않는다면 그룹 사람들과 나누어보자.

글쓴이는 우리가 가진 소망의 이유를 상대방이 들을 준비가 되었을 때 온유함과 두려움으로 설명할 준비를 하라고 권면한다. 당신이 믿음을 전하고자 할 때 이러한 접근이 어떠한 영향을 끼치는가?

말씀과 연결하기 10-20분

한 사람이 자원해서 아래의 성경 본문을 소리내어 읽어보자. 그리고 아래의 질문들을 활용해 토론하자.

우리가 너희를 위하여 기도할 때마다 하나님 곧 우리 주 예수 그리스도의 아버지께 감사하노라 이는 그리스도 예수 안에 너희의 믿음과 모든 성도에 대한 사랑을 들었음이요 너희를 위하여 하늘에 쌓아 둔 소망으로 말미암음이니 곧 너희가 전에 복음 진리의 말씀을 들은 것이라 이 복음이 이미 너희에게 이르매 너희가 듣고 참으로

> 하나님의 은혜를 깨달은 날부터 너희 중에서와 같이 또한 온 천하에서도 열매를 맺어 자라는도다(골 1:3-6).

🦋 자신의 삶에서 언제 소망이 믿음과 사랑을 만들어내었는가?

🦋 만일 소망이 밝은 미래에 대한 확신이라면 자신의 소망의 등급을 어떻게 묘사하겠는가?

🦋 하나님과 하나님 나라에 대한 어떠한 진리가 좋은 미래에 대한 소망을 더 키우게 하는가?

평강 가운데 일상으로 돌아가기 5분

파송하기에 앞서 한 명이 자원해서 책에 발췌한 아래의 내용을 소리내어 읽어보자.

> 미래에 둔 뿌리, 부활에 내린 뿌리, 예수님의 영원한 승리에 박힌 뿌리, 영원한 생명에 깊게 박힌 뿌리, 줄기와 가지에 양분을 공급하는 뿌리, 그리고 궁극적으로 다른 사람들의 관심을 그 이야기로 끌어들이는 열매를 생산하는 뿌리. 라이트는 이렇게 결론을 내린다. "이런 종류의 사명을 정말로 효과적으로 이루기 위해서는 반드시 하나님의 새롭게 하심 가운데 순전하고 즐거운 마음으로 뿌리를 내려야 한다." 우리에게는 힘을 내야 할 진정한 이유가 있다. 그 이야기를 알면 알수록 우리는 더욱 기뻐할 수 있다. (71-72쪽)

다음 주 과제

다음 장에서는 기독교 공동체 안에서 자기 희생의 역할에 관해 공부하게 될 것이다. 한 주 동안 당신이 연습할 영적 훈련은 우리의 삶의 여러 가지 영역에서 자기를 희생하는 것에 관한 것이다.

chapter 3
하나님의 공동체는 섬긴다

하나님께 마음 열기 ^{5분}

시작하기 전에 5분 정도의 침묵기도의 시간을 가지라. 침묵 시간을 마무리하면서 조원 중 한 사람이 짧은 기도를 인도하고, 묵상 종을 치거나 '아멘'으로 마무리하라.

영혼의 훈련 나눔 ^{15-20분}

한 그룹에 6명 이상의 사람들이 참여하면, 그룹을 다시 3명이나 4명으로 나누라. 아래의 질문을 활용해 하나님과 두 시간, 그리고 독특한 실천으로 네 시간을 어떻게 사용했는지 자신의 영혼의 훈련 경험을 나누어보자.

 아래의 영역들 가운데서 두 가지를 고르고 각 영역에서 이기적이지 않은 삶에 대해 배운 것이 무엇인지 나누어보자.
- 가족
- 직장
- 교회
- 일상 생활

🦋 자신의 삶을 이기적이지 않게 살려는 노력 중 가장 어려운 점은 무엇이었나?

🦋 이기적이지 않은 삶을 살려고 노력하면서 다른 사람들에 대해 새롭게 배운 점은 무엇인가?

🦋 이 훈련을 통해 다른 사람들을 소중하게 여기는 능력이 더욱 커졌는가?

책 내용 살펴보기 30-40분

영혼의 훈련 나눔을 위해 그룹을 나누었다면, 책 내용 토의를 위해 다시 모이도록 하라. 시간에 쫓긴다면, 아래의 질문들을 먼저 읽고, 어떤 질문을 특별히 토의하고 싶은지 결정하고, 그 질문들부터 먼저 토의하도록 하라.

🦋 글쓴이는 교회 안에서의 회의 장면을 설명하면서 이 장을 시작한다. 자기중심적, 또는 자기희생적인 이야기를 교회에서나 교회 밖에서 경험해본 적이 있는가? 그러한 회의들의 열매는 무엇이었나?

🦋 우리의 삶을 지배하는 잘못된 생각과 올바른 생각에 대해 이야기하면서 글쓴이는 자기중심적 교회와 타인 중심적 교회를 비교한다(99-102쪽). 자기 자신이 속한 교회를 잠시 생각해보라. 그룹 내의 다른 사람들과 자신들이 속한 공동체의 자기중심적 모습과 타인 중심적 모습을 목록으로 작성해보자. 이 목록이 무엇을 말해주는가?

🦋 글쓴이는 말하기를, "교회의 가치는 얼마나 오래되었느냐에 달려 있는 것이 아니라 얼마나 사랑이 넘치느냐에 달려 있다. 교회의 성공 여부는 크기가 아니라 사람들과 공동체를 어떻게 섬기느냐에 달려 있다."(106쪽)라고 했다. 교회들이 오랜 역사와 예배 또는 크기를 자랑하기보다 사랑에 초점을 맞추려고 애쓰고 있는가? 이러한 씨름에 영향을 주는 사안들은 무엇인가?

🦋 글쓴이가 말하는 "소중한 것을 소중하게 여기기"라는 개념을 어떻게 생각하는가? 왜 그렇게 생각하는가?

🦋 달라스 윌라드의 말, "우리에게 가장 중요한 것, 특별히 지도자 위치에 있는 사람들에게 가장 중요한 것은 바로 우리 주변에 있는 교회들의 성공을 위해 기도하는 것입니다." (111쪽)을 어떻게 생각하는가?

🦋 자기 자신에게 "은혜의 여백"을 줘본 경험이 있는가? (113쪽). 만일 그랬다면 그 여백이 자신의 상황에 어떠한 영향을 끼쳤는가?

말씀과 연결하기 10-20분

한 사람이 자원해서 빌립보서 2장 3-11절을 소리내어 읽어보자. 그리고 아래의 질문들을 활용해 토론하자.

🦋 이 본문이 예수님의 가르침에 대해 무엇을 가르쳐주는가?

🦋 이 본문이 말해주는 커다란 이야기는 무엇인가?

🦋 자기 자신을 낮추어 다른 사람들을 섬기셨던 그리스도의 모범을 따를 수 있는 실제적인 방법들을 토의하고 목록으로 만들어보자. 개인적으로, 어떤 항목을 이번 주에 실천할 수 있었는지 생각해보자.

평강 가운데 일상으로 돌아가기 5분

한 명이 자원해서 책에서 발췌한 아래의 내용을 소리내어 읽어보자.

> 하나님 나라의 사상에 흠뻑 젖어들 때야 비로소 공동체가 타인 중심으로 변화될 수 있다. 그들은 자신들의 공동체에서 은혜가 거론되고, 그 은혜가 삶에서 필요한 만큼 살아지는 하나님 나라의 전초기지라는 사실을 안다. (105-106쪽)

우리가 속한 공동체가 그러한 공동체가 되기를 소망한다.

다음 주 과제

다음 장에서는 기독교 공동체를 하나로 묶어주는 것이 무엇인지에 관해 공부하게 될 것이다. 한 주 동안 당신이 연습할 영적 훈련은 우리와 의견을 달리하는 사람들에게 사랑을 표현하는 것이다. 이 영혼의 훈련에 필요한 실제적인 제안들이 많이 있다. 하지만 이것들을 실천하려면 한 주가 다 소요될 것이라는 것을 명심하고 되도록 빨리 훈련을 시작하라.

chapter 4
하나님의 공동체는
그리스도 중심이다

하나님께 마음 열기 5분

시작하기 전에 5분 정도의 침묵기도 시간을 가지라. 침묵 시간을 마무리하면서 조원 중 한 사람이 짧은 기도를 인도하도록 하고, 묵상 종을 치거나 '아멘' 이라고 말함으로 마무리하라.

영혼의 훈련 나눔 10-20분

한 그룹에 6명 이상의 사람들이 참여하면, 그룹을 다시 3명이나 4명으로 나누라. 아래의 질문을 활용해 하나님과 두 시간, 그리고 독특한 실천으로 네 시간을 어떻게 사용했는지 자신의 영혼의 훈련 경험을 나누어보자.

- 자신과 의견을 달리하는 사람을 향해 구체적으로 어떻게 사랑을 표현했는가?

- 이 훈련을 통해 자신의 관점이 어떻게 변화되었는가?

- 요한 웨슬리의 다섯 가지 훈련과제들 중에서 어떤 것이 가장 어려웠는가? 왜 그렇게 생각하는가?

🦋 더해진 두 가지 훈련과제는 교회의 연합과 목회자와 지도자들을 위해 기도하는 것이었다. 기도하면서 어떻게 관심이 바뀌었는가?

책 내용 살펴보기 30-40분

영혼의 훈련 나눔을 위해 그룹을 나누었다면, 책 내용 토의를 위해 다시 모이도록 하라. 시간에 쫓긴다면, 아래의 질문들을 먼저 읽고, 어떤 질문을 특별히 토의하고 싶은지 결정하고, 그 질문들부터 먼저 토의하도록 하라.

🦋 이 장의 첫부분은 글쓴이가 신학적인 용어 때문에 어떤 모임에서 배척받았던 이야기로 시작된다. 다른 기독교인들에게 배척받은 경험이 있다면 나누고 그것에 대해 토의해보자. 배척받았을 때 어떤 느낌을 받았는가?

🦋 이 장에서 언급된 올바른 생각은 "당신의 생김새, 행동, 예배, 또는 믿음이 나와 다르지만, 당신의 심장이 예수를 위해 고동치고 있다면, 우리의 다름과 차이가 있음에도 우리는 서로와 교제할 수 있고, 또 그래야만 한다."(127쪽)이다. 자신의 삶에 비추어보아 이 생각을 잘 반영하는 관계가 있다면 누구와의 관계인가?

🦋 132쪽에 보면 글쓴이가 성찬예식을 집례하다가 수많은 각양각색의 손들이 모여 그리스도의 몸을 이루는 것에 대해 새롭게 표현했다. 그 이야기에서 배운 것이 있다면 무엇인가?

🦋 요한 웨슬리의 지혜를 빌려 글쓴이는 다음과 같이 썼다. "우리가 생각하는 것은 다를 수도 있고, 다를 것이다. 어떤 예배의 형식을 좋아하는지, 세례의 방법은 어떤 것을 선호하는지의 기호가 다를 수 있다. 하지만 이런 것들은 본질적인 것이 아니다. 진짜 중요한 것은 우리의 마음이 예수님에 대한 사랑으로 고동치고 있느냐 하는 것이다. 만일 그렇다면, 우리는 하나이다."(136쪽) 만일 사람들이 이러한 믿음을 가지고 있다면 오늘날의 교회가 어떻게 달라질 수 있는가?

🦋 자신과 다른 배경을 가진 사람들과 함께 예배함으로써 경험하게 되는 긍정적인 측면에 대해 토의해보자. 이것이 미래에 그러한 예배를 함께하는 기회를 향해 당신이 열린 마음을 갖도록 하는 데 어떠한 도움이 되는가?

🦋 그룹 내의 한 사람이 자원해서 144-145쪽에 있는 리처드 포스터의 꿈에 대한 글을 소리 내어 읽어보자. 그리고 아래의 질문들을 가지고 토의해보라.

- 이것이 교회를 향한 하나님의 비전에 대해 무엇을 말해주는가?
- 그것이 당신 안에 있는 무엇을 꿈틀거리게 하는가? 그리고 어떻게 반응하겠는가?

말씀과 연결하기 10-20분

이 장에서는 렉시오 디비나를 위한 본문을 선택해서 사용할 것이다. 그룹 내의 한 사람이 자원해서 언제 다음 단계로 넘어가는지를 알려주는 인도자 역할을 하면 좋겠다. 아래의 과정에 따라 렉시오 디비나를 연습하자.

🦋 몇 분 동안 침묵으로 시작하자. 그리고 한 사람이 요한복음 17장 20-21절을 다른 사람들을 위해 소리내어 읽어보자.

> 내가 비옵는 것은 이 사람들만 위함이 아니요 또 그들의 말로 말미암아 나를 믿는 사람들도 위함이니 아버지여, 아버지께서 내 안에, 내가 아버지 안에 있는 것같이 그들도 다 하나가 되어 우리 안에 있게 하사 세상으로 아버지께서 나를 보내신 것을 믿게 하옵소서(요.17:20-21).

이 구절들이 마음 속으로 깊이 스며들수 있도록 잠시동안 묵상하는 시간을 가지라. 예수님께서 말씀하시려는 것이 무슨 의미인지 묵상해보라.

🦋 또 다른 사람이 자원해서 같은 구절을 천천히 다시 읽어보라. 구절들이 읽혀지는 동안 관심을 끄는 단어나 구절이 있다면 그 단어에 주목하고 붙잡으라. 몇 분 동안 침묵하면서 그 단어나 구절을 묵상하라.

세 번째 읽기 전에 침묵 가운데 묵상했던 단어나 구절을 다른 사람들과 나누라. (단어에 대해 설명하지 말라.)

🦋 세 번째 자원자가 천천히 구절들을 다시 읽어보라. 다 읽고 난 다음 침묵 가운데 하나님과 대화하는 시간을 보내며, 하나님께서 왜 그 특정한 단어나 구절에 관심을 갖게 하셨는지를 생각해보라. 이 단어를 통해 하나님께서 당신에게 무엇을 알려주시려는지 또는 무엇을 하기 원하시는지를 생각해보라.

침묵의 시간이 끝나면 마음에 편안함이 있는 사람부터 한 문장 또는 두 문장으로 하나님께서 어떤 일로 이끄시는지 또는 어떤 가르침을 주시려는지 나누어보라.

🦋 마지막으로 다른 사람이 한 번 더 구절을 읽어보라. 읽고 난 다음 다시 침묵의 시간을 가지며 하나님의 사랑의 임재 속에 쉼을 누려보라. 5분에서 10분 정도의 시간이 흐른 다음 한 사람이 자원해서 하나님께 감사의 기도를 드림으로 순서를 마치도록 하자.

평강 가운데 일상으로 돌아가기 ^{5분}

모임을 마치면서 한 명이 자원해서 책에서 발췌한 아래의 내용을 소리내어 읽어보자.

> "우리와 같은 뜻을 품기를 거부하는 사람들과 어떻게 한 마음이 될 수 있는가? 모든 사안에 동의할 수 없는데 어떻게 같은 마음과 같은 뜻으로 하나가 되라는 말인가? 우리가 가진 생각과 의견, 그리고 교리를 무조건 버려야 한다는 말인가?" 우리가 모든 일에 완벽하게 동의할 수는 없다. 하지만 한 가지 사실에는 동의할 수 있고, 또 반드시 동의해야만 한다. 그것은 예수님이 주님이라는 사실이다. (134쪽) 아멘!

다음 주 과제

다음 장에서는 기독교 공동체 안에서의 화해와 용서에 대해 공부하게 될 것이다. 한 주 동안 당신이 연습할 영적 훈련은 용서를 위한 훈련이다. 175-177쪽에 있는 목록을 함께 점검하라. 첫 번째 과제를 함께하고 싶은 사람이 그룹 내에 있는가? 만일 그렇다면 용서하지 못하는 부담을 함께 나누며 기도할 지원자가 있는지 마음을 열어 나누어보라.

chapter 5
하나님의 공동체는 서로 화목하다

하나님께 마음 열기 5분
시작하기 전에 5분 정도의 침묵기도 시간을 가지라. 침묵 시간을 마무리하면서 조원 중 한 사람이 짧은 기도를 인도하고, 묵상 종을 치거나 '아멘' 이라고 말함으로 마무리하라.

영혼의 훈련 나눔 10-20분
한 그룹에 6명 이상의 사람들이 참여하면, 그룹을 다시 3명이나 4명으로 나누라. 아래의 질문을 활용해 하나님과 두 시간, 그리고 독특한 실천으로 네 시간을 어떻게 사용했는지 자신의 영혼의 훈련 경험을 나누어보자.

🦋 만일 다른 사람에게 자신을 대신해서 용서를 부탁했다면, 이 훈련이 자신에게 끼친 영향에 대해 토의해보자. 만일 용서하지 못하는 다른 사람의 마음의 부담을 함께 졌다면, 그것에 대해 날마다 어떻게 기도했는지 토의하고, 그것이 자신의 내면에 어떠한 변화를 가져왔는지 나누어보자.

🦋 글쓴이는 우리에게 상처를 준 사람을 용서하는 두 가지 과정을 제시한다. 상처에 대해

'밝히는 것'과 '관점'에 대한 것이다. 이 둘 중 어떤 것이든 집중해보았다면, 어떤 것이 도움이 되었는지 또는 어떤 어려움이 있었는지에 대해 나누어보자.

🦋 세 번째 훈련은 성찬식을 새로운 의미로 받아들이는 것이다. 만일 이것을 연습할 기회가 있었다면, 성찬예식에서 가장 처음 주목하게 된 것이 무엇인지 묵상해보고, 그것이 용서와 화해와 어떤 관계가 있는지에 대해 묵상해보라.

책 내용 살펴보기 30-40분

영혼의 훈련 나눔을 위해 그룹을 나누었다면, 책 내용 토의를 위해 다시 모이도록 하라. 시간에 쫓긴다면, 아래의 질문들을 먼저 읽고, 어떤 질문을 특별히 토의하고 싶은지 결정하고, 그 질문들부터 먼저 토의하도록 하라.

🦋 글쓴이는 스탠의 이야기로 이 장을 시작한다. 그 이야기를 읽고 어떤 느낌이 들었는가? 그가 가지고 있던 의식과 생각들, 공동체, 그리고 영혼의 훈련이 변화와 치유에 어떠한 역할을 했는가?

🦋 이 장에서 소개된 잘못된 생각은 "우리가 먼저 용서할 때만 용서와 체험을 경험하게 될 것이다."라는 것이고, 그것을 대체하는 올바른 생각은 "우리가 용서받았다는 사실을 아는 것이 치유되고 용서할 수 있게 한다."는 것이다. 이 두 가지 생각들에 대해 편안한 마음과 불편한 마음이 든다면 무엇인가? 나누어보자. 이 두 가지 다른 생각들에 동의하거나 동의하지 못하는 부분에 대해도 서로의 생각을 나누어보라.

🦋 마태복음 18장에 있는 예수님의 용서의 이야기 속에서 자신은 누구와 가장 닮았다고 생각하는가?

🦋 용서는 우리의 의지로 할 수 있는 것이 아니라는 것을 설명하면서 글쓴이는 다음과 같이

설명한다. "예수님이 용서와 화해의 모범이 되실 뿐 아니라 능력을 주신다." 언제 다른 사람을 용서할 수 있도록 예수님이 능력을 주시는 것을 경험했는가? 자신의 경험을 나누어보자.

글쓴이는 리처드 포스터와 있었던 고백의 경험을 소개했다(169-170쪽). 죄의 고백에 대한 경험이 있다면 나누어보자. 죄의 고백과 하나님의 용서에 대한 확신 때문에 그것을 함께 나누었던 사람과 신뢰의 관계가 더 깊어졌던 경험이 있었다면 언제였는가?

'용서의 경계선 지키기'와 '용서의 복병'의 내용을 다시 한 번 살펴보자. 그 두 단락이 어떻게 도움이 되었는가? 용서에 대해 어려운 질문이 아직도 남아 있다면 무엇인가?

말씀과 연결하기 10-20분
한 사람이 자원해서 아래에 나오는 성경 본문과 책에서 발췌한 부분을 소리내어 읽어보자.

> 모든 것이 하나님께로서 났으며 그가 그리스도로 말미암아 우리를 자기와 화목하게 하시고 또 우리에게 화목하게 하는 직분을 주셨으니 곧 하나님께서 그리스도 안에 계시사 세상을 자기와 화목하게 하시며 그들의 죄를 그들에게 돌리지 아니하시고 화목하게 하는 말씀을 우리에게 부탁하셨느니라(고후 5:18-19).

이 말씀에 대해 글쓴이는 이렇게 썼다.

> 십자가에서 모든 것이 종결된다는 사실에 대한 분명한 설명이다. 그리스도 안에 계시는 하나님께서는 우리의 죄에 대해 책임을 묻지 않으신다. 죄의 책임을 돌리시지 않으실 뿐만 아니라, 다시는 들추시지도 않으신다. 하나님은 더 이상 우리의 죄과를 따라 우리를 대하시는 것이 아니라, 우리의 믿음을 보신다. 예수님은 모든 사람의 모든 죄를 위해 죽으셨다. 우리도 포함되어 있다. 그것을 확실히 아는가? 모든 이해

를 뛰어넘는 평강을 마음에 가지고 있는가? 하나님이 어떠한 죄도 우리에게 돌리시지 않는다는 사실 때문에 오는 기쁨을 가지고 있는가? (161쪽)

- 십자가에서 모든 것이 해결되고 그 메시지가 가져다주는 기쁨에 대한 경험이 있다면 나누어보자.

- 하나님의 용서에 대한 지식이 다른 사람들에 대한 화해의 대사로서 당신에게 어떠한 능력을 부여해주는가?

평강 가운데 일상으로 돌아가기 5분
모임을 마치면서 두 사람씩 짝을 지어서 서로를 위해 하나님의 용서와 화해에 대해 더욱 깊이 깨달을 수 있도록 해달라고 기도하는 시간을 가지라.

다음 주 과제
다음 장에서는 기독교 공동체 안에서의 격려와 상호신뢰에 대해 공부하게 될 것이다. 한 주 동안 당신이 연습할 영적 훈련은 신뢰할 만한 친구나 사람을 찾는 것이다. 이것을 위해 이번 주도 영혼의 훈련을 서둘러 시작해야 할 것이다.

chapter 6
하나님의 공동체는 격려한다

하나님께 마음 열기 ⁵분
시작하기 전에 5분 정도 침묵기도의 시간을 가지라. 침묵 시간을 마무리하면서 한 사람이 짧은 기도를 인도하고, 묵상 종을 치거나 '아멘' 이라고 말함으로 마무리하라.

영혼의 훈련 나눔 ¹⁰⁻²⁰분
한 그룹에 6명 이상의 사람들이 참여하면, 그룹을 다시 3명이나 4명으로 나누라. 아래의 질문을 활용해 하나님과 두 시간, 그리고 독특한 실천으로 네 시간을 어떻게 사용했는지 자신의 영혼의 훈련 경험에 대해 나누어보자.

- 🦋 상호신뢰할 만한 친구를 찾을 수 있었는가?

- 🦋 그 사람과의 대화 시간이 자신에게 어떠한 영향을 끼쳤는가?

- 🦋 상호신뢰와 책임 관계에 있는 사람 또는 그룹과 과거에 어떠한 경험이 있었는가? 그 이전의 관계에서 있었던 경험과 이번 주에 특별히 가졌던 경험과의 차이가 있다면 무엇인가?

🦋 상호책임과 신뢰의 관계를 갖는 것에 대한 어떠한 거부감이 있었는가?

책 내용 살펴보기 ^{30-40분}

영혼의 훈련 나눔을 위해 그룹을 나누었다면, 책 내용 토의를 위해 다시 모이도록 하라. 시간에 쫓긴다면, 아래의 질문들을 먼저 읽고, 어떤 질문을 특별히 토의하고 싶은지 결정하고, 그 질문들부터 먼저 토의하도록 하라.

🦋 글쓴이는 첫 부분에서 클레이팟 교회의 담임목사인 톰 스미스 이야기를 한다. 그 첫부분에서 어떠한 감동과 도전을 받았는가?

🦋 사람들이 갖고 있는 잘못된 의식에 대해 설명하면서 글쓴이는 교회들이 어떻게 자신들의 기대를 낮추고 헌신을 소홀히 여겨 진정한 변화를 경험하지 못할 지경에까지 이르렀는지 설명했다 (185-186쪽). 자신이 출석했던 교회들이 자신에게 기대했던 헌신의 수준이 어떠했는지 설명해보라. 헌신의 기대치가 끼치는 영향은 어떠했는가? 더 높은 수준의 헌신에 대한 기대치가 순수한 변화에 끼치는 영향력을 경험한 적이 있는가? 만일 그랬다면 자신의 경험을 나누어보자.

🦋 글쓴이는 우리가 가져야 할 올바른 의식에 대해 설명하면서 이렇게 말한다. "[나는] 내가 누구인지를 기억하게 해주는 공동체, 내 부르심에 합당하게 살 수 있도록 편안함과 때로는 책망을 통해 경고해줄 수 있는 그런 사랑으로 돌봐주는 공동체를 원한다."(189쪽) 당신도 이러한 공동체를 원하는가? 무엇이 이러한 공동체에 끌리게 만들며, 이런 류의 공동체에 속하는 일이 망설여진다면 무엇때문인가?

🦋 글쓴이가 교회에 가고 싶지 않았던 그 주일에 자신의 정체성을 기억하게 되었다고 했다. 그는 이렇게 썼다. "이제 나는 내가 누구인지 안다. 사랑받고, 용서받고, 깨끗함을 받았으며, 다시 살게 되었으며 영원한 기쁨을 누리게 되었다. 그 찬양을 부르는 동안 공동체는 내가 누구인지를 기억하게 해주었다."(191쪽) 자신이 속한 공동체가 본인의 정체성을

다시 기억하게 해준 사건이 있다면 나누어보자.

🦋 자신이 사랑스러운 일, 또는 선한 일을 할 수 있도록 격려해준 사람이나 공동체가 과거에 있었는가? 그렇다면 그 일에 대해 자세히 설명해보자.

🦋 글쓴이는 이렇게 말했다. "책망하는 것은 경고하고 주의를 주며 길잡이가 되어주는 것이다."(197쪽) 서로를 책망하는 것을 망설이는 이유가 무엇이라고 생각하는가? 그러한 염려들을 어떻게 논의할 수 있을까?

🦋 교회 안에서 10퍼센트의 사람들만이 성장을 원하고 그들의 변화가 다른 사람들도 변화를 원하게 만든다는 달라스 윌라드의 주장에 동의하는가? 왜 그렇게 생각하는가?

말씀과 연결하기 10-20분

한 사람이 자원해서 데살로니가전서 5장 14절을 소리내어 읽자. 특별한 필요에 처한 사람들을 위한 특별한 선물들이 있음에 주목하라. 예를 들면 게으른 자들에게는 권계가, 마음이 약한 자들에게는 격려가 필요하다.

🦋 자신이 속한 믿음의 공동체에서 본인에게 격려가 되어준 사람이 있었는가? 설명해보라.

🦋 사람들에게 잘못된 선물을 적용하는 경우를 본 적이 있는가? (예를 들면 마음이 약한 사람에게 권계를 하고, 게으른 사람에게 인내를 적용하는 것 말이다.)

🦋 우리가 그들과 함께 서서 동행할 때 그들의 필요가 무엇인지를 어떻게 분별할 수 있는가?

🦋 이번 주에 특별히 인내를 훈련할 수 있는 구체적인 방법을 나누어보자.

평강 가운데 일상으로 돌아가기 5분
한 사람이 자원해서 책에서 발췌한 다음 부분을 소리내어 읽어보자.

> 나는 내게 그리스도가 거하시고 기뻐하시는 사람, 세상의 빛과 소금, 죽어가는 이 세상에 그리스도의 향기가 될 것을 도전해주는 공동체를 원한다. 내가 누구인지를 기억나게 해주는 공동체, 내 부르심에 합당하게 살 수 있도록 편안함과 때로는 책망을 통해 경고해줄 수 있는 그런 사랑으로 돌봐주는 공동체를 원한다. (188-189쪽)

다음 주 과제
다음 장에서는 후하게 나누고 베푸는 넉넉함에 대해 공부하게 될 것이다. 영혼의 훈련은 시간과 보물과 재능을 아껴서 얻은 여유를 통해 다른 사람들과 더욱 나누고 베푸는 삶을 사는 것에 초점을 맞추게 될 것이다.

chapter 7
하나님의 공동체는 넉넉하게 나눈다

하나님께 마음 열기 ^{5분}

시작하기 전에 5분 정도 침묵기도의 시간을 가지라. 침묵 시간을 마무리하면서 조원 중 한 사람이 짧은 기도를 인도하고, 묵상 종을 치거나 '아멘' 이라고 말함으로 마무리하라.

영혼의 훈련 나눔 ^{10-20분}

한 그룹에 6명 이상의 사람들이 참여하면, 그룹을 다시 3명이나 4명으로 나누라. 아래의 질문을 활용해 하나님과 두 시간, 그리고 독특한 실천으로 네 시간을 어떻게 사용했는지 자신의 영혼의 훈련 경험을 나누어보자.

- 이 세 가지 영역에서 아끼고 절약하는 데 어려운 부분이 있었다면 무엇인가?

- 각 영역들에서 여유가 늘어가는 것을 경험했는가? 어떻게 경험했는가?

- 자신의 절약과 여유를 통해 더욱 넉넉해질 수 있는 새로운 방법들이 있다면 무엇인가?

- 자신이 속한 믿음의 공동체가 시간, 재능, 물질의 영역의 청지기 의식을 강조하고 있는

가? 이러한 강조가 자신의 훈련에 어떠한 영향을 주었는가?

🦋 자신의 넉넉한 공동체에 관해 쓰기 훈련을 덧붙였다면, 자신이 쓴 글을 다른 사람들과 나누어보자.

책 내용 살펴보기 30-40분

영혼의 훈련 나눔을 위해 그룹을 나누었다면, 책 내용 토의를 위해 다시 모이도록 하라. 시간에 쫓긴다면, 아래의 질문들을 먼저 읽고, 어떤 질문을 특별히 토의하고 싶은지 결정하고, 그 질문들부터 먼저 토의하도록 하라.

🦋 이번 장은 글쓴이가 노숙자에게 저녁식사를 사준 것에 대한 복잡한 자신의 심정을 나누면서 시작한다. 자신의 경우 도움이 필요한 사람을 도와주면서 그 행동에 대해 어떤 느낌이 들었었는지를 나누어보자.

🦋 우리가 넉넉하게 나누는 것을 방해하는 다음의 세 가지 잘못된 사고방식이 있다. "하나님은 스스로 돕는 자를 도우신다." "다른 사람들과 나누면 내것이 줄어든다." "내가 가지고 있는 것은 내 것이기 때문에 나 좋은 데 써야 한다." 이 세 가지 중에서 자신의 삶 속에서 어떤 것이 가장 크게 작용하는 사고방식인가? 그러한 사고방식을 갖게 된 계기가 있다면 설명해보자.

🦋 내가 가진 모든 것이 하나님의 소유이면 나는 관리를 맡은 청지기라는 세 번째 사고방식을 설명하면서 글쓴이는 이렇게 표현한다. "우리는 하나님의 선물들을 맡은 청지기일 뿐이다. 모든 것은 하나님의 소유이다. 그것이 모든 가치관을 바꾼다. … 이 근본적인 변화가 우리의 매일의 삶 속에서 결정을 내릴 때마다 영향을 끼친다."(220쪽) 이러한 변화 때문에 자신이 하루 하루의 일상에서 내리는 결정에 어떠한 변화가 있는지 조용히 묵상하는 시간을 갖도록 하자. 일기장이나 책의 한쪽에 이것 때문에 어떻게 다르게 결정할 것인지 적어보도록 하자. 괜찮다면 자신의 노트를 두세 사람과 나누고 서로 상호책임의

관계를 맺도록 하라.

🦋 글쓴이는 자신들의 은사를 글쓴이와 나누었던 몇몇 사람들에 대해 언급했다. 본인에게 축복의 통로가 되어준 사람의 이름을 두세 명 적어보라. 그들의 호의를 되갚지 않고도 받아들일 수 있었는가? 왜 그럴 수 있었는가?

🦋 넉넉하게 나누고 베푸는 공동체가 될 수 있는 세 가지 비결은, 첫째로 나눔의 기쁨을 배우기, 둘째로 여유를 만드는 법을 배우기, 셋째로 나누는 법을 배우기다(231-233쪽). 이 셋 중에서 자신이 속한 믿음의 공동체가 가장 부족한 부분은 무엇인가? 그 부분의 지식이나 구체적인 기술을 어떻게 하면 향상시킬 수 있겠는가?

🦋 지금 나누지 않으면 죽은 다음에는 나눌 수 없다는 생각에 대해 어떻게 생각하는가? 만일 동의한다면 자신의 매일의 삶 속에서 어떠한 변화를 추구해야 하는가?

말씀과 연결하기 10-20분
한 사람이 자원해서 고린도후서 8장 13-14절을 소리내어 읽어보라.

이는 다른 사람들은 평안하게 하고 너희는 곤고하게 하려는 것이 아니요 균등하게 하려 함이니 이제 너희의 넉넉한 것으로 그들의 부족한 것을 보충함은 후에 그들의 넉넉한 것으로 너희의 부족한 것을 보충하여 균등하게 하려 함이라(고후 8:13-14).

🦋 다른 사람들의 넉넉함과 풍족함 때문에 자신의 부족함이 채워진 경험이 있는가?

🦋 자신의 넉넉함을 다른 사람의 부족함과 균등함을 위해 나눈 적이 있는가?

평강 가운데 일상으로 돌아가기 5분

한 사람이 자원해서 책에서 발췌한 다음 부분을 소리내어 읽어보자.

> 풍요의 복음은 하나님 나라에서만 찾아볼 수 있다. 그곳에서는 우리가 필요한 것을 우리가 필요할 때 얻을 수 있다. 하나님 나라는 우리가 쓰고 싶은대로 끊임없이 인출해서 사용하는 현금인출기(ATM)가 아니다. 그것은 하나님 나라의 원리를 이해하는 사람들에게 제공되는 특별한 인출기와 같다. 필요가 있는 곳에 그 필요를 채워줄 사람이 있다면, 공급은 절대로 끊기지 않는다. (222쪽)

우리 함께 하나님 나라를 구하자!

다음 주 과제

다음 장에서는 기독교 공동체에서 예배의 역할에 대해 살펴볼 것이다. 영혼의 훈련은 예배를 준비하는 5단계에 대한 것이다.

chapter 8
하나님의 공동체는
함께 예배한다

하나님께 마음 열기 5분

시작하기 전에 5분 정도 침묵기도의 시간을 가지라. 침묵 시간을 마무리하면서 조원 중 한 사람이 짧은 기도를 인도하고, 묵상 종을 치거나 '아멘' 이라고 말함으로 마무리하라.

영혼의 훈련 나눔 10-20분

이번 영혼의 훈련은 예배 중에 집중하고 예배를 마치고 하나님께서 우리가 무엇을 하기를 원하시는지를 분별하는 데 도움이 되는 **예배를 준비하는 5가지 단계이다.** 한 그룹에 6명 이상의 사람들이 참여하면, 그룹을 다시 3명이나 4명으로 나누라. 아래의 질문들을 활용해 예배의 5단계에 관해 토의하라.

- 여유시간에 미리 예배를 준비하고 예배시간에 일찍 도착하고, 거룩한 기대감을 가지고 예배를 준비했는가? 그랬다면 예배를 드리는 데 이 단계들이 어떠한 영향을 주었는가?

- 이번 주에 예배의 어떤 면에 집중했는가? 그것을 통해 무엇을 배우거나 느꼈는가?

- 하나님께서 무엇을 하라고 부르신다고 느꼈는가? 그 부르심에 반응할 기회가 있었는가? 그랬다면, 결과는 어떠했는가?

책 내용 살펴보기 30-40분

영혼의 훈련 나눔을 위해 그룹을 나누었다면, 책 내용 토의를 위해 다시 모이도록 하라. 시간에 쫓긴다면, 아래의 질문들을 먼저 읽고, 어떤 질문을 특별히 토의하고 싶은지 결정하고, 그 질문들부터 먼저 토의하라.

- 글쓴이는 두 가지의 잘못된 사고방식과 두 가지의 올바른 사고방식을 소개한다(245-249쪽). 자신의 삶 속에서 어떤 잘못된 사고방식이 자리잡고 있는가? 어떻게 그것을 알 수 있는가? 글쓴이가 제시하는 올바른 사고방식에 동의하는가? 왜 그런가?

- C. S. 루이스의 인용문을 요약하면서 글쓴이는 다음과 같이 말한다. "서로가 다르다고 할지라도 우리는 서로를 필요로 한다. 예배는 겉으로 드러나는 공연의 질보다는 예배를 하는 사람들의 마음이 중요하다."(251쪽) 자신이 예배하는 공동체 안에서 서로 다른 점들이 어떻게 축복이 되었는가? 예배 공동체의 본질을 어떻게 설명하겠는가?

- 자신의 아들 제이콥에게 보내는 편지에서 글쓴이는 몇 가지 예배 요소들의 중요성과 가치에 대해 설명한다. 이 부분에서 가장 도움이 되었던 것은 무엇인가? (256-264쪽) 왜 그랬는가?

- 괜찮다면 예배의 어려움에 대해 이야기해보자. 상처, 실망, 환상, 영적인 탈진 등 예배를 어렵게 하는 요소들에 대해 나누어보라. 토의를 마무리하면서 서로가 가지고 있는 예배에 대한 어려움을 위해 기도해주는 시간을 가지라.

- 오늘 우리의 문화는 예배가 소비자를 만족하는 상품화되기가 쉽다. 예배하는 자신의 마음을 평가하는 것보다 예배 자체를 평가하고 비판하고 있다는 사실을 무엇으로 알 수 있는가?

- 『포트윌리엄의 이발사』라는 소설을 인용한 부분을 읽어보라(265-266쪽). 어떠한 감정을 느끼게 해주는가? 예배에 대한 관점과 자신이 속한 믿음 공동체에, 그리고 공동체 안에

서 본인의 위치에 대한 관점을 어떻게 바꾸어주었는가?

말씀과 연결하기 10-20분
한 사람이 자원해서 시편 95편 1-3절을 소리내어 읽어보라.

- 이 시편을 읽을 때 자신의 예배 경험에 대해 위로가 되는가 아니면 낙심이 되는가?

- 우리의 예배 경험이 시편 기자의 경험과 왜 일치되어야 한다고 생각하는가?

- 다윗이 설명하는 것 같은 예배의 기쁨을 느껴본 적이 있는가? 자신의 경험을 되돌아보자.

- 시편에 나와 있는 다윗의 의식 속에는 하나님은 바위이시며, 주님이시며 모든 신 중의 왕이시다. 다윗이 가지고 있던 선하고 아름다운 하나님에 대한 관점과 예배 속에서 하나님께 반응하는 모습 사이에는 어떠한 관계가 있는가?

평강 가운데 일상으로 돌아가기 5분
한 사람이 자원해서 아래의 발췌 부분을 모임을 향한 축도를 대신해 소리내어 읽도록 하자.

> 기독교는 종교가 아니라 복음으로 사람들을 변화시키는 것이다. 복음은 하나님께서 그리스도 안에서 세상과 화목케 하셨다는 소식이다. 종교가 인간이 신을 찾아가는 노력이라면, 기독교는 하나님이 인간을 찾아오신 사건이다. 그런데 문제는 우리는 거기에 걸맞는 반응만큼 하나님께 예배하지 않고 있다는 것이다. "우리는 성령 안에서 그리스도를 통해 아버지의 사랑에 반응한다. 이것이 기독교 예배의 가장 기본적인 바탕이다." (249쪽)

다음 주 과제

다음 장에서는 자신만의 영혼의 훈련 계획을 세우는 데 필요한 조언을 나눌 것이다. 자신의 영혼의 훈련계획에 대해 서로 점검해주며, 모든 그룹의 구성원이 함께 실천할 수 있는 영혼의 훈련계획을 작성할 수 있는 좋은 기회가 될 수도 있다.

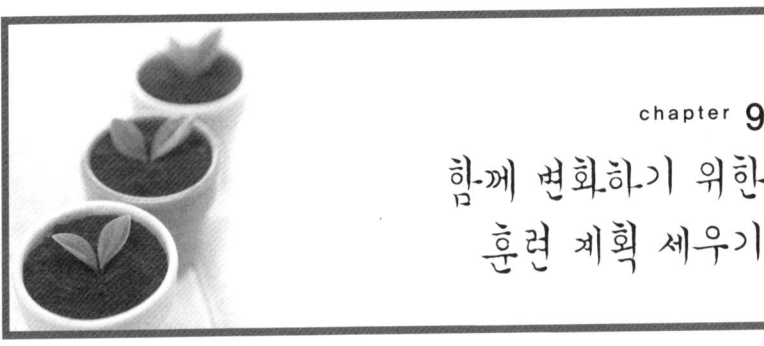

chapter 9
함께 변화하기 위한
훈련 계획 세우기

하나님께 마음 열기

이 부분은 자신의 영성훈련 규칙과 그룹으로 할 수 있는 훈련 규칙을 만드는 과정을 돕게 될 것이다. 시작하기 전에 5분 정도 침묵기도의 시간을 가지라. 침묵 시간을 마무리하면서 조원 중 한 사람이 짧은 기도를 인도하고, 묵상 종을 치거나 '아멘'이라고 말함으로 마무리하라.

책 내용 살펴보기

자신의 개인 영성훈련 규칙을 만드는 과정과 다른 사람들에게서 배우는 과정을 위해 아래의 질문들을 활용하면 좋다.

🦋 자신의 개인 영성훈련 규칙을 만들기 위해 영혼의 훈련과제들을 선별하는 과정에 대해 토의해보라. 목록을 작성하는데 있어 어떤 것이 가장 어렵고, 또 어떤 것이 쉬웠나?

🦋 영혼의 훈련과제를 만들어 내는 두 번째 단계는 제자도 시리즈에서 소개되지 않았던 훈련과제들을 덧붙이는 것이다. 목록에 새로 더해진 훈련과제가 있다면 무엇인가? 자신이 추가한 것 중에 놀랍고 새로운 것이 있었는가?

🦋 자신의 영혼의 훈련 규칙 목록을 처음 봤을 때 불균형해보이지는 않았는가? 실천할 수 있도록 목록에서 제외시킨 것이 있었는가?

🦋 자신의 규칙을 따라 실천하면서 하나님과의 관계에 영향을 준 것은 무엇인가?

🦋 규칙을 작성하기 전에 자신의 매일 또는 매주 하나님과의 관계에 대해 어떻게 설명하겠는가? 어떤 것이 가장 유용한 도움이 되었으며, 어떤 것이 영적인 여정에 있어 장애가 되었는가? 자신의 영성훈련 규칙이 그러한 강점과 약점을 어떻게 반영하고 있는가?

🦋 글쓴이의 제안을 그대로 수용할 것인지 아니면 자신들의 소그룹만을 위한 새로운 목록을 만들 것인지를 결정하라. 그룹이 함께 목록을 만든다고 해서 반드시 함께 모여 훈련을 해야 하는 것은 아니라는 사실을 전제하는 것이 좋다. 다음은 그러한 규칙을 만드는 데 도움이 될 만한 단계들이다.

- 〈1〉한 장의 종이에다가 각 사람이 자신에게 가장 의미있고 도움이 되었던 영성훈련 과제를 하나씩만 적어보라. 다른 사람이 동시에 그 훈련에 참여해서 도움이 될 것 같은 훈련과제를 생각해내도 좋다.
- 〈2〉각 종이에 적힌 훈련목록들을 한데 모으라.
- 〈3〉각각의 훈련과제를 얼마나 자주 실시할 것인가를 결정하라. 이것을 함에 있어 은혜를 적용하라. 어떤 사람은 하루에 두 시간씩 침묵의 시간을 가질 수 있겠지만 어떤 사람은 5분의 시간을 내기도 힘들 수도 있다. 어떤 훈련과제이건 어려움을 겪는 사람에게 초점을 맞추어 수위를 조절하라. 정해진 기준보다 더 할 수 있는 사람은 개인적으로 더 하면 된다.
- 〈4〉목록 작성을 마치면 실천 가능성과 더불어 균형을 점검하라. 빠진 항목은 없는가? 하나님과의 관계, 자신과의 관계, 이웃과의 관계의 적절한 균형이 잡혀 있는가? 필요하다면 수정하라.
- 〈5〉각 사람이 규칙과 스케줄을 직접 옮겨적는 것이 좋다. 가지고 다닐 수 있도록 카드에 작성하는 것도 좋다.

🦋 그밖에 고려해야 할 사항들
- 언제 만나서 격려하고 점검하고 서로를 후원할 것인지 결정하라. (2주 또는 한 달에 한 번)
- 만남의 시간 외에도 서로에게 연락할 수 있는 방법을 찾으라. 이메일 또는 블로그 등 기타 가능한 방법을 마련하라. 서로의 훈련상황을 점검하는 데만 이 연락망을 사용하지 말고, 서로를 위한 기도제목을 나누거나 하나님께서 어떻게 역사하시는지에 대한 통찰을 나누는 데도 사용하라.

미래의 모임

아래의 형식을 활용해 개인 영성훈련 규칙을 점검하고 하나님께서 각자의 삶 속에서 역사하시는 것을 나누는 소그룹 모임을 진행하라.

🦋 하나님께 마음 열기
시작하기 전에 5분 정도의 침묵기도의 시간을 가지라. 침묵 시간을 마무리하면서 조원 중 한 사람이 짧은 기도를 인도하도록 하고, 묵상 종을 치거나 '아멘'이라고 말함으로 마무리하라.

🦋 그룹 점검을 위한 질문
- 지난 모임 이후에 자신을 힘들게 했던 잘못된 생각이나 사고방식이 있었다면 무엇인가?
- 지난 모임 이후에 더욱 강력해지고 분명해진 올바른 사고방식이나 생각은 무엇인가?
- 자신이 만든 개인수행 규칙을 어떻게 활용하고 있는가?
- 자신의 훈련규칙을 통해 하나님께서 무엇을 가르쳐주시는가?
- 소그룹이 어떻게 격려하고 도움을 줄 수 있는가?

🦋 돌아보기
그룹의 공통 훈련과제 목록을 점검해서 함께하는 데 무리가 되는 훈련과제는 제외시키라. 더 첨가되어야 할 훈련과제가 있는가? 만일 첨가할 것이 있다면 다음 모임까지 공식적으로 훈련과제 목록에 추가하도록 하라.

🦋 평강 가운데 일상으로 돌아가기

모임을 마치면서 성경구절을 읽거나, 도움이 되는 인용문을 함께 읽거나, 아니면 주기도문을 함께 올려드림으로 마무리하자.

Note

들어가는 말

p. 15 · "결코 복제될 수 없는 엄청난 은혜의 이야기": 유진 피터슨 Eugene Peterson, *Living the Message: Daily Help for Living the God-Centered Life* (San Francisco: HarperSanFrancisco, 1996), p. 5. One of my fellow apprentices, Denise Steinacker, first pointed me to this reference.

p. 18 · "The awareness of my connection with Jesus": 2010년 1월 28일 프렌즈 대학교 채플 시간에 토니 캠폴로가 설교했던 내용.

1장 : 하나님의 공동체는 독특하다

pp. 39-40 · "The difference between Christians and the rest of mankind": Attributed to Athenagoras, *Epistle to Diognetus*, in *Early Christian Writings* (London: Penguin, 1968), pp. 244-45.

p. 41 · 표 1.1: Rodney Stark, *The Rise of Christianity* (San Francisco: HarperOne, 1996), p. 7 스타크를 '세속적' 역사학자라고 여기는 이유는 이 책을 쓸 당시 그가 아직 기독교인이 아니었기 때문이다. 최근에 기독교인이 되었다는 소식을 전해 들었다. 또한 그를 세속적이라고 부르는 까닭은 기독교계에서 제시하는 통계는 종종 의심의 대상이

되기 때문이다. 스타크가 우리와 같은 믿는 사람이 아니었다는 것을 밝히는 이유는 같은 기독교인으로서 혹시라도 숫자를 속인다는 오해를 받지 않기 위함이었다.

p. 48 · "그러한 기독교인들은 언제나 있어왔다": Cornel West, on *Bill Moyers Journal*, July 3, 2009. Dr. West appeared alongside two other professors and discussed the theological implications of the financial collapse of 2008-2009.

p. 48 · "질문하려면 용기가 필요하다": Cornel West, *Hope on a Tightrope* (New York: Smiley, 2008), pp. 9-10.

2장 : 하나님의 공동체는 소망이 넘친다

p. 70 · "기독교인들의 미래소망에 대한 확고한 사실": N. T. Wright, *Colossians and Philemon*, Tyndale New Testament Commentary (Downers Grove, Ill.: InterVarsity Press, 1986), p. 56.

p. 71 · "뿌리는 미래에 내리고, 가지는 현재에": John D. Zizioulas, *Being as Communion* (Crestwood, N.Y.: St. Vladimir's Seminary Press, 1977), p. 59.

p. 71 · "사명이 이끄는 교회는 그 사명이 소망에 근거를 두고 있어야 한다": N. T. Wright, *Surprised by Hope* (San Francisco: HarperOne, 2008), pp. 269-70.

p. 71 · "이러한 사명을 정말로 효과적으로": 같은 책., p. 270.

p. 75 · "우리 시대의 이 치명적인 우상숭배에 대한 하나님의 승리": Walter Brueggemann, *Biblical Perspectives on Evangelism* (Nashville: Abingdon, 1993), p. 41.

p. 77 · "내 진실성과 인격은": Stanley Hauerwas, *The Peaceable Kingdom* (Notre Dame, Ind.: University of Notre Dame Press, 1983), p. 94.

pp. 77-78 · "내가 어떤 사람이 되어야 하는가의 질문'": 같은 책., p. 116.

p. 92 · 구도자에서 헌신까지 걸리는 평균 기간: 이것은 초기 감리교도들에 대한 톰 앨빈의 연구를 참조했다. 앨빈은 사람들이 회심하고 공동체에 들어오게 되는데 걸리는 시간에 대해 연구했다. 처음 구도자의 단계에서 하나님과 깊은 교제를 나누는 단계에 이르기까지 걸리는 시간은 평균 28개월이라고 한다. 스캇 존스(Scott J. Jones)가 쓴 책, *The Evangelistic Love of God and Neighbor*(Nashville: Abingdon, 2003), p. 90.을 보라. 원 출처는 톰 앨빈(Tom Albin)이 쓴 책이다. "An Empirical Study of Early Methodist Spirituality," in *Wesleyan Theology Today: A Bicentennial Theological Consultation*, ed. Theodore Runyan (Nashville: Kingswood Books, 1985), p. 278.

3장 : 하나님의 공동체는 섬긴다

p. 105 · "절대로 흉내낼 수 없는 놀라운 은혜의 이야기": Eugene Peterson, *Living the Message: Daily Help for Living the God-Centered Life* (San Francisco: HarperSanFrancisco, 2007), p. 5.

pp. 107-108 · "오 하나님 자신에 대한 진리를 믿게 하소서": Macrina Wiederkehr, *Seasons of Your Heart* (San Francisco: HarperOne, 1991), p. 71.

4장 : 하나님의 공동체는 그리스도 중심이다

p. 125 · "하나님 나라의 특성인 이 사랑": Stanley Hauerwas, *The Peaceable Kingdom* (Notre Dame, Ind.: University of Notre Dame Press, 1983), p. 91.

p. 127 · 사도신경과 니케아 신조: 교회에서 가장 널리 사용되는 신앙고백은 사도신경과 니케아 신조이다. 그들은 기독교 신앙의 기초를 설명하기 위해 초기 기독교 지도자들에 의해 작성되었다.

p. 134 · "본질에는 일치를, 비본질에는 사랑을,": 학자들은 이 말의 원 출처에 대해 서로 다른 의견을 보인다. 원래는 라틴어로 쓰여졌다. "In necessariis unitas, in non-necessariis [or, dubiis] libertas, in utrisque (or, omnibus) caritas."

p. 142 · "하나님의 실재는 극단적으로 다양하다": 세레네 존스(Serene Jones), 미로슬라프 볼프(Miroslav Volf)가 재인용, *Exclusion and Embrace* (Nashville: Abingdon, 1996), p. 176.

p. 142 · "이러한 차이들은… 그리스도 안에서 아무런 의미가 없어진다": N. T. Wright, *Colossians and Philemon*, Tyndale New Testament Commentary (Downers Grove, Ill.: InterVarsity Press, 1986), p. 144.

pp. 144-145 · "지금 현재 교회는": Richard J. Foster, *Streams of Living Water* (San Francisco: HarperSanFrancisco, 1998), pp. 273-74.

p. 147 · 사랑을 보여주는 웨슬리의 5가지 방법: John Wesley, "The Catholic Spirit," sermon 39. Available at 〈www.ccel.org/w/wesley/sermons/sermons-html/ serm-039.html〉

5장 : 하나님의 공동체는 서로 화목하다

p. 151 · 스탠은 내가 가르쳤던 학생이었다: 스탠에 대한 이야기가 처음 소개된 것은 내가

1995년에 썼던 책, 『하나님이 내게 반하셨다』(Embracing the Love of God)라는 책을 통해서였다. 그때도 그랬고, 이번에도 그랬고, 스탠이 자신의 이야기를 내가 사용하는 것을 허락해주었다. 내가 이것을 밝히는 데는 두 가지 이유가 있다. 첫째로, 그 이야기를 제대로 이해하는 데 오랜 시간이 걸렸다. 우리를 지배하는 생각, 영성훈련과 공동체의 중요성을 통해 스탠이 어떻게 변화를 경험하게 되었는지를 이제야 비로소 깨닫게 되었다. 둘째로, 그 이후로 벌어진 일들이 그의 이야기를 더욱 의미있고 깊게 만들었다. 그것들을 다른 사람들과 나누고 싶었다.

p. 161 · 모든 것이 십자가에서 확실하게 종결된다는 설명: 이것은 저자이면서 라디오에서 성경을 가르치는 밥 조지(Bob George)의 도움을 많이 받았다. 만일 이것이 밥 자신의 생각이 아니라 다른 사람의 생각을 인용한 것이라면, 내가 미처 그것까지는 몰랐다는 것을 밝히고 싶다. 적어도 내게 있어서는 그처럼 명확하게 설명해준 사람은 밥이 처음이었다.

p. 163 · 만 달란트는 한 데나리온의 육십만 배: R. T. France, *The Gospel of Matthew*, New International Commentary on the New Testament (Grand Rapids: Eerdmans, 2007), p. 707.

p. 167 · "화로다, 자신의 권리를 주장하는 자여": Joachim Jeremias, *The Parables of Jesus* (Upper Saddle River, N.J.: Prentice-Hall, 1963), p. 213.

p. 168 · "우리 용서의 방편": L. Gregory Jones, *Embodying Forgiveness* (Grand Rapids: Eerdmans, 1995), p. 166.

pp. 168-169 · "바울은 두 가지": N. T. Wright, *Colossians and Philemon*, Tyndale New Testament Commentary (Downers Grove, Ill.: InterVarsity Press, 1986), p. 147.

p. 169 · "그리스도께서 우리를 통해 용서하신다": Miroslav Volf, *Free of Charge: Giving and Forgiving in a Culture Stripped of Grace* (Grand Rapids: Zondervan, 2005), p. 200.

p. 178 · "그리스도의 희생은 우리의 인생을 용서받은 배신자로 바꾸어놓는다": Jones, *Embodying Forgiveness*, p. 176.

6장 : 하나님의 공동체는 격려한다

pp. 182-184 · 클레이팟 교회에 관한 정보: The story can be found at www.claypot.co.za.

p. 190 · "예수로 나의 구주 삼고": 크로스비(Fanny J. Crosby), "Blessed Assurance" (1873).

p. 193 · "기독교인은 다른 기독교인을 필요로 한다": 디트리히 본회퍼(Dietrich Bonhoeffer), *Life Together* (New York: Harper & Row, 1954), p. 23.

p. 201 · "이전보다 더 확실해졌다": John Wesley, *The Works of John Wesley*, vol. 21, Journal and Diaries IV, ed. Reginald Ward and Richard Heitzenrater (Nashville:

Abingdon, 1992), p. 424.

7장 : 하나님의 공동체는 넉넉하게 나눈다

pp. 220 · "너그러움은 타인 중심이며 욕심은 자기중심이다": 2009년 가을 매트와의 대화에서. 매트는 캔사스주 위치타에 사는 목사다. 나와 제자훈련원에서 함께 일하고 있다.

pp. 221-222 · "가난을 이상화하는 것은": 달라스 윌라드(Dallas Willard), 『영성훈련』(The Spirit of the Disciplines) (San Francisco: Harper & Row, 1988), pp. 194, 199.

p. 222 · "우리는 세 번째 방법이 필요하다": Shane Claiborne, quoted in School(s) for Conversion: 12 Marks of a New Monasticism, ed. the Rutba House (Eugene, Ore.: Cascade Books, 2005), p. 32.

p. 223 · 잘 사는 것에 대한 『포브』지의 기준: see David Wann, Simple Prosperity (New York: St. Martin's Griffin, 2007), p. 61.

p. 229 · "섬김을 받는 것도 섬김": 리차드 포스터(Richard Foster), 『영적 훈련과 성장』 (Celebration of Discipline) (San Francisco: Harper & Row, 1978), p. 119.

p. 233 · "절약을 연습한다는 것": Willard, Spirit of the Disciplines, p. 168.

p. 235 · 우리가 나누고 베푸는 데는 시간적 제한이 있다: 천국에 가서도 나누고 베푸는 일이 있을 것이라고 믿는다. 하지만 천국에 돈이 있다고 생각하지 않는다. 시간은 있겠지만, 다른 사람들에게 축복이 될 만한 독특한 우리 자신이 되어 있을 것이다. 여기서 강조하고 싶었던 핵심은 이 땅에서 나누고 베푸는 데는 시간적 제한이 있으니 할 수 있을 때 최선을 다하자는 것이다.

8장 : 하나님의 공동체는 함께 예배한다

p. 249 · "그리스도를 통해 성령 안에서": J. D. Crichton, "A Theology of Worship," in The Study of Liturgy, ed. Cheslyn Jones et al. (London: Oxford University Press, 1992), p. 11.

p. 250 · "14년전 내가 처음 그리스도인이 되었을 때": C. S. Lewis, Letters of C. S. Lewis, ed. W. H. Lewis (New York: Harcourt Brace Jovanovich, 1966), p. 224.

p. 251 · 개인적인 채움이 아니라: James K. A. Smith, Desiring the Kingdom (Grand Rapids: Baker Academic, 2009), p. 153.

pp. 265-266 · "하루는 내가 그곳에 일하러 갔을 때였다": 웬델 베리(Wendell Berry), 『포트 윌리엄의 이발사』(*Jayber Crow*) (New York: Counterpoint, 2000), pp. 164-65.
p. 267 · "거룩한 기대": 리처드 포스터(Richard J. Foster), 『영적 훈련과 성장』(*Celebration of Discipline*) (San Francisco: Harper & Row, 1978), p. 140.
p. 268 · "예배시간 10분 전에": 같은 책., p. 142.
p. 269 · "예배는 거룩한 기대감으로 시작해서": 같은 책., p. 148.

사명선언문

너희가 흠이 없고 순전하여……세상에서 그들 가운데 빛들로
나타내며 생명의 말씀을 밝혀 _ 빌 2:15-16

1. 생명을 담겠습니다
만드는 책에 주님 주신 생명을 담겠습니다.
그 책으로 복음을 선포하겠습니다.

2. 말씀을 밝히겠습니다
생명의 근본은 말씀입니다.
말씀을 밝혀 성도와 교회의 성장을 돕겠습니다.

3. 빛이 되겠습니다
시대와 영혼의 어두움을 밝혀 주님 앞으로 이끄는
빛이 되는 책을 만들겠습니다.

4. 순전히 행하겠습니다
책을 만들고 전하는 일과 경영하는 일에 부끄러움이 없는
정직함으로 행하겠습니다.

5. 끝까지 전파하겠습니다
모든 사람에게, 땅 끝까지, 주님 오시는 그날까지
복음을 전하는 사명을 다하겠습니다.

서점 안내

광화문점 서울시 종로구 새문안로 69 구세군회관 1층
02)737-2288 / 02)737-4623(F)

강남점 서울시 서초구 신반포로 177 반포쇼핑타운 3동 2층
02)595-1211 / 02)595-3549(F)

구로점 서울시 동작구 시흥대로 602, 3층 302호.
02)858-8744 / 02)838-0653(F)

노원점 서울시 노원구 동일로 1366 삼봉빌딩 지하 1층
02)938-7979 / 02)3391-6169(F)

일산점 경기도 고양시 일산서구 중앙로 1391 레이크타운 지하 1층
031)916-8787 / 031)916-8788(F)

의정부점 경기도 의정부시 청사로47번길 12 성산타워 3층
031)845-0600 / 031)852-6930(F)

인터넷서점 www.lifebook.co.kr